Meinhard Miegel

Hybris

Die überforderte Gesellschaft

Propyläen

Propyläen ist ein Verlag der Ullstein Buchverlage GmbH
www.propylaeen-verlag.de

2. Auflage 2014

ISBN: 978-3-549-07448-0

© Ullstein Buchverlage GmbH, Berlin 2014
Lektorat: Jan Martin Ogiermann
Alle Rechte vorbehalten
Gesetzt aus der Janson Text
Satz: LVD GmbH, Berlin
Druck und Bindearbeiten: GGP Media GmbH
Printed in Germany

Denen, die sich in der Kunst der Beschränkung üben

Inhalt

Prolog
Die große Krise 13
Überforderung 15

Türme von Babylon
Bauten............................. 19
  Flughäfen, Kongresshallen, Bahnhöfe 19
  Unternehmen..................... 22
Mobilität 23
  Schrittgeschwindigkeit............. 23
  Auf der Flucht 25
  Bewegungsrausch 28
  Lebens-Raum..................... 31
Schulen 33
  Beschulung 33
  Dilettanten 35
  Lücken........................... 36
Hochschulen....................... 38
  Verschulung 38
  Verbildung 40
  Akademiker...................... 41
Bildung............................ 44
  Potentiale 44
  Produzenten und Konsumenten 46
  Geisteskultur 49
Sport.............................. 51
  Körperkultur 51
  Gladiatoren...................... 52
  Grenzen.......................... 54

Arbeit 55
  Von der Wiege bis zur Bahre 55
  Arbeiten wie Tiere 57
  Im Schweiße ihres Angesichts 58
  Ambivalenz der Arbeit 59
  Kapitalismus 63
  Erwerbsarbeit 65
  Eigenarbeit 67
  Erwerbsarbeit in der Krise 69
  Schwindende Arbeitsmenge 71
  Arbeitsstress 75
  Schwindelnde Höhen 77
  Abnehmend lohnende Erwerbsarbeit 80
Bevölkerung 85
  Kinderwünsche 85
  Parasitär 88
  Kinder? – Nein danke 90
Schulden 92
  Von Kippern und Wippern 92
  Schuldenjunkies 94
  Im Schuldensumpf 96
  Tricksen 99
Sozialstaat 102
  Risse 102
  Ziele 104
  Löcher 106
  Gluckenstaat 107
  Solidarität 109
Technischer Fortschritt 110
  Alltag 110
  Triumphe 113
  Gläsern 116
Europa 119
  Vereinigte Staaten 119
  Einigung 122

Vertrauen 124
Wunder 126
Tollkühn 127
Frühgeburt 130
Globalisierung 132
Caput Mundi 132
Kollaps 133
Mikrosekunden 135
Im Sog 138
Cui bono? 139
Arme 141
Frieden 145
Win-Win 147
Fachkräftemangel 148

Himmel auf Erden

Die »Natur des Menschen« 150
Sinnfragen 150
Glaubenswelten 152
Sichtweisen 154
Lebenssinn 156
Glückseligkeit 157
Transformation 159
Vom Jenseits zum Diesseits 159
Ziellos 161
Fortschritt 162
Siechtum 164
Guter Wille 166
Paradoxien 168
Strukturen und Prägungen 168
Wachstum 170
Weichenstellungen 172
Glück 175
Zufriedenheit 177

Dänen und Schweizer, Mexikaner
und Costa-Ricaner 177
Nützliche Glieder 180
Spagat. 182
Fragen. 184

Die Kunst der Beschränkung

Horizonte. 187
  Zweifel. 187
  Widersprüche. 190
  Irrsinn 193
  Standortbestimmung 195
  Genießen. 197
  Übernutzung – Unternutzung 200
  Teilen. 202
  Überfluss. 204
  600 Euro 205
  Existenzen. 208
Psychische Voraussetzungen. 210
  Kraft. 210
  Selbstbewusstsein und -vertrauen . . . 212
  Achtsamkeit 214
  Gemeinsinn 219
  Mehr Bildung. 221
Physische Voraussetzungen. 224
  Städte. 224
  Ethos 227
Staat und Demokratie. 230
  Verdrießliche Bürger 230
  Fehlende Demokraten 232
Abstand wahren 235
Europäische Union 237
  Ernüchterung. 237
  Hässliche Deutsche. 240

Mutterregionen 243
Eine Welt. 246
    Weltenherrscher 246
    Dazugelernt 248

Epilog
Zäsur 251
Paradigmenwechsel 252

Anhang
Danksagung. 259
Anmerkungen 261
Bibliographie. 293
Schaubildverzeichnis. 313

Prolog

>Der Mensch ist das Modell der Welt.«
Leonardo da Vinci[1]

Die große Krise

>Die große Krise«, die die Menschen in den frühindustrialisierten Ländern und anderen Teilen der Welt seit langem plagt, will nicht weichen. Gibt es eben noch Hoffnungsschimmer, flammt sie wenig später schon wieder auf. Das nährt die Sorge, eine ganze Generation könne um ihre Lebensperspektiven gebracht werden[2] und der in Jahrzehnten erworbene Wohlstand wieder zerrinnen. Für Entwarnungen sehen die meisten keinen Anlass,[3] und manche fürchten sogar, das Schlimmste komme erst noch.

Deutschland ist bei alledem bislang recht gut gefahren. Zwar ist es keine Insel der Seligen. Doch im Vergleich zu anderen Ländern ist seine Wirtschaft derzeit robust und seine Beschäftigungslage gut. Seine Steuerquellen sprudeln, und seine Sozialsysteme sind solide. Die Bevölkerung weiß das zu schätzen und ist mit sich und der Lage zufrieden.[4] Sie weiß aber auch: Dieser Zustand ist zerbrechlich und kann abrupt enden. Deutschland kann sich von europäischen und globalen Entwicklungen nicht dauerhaft abkoppeln. Es sitzt mit allen anderen in einem Boot, und dieses Boot schwankt bedenklich.

Das lenkt den Blick zurück auf die Krise. Die Krise – was ist das eigentlich? Ihre Symptome sind wohlbekannt: Banken, die sich hoffnungslos verspekuliert haben; kollabierende Unternehmen und Märkte; verbreitete Arbeitslosigkeit; immense

13

öffentliche Schulden und Staaten, die sich nur dank der Hilfe Dritter mühsam über Wasser halten.

Und wohlbekannt sind auch die Stationen auf dem Weg in diese Krise: ein beispielloses Finanzdebakel in den USA, das rasch auf andere Länder übergriff; Unternehmen, die dadurch vom Geldfluss abgeschnitten wurden; Massenentlassungen; überforderte Sozialsysteme; Staaten, welche die daraus erwachsende Last nicht zu tragen vermochten; solidarische Hilfs-, Not- und Rettungsprogramme. Und was kommt dann? Darüber lässt sich nur spekulieren.

So viel zu Symptomen und bisherigem Verlauf der Krise. Was aber sind ihre Ursachen? Wie konnte es dazu kommen, dass eine Welt, die bis dahin leidlich gut geordnet schien, binnen Tagen und Wochen an »den Rand eines Abgrunds«[5] geriet? Was konnte derartige Beben auslösen?

Über Fragen wie diese wird seit Jahren gestritten. Die einen beharren darauf, dass es sich keineswegs um ein Systemversagen oder auch nur um einen systemimmanenten Fehler handele. Vielmehr sei die Krise die Folge einer unglücklichen Verkettung von Fehleinschätzungen, Missverständnissen, Leichtfertigkeiten und unvorhersehbaren Ereignissen. Das Entscheidende sei jedoch: Alles ist reparabel, das System ist intakt.

Andere bezweifeln das. Zwar ist auch für sie der Kapitalismus weiterhin vital. Aber das, was da geschehen ist und weiterhin geschieht, sei doch weit mehr als nur ein Unfall. Das sei systemimmanent. Der Kapitalismus produziere solche Krisen zwangsläufig, und manche meinen, diese würden nicht zuletzt aufgrund der Globalisierung heftiger und häufiger.

Eine dritte Gruppe hält auch diese Erklärung noch für unzureichend. Für sie ist der Kapitalismus in seine Endphase eingetreten und die aktuelle Krise eine Manifestation seines Niedergangs. In nicht sehr ferner Zukunft komme die finale Krise, von der er sich nicht mehr erholen werde.

Überforderung

So unterschiedlich diese Sichtweisen sind, haben sie doch eine wesentliche Gemeinsamkeit: Für sie ist diese Krise primär ökonomisch. Das ist sie zweifellos auch. Ihre Wurzeln liegen jedoch tiefer. Diese Krise ist nichts Geringeres als eine Krise der westlichen Kultur, die mit Begriffen wie »Kapitalismus« oder »kapitalistisch« keineswegs hinreichend erfasst ist. Der Kapitalismus ist vielmehr nur eine Erscheinungsform dieser viel umfassenderen Kultur.

Die Essenz dieser Kultur ist der allem Anschein nach fehlgeschlagene Versuch, eine ursprünglich im Jenseitigen angesiedelte Idee, nämlich die Gottesidee völliger Unbegrenztheit, diesseitig zu wenden. Alles sollte immerfort wachsen, schneller, weiter, höher werden. Begrenzungen jedweder Art wurden verworfen, Maß und Mitte oder menschliche Proportionen wurden zu Synonymen für Spießertum und Mittelmäßigkeit, für Langeweile. Die Grenzüberschreitung, das Überbieten von allem bislang Dagewesenen, der ultimative Kick entwickelten sich zu Idealen.

Ein jahrhundertelang gültiges Wertesystem wurde grundlegend uminterpretiert, oder genauer: in sein Gegenteil verkehrt. Waren Habsucht, Gier und Maßlosigkeit zuvor Laster, so wurden sie jetzt zu wohlstandsfördernden Tugenden erhoben. Die Grenzen zwischen Gut und Böse verschwammen und sollten verschwimmen, weil materieller Erfolg als der neue und alleinige Maßstab galt. Wer materiell erfolgreich war, genügte den gesellschaftlich-moralischen Anforderungen.

Wird die gegenwärtige Krise in diesem Licht gesehen, haben sich alle, die an ihr mitgewirkt haben, im Großen und Ganzen normenkonform verhalten. Zwar sanktionieren westliche Gesellschaften Betrug, Untreue und Urkundenfälschung. Aber sie honorieren sie, wenn sie erfolgsgekrönt sind. Nicht der

Kapitalismus beschwört zwangsläufig Krisen herauf, sondern seine Perversion. Krisen entwickeln sich aus der Unmäßigkeit, der Hybris, die die westliche Kultur seit langem prägt.

Alles in ihr ist auf Exzess ausgelegt: Bauten, Mobilität, Sport, Arbeit, Vergnügen, Technik, Kommunikation, Schulden, staatliche und selbstredend wirtschaftliche Aktivitäten. Nach dem Wofür und Wohin wird kaum noch gefragt. Die Hauptsache ist, dass es vorangeht beziehungsweise dem Fortschrittswahn genügt wird. Das Ziel interessiert nicht. Und die meisten ziehen mit: manche aus Neigung und innerer Überzeugung, andere notgedrungen und widerstrebend, viele aus Gewohnheit. Sie haben nichts anderes kennengelernt – in Schulen und Universitäten, Unternehmen und Banken, Gewerkschaften und Parteien, Behörden und Parlamenten gilt immer nur das eine: Strebe nach mehr, strebe nach Entgrenzung.

Menschen, die das verinnerlicht haben, müssen mobil und flexibel sein, Bindungen vermeiden, konsequent ihren eigenen Vorteil suchen, an der Oberfläche verharren, sich frei von hinderlichen Verpflichtungen halten. Sie müssen jede sich bietende Gelegenheit nutzen, auch wenn dies anderen zum Schaden gereicht. Unwerturteile oder gar gesellschaftliche Ächtung haben sie dabei nicht zu befürchten. Im Gegenteil. Denn sie entsprechen ja dem Menschenbild, das die westliche Kultur im Laufe von Generationen geformt hat.

Allerdings gibt es auch viele, die diesem Bild nicht entsprechen wollen oder können. Es widerstrebt ihrer Natur und ihren kulturellen Traditionen, die weiter zurückreichen als die modernen westlichen Gesellschaften. Und nicht wenige fühlen sich von deren Vorgaben überfordert: Kinder von den Anforderungen in Kindergärten und Schulen, Eltern mit der Erziehung dieser Kinder und der Zusammenführung von Beruf und Familie, Arbeitnehmer, Unternehmer und Manager von Groß- und Weltkonzernen, Politiker auf allen Ebenen, Sportler, Künstler, Wissenschaftler, Verbandsvertreter und nicht zuletzt die Verantwortlichen in den Kirchen. Was die moderne

Gesellschaft von ihnen erwartet und nicht selten auch nachdrücklich fordert, übersteigt ihre Kräfte und entspricht auch nicht dem, was sie wollen.

Umso wertvoller ist die derzeitige Krise – vorausgesetzt, sie wird als Chance zur kulturellen Erneuerung verstanden und nicht zugeschüttet: physisch mit Bergen buntbedruckten Papiers und strohfeuergleichen Konjunktur- und Beschäftigungsprogrammen, psychisch mit substanzlosen Durchhalte- und Beschwichtigungsparolen. Das gilt es zu erkennen: Diese Krise betrifft nicht nur Staats- und Wirtschaftsformen oder Systeme, sondern eine Kultur, die in ihrem ständigen Streben nach Entgrenzung dem Menschen weder Halt noch Orientierung zu geben vermag. Wenn das einmal begriffen worden ist, kann eine neue menschen- und lebensfreundlichere Kultur heranreifen, eine Kultur, die nicht auf Hybris, sondern auf Lebensformen gründet, die dem Menschen gemäß sind. »Die große Krise« könnte sich so eines hoffentlich nicht fernen Tages als glückliche Wendung erweisen – als ein grundlegender Paradigmenwechsel.

Türme von Babylon

> »Auf! Lasst uns eine Stadt und einen Turm
> bauen, dessen Spitze bis in den Himmel reicht:
> Wir wollen uns einen Namen machen, damit wir
> nicht in alle Winde zerstreut werden.«
>
> Genesis 11,4

Bauten

Flughäfen, Kongresshallen, Bahnhöfe

Wäre es nicht zum Weinen, es wäre zum Lachen.

Da wollen die Deutschen nach Krieg, Zerstörung und Jahrzehnten der Spaltung ihre frühere Hauptstadt neu erstehen
lassen und sind bereit, dafür beträchtliche Lasten zu schultern.
Die Ergebnisse können sich sehen lassen. Binnen kurzem werden repräsentative Parlamentsbauten, Ministerien, Landesver-
tretungen und zahlreiche andere öffentliche Gebäude aus dem
Boden gestampft, und auch der private Büro- und Wohnungs-
bau boomt. Das Glanzstück soll jedoch ein neuer Flughafen
sein, der alles Bisherige in den Schatten stellt. Groß soll er sein
und technisch vollkommen, beeindruckend und ästhetisch ansprechend. Dabei ist allen bewusst, dass sich solche Wünsche
nicht mit kleiner Münze verwirklichen lassen. Aber sie sind ja
bereit zu zahlen. Immerhin 1,7 Milliarden Euro. Das ist kein
Pappenstiel.

So wird geplant und verworfen und weitergeplant und wieder verworfen, und jedes Mal entsteht in den Köpfen der Beteiligten noch Größeres, Prächtigeres und technisch Vollkomme-
neres. Derweil vergehen die Jahre, und die Kosten steigen und

19

steigen. Sind es 2004 1,7 Milliarden Euro, so sind es 2008 bereits 2,4 Milliarden und 2012 4,3 Milliarden. Und inzwischen wird sogar mit fünf Milliarden gerechnet.[6] Die Schlussrechnung ist das allerdings noch nicht. Auf sie warten alle mit Spannung: Architekten und Planer, Bauleiter und Politiker und nicht zuletzt die Steuerzahler.

Doch bis sie kommt, wird noch einige Zeit vergehen. Zunächst ist nämlich eine Fülle schwerwiegender Planungs- und Baumängel zu beseitigen, und so mancher hätte das ganze Unterfangen am liebsten abgeblasen. Dafür ist es jedoch zu spät. Der Flughafen muss und wird vollendet werden, und sei es als Mahnmal überforderter Bauleute, vor allem aber überforderter Bauherren, oder richtiger deren drei: der Bundesrepublik Deutschland sowie den Ländern Berlin und Brandenburg. Alle haben ihr Können und ihre Fähigkeiten beträchtlich überschätzt. Hybris allerorten.

Auch in Bonn. Um nach dem Wegzug von Bundestag und Bundesregierung den Verlust von Funktion und Glanz einer Hauptstadt zu mindern, erhält diese Stadt nicht nur großzügige Ausgleichszahlungen. Zugleich werden gezielt wichtige Einrichtungen der Vereinten Nationen angesiedelt. Bonn ist damit nicht nur »Bundesstadt«, sondern auch »Stadt der Vereinten Nationen«.

Das bringt ein wenig vom früheren Glanz zurück. Es verpflichtet aber auch. So zum Bau einer Kongresshalle, die den illustren Gästen aus aller Welt angemessen ist. Schon ihr Name soll dies zum Ausdruck bringen: World Conference Center Bonn, WCCB. Dass so ein WCCB seinen Preis hat, versteht sich von selbst. Aber schließlich geht es um die Vereinten Nationen.

Zu Beginn läuft alles bemerkenswert glatt. Entwürfe werden präsentiert und ein Sieger gekürt. Es kann losgehen. Dem Verhängnis steht nichts mehr im Weg. Es erscheint in Gestalt eines kleinen koreanischen Ganoven, der von seiner Liebe zu Beethoven schwadroniert und Visitenkarten verteilt, auf denen der in Korea nicht gerade seltene Name Hyundai zu lesen ist.

20

Beethoven und Hyundai – die Verantwortlichen sind entzückt und bezeichnen das Auftauchen des Koreaners als Glücksfall für die Stadt. Er soll, obgleich – wie sich später herausstellt – weitgehend mittellos, als Investor fungieren.

Das Ganze ist eine Art Köpenickiade oder eine Neuauflage jener Geschichte von Gottfried Kellers Kleidern, die Leute machen. Geblendet von Namen, Auftreten und Versprechungen, lassen die Bonner den »Investor« samt seinen Helfern gewähren, bis diese sich die Taschen gefüllt und das stolze Projekt in Grund und Boden gewirtschaftet haben. Dafür sitzen jetzt einige im Gefängnis und die Bonner auf einem riesigen Schuldenberg. Das WCCB ist, was die Pro-Kopf-Belastung angeht, der bundesweit bisher teuerste Bauskandal.[7]

Diese Last müssen die Bürger tragen, weil Entscheider, Kontrolleure und Politiker ihre Fähigkeiten maßlos überschätzt haben und wie ihre Pendants in Berlin glaubten, Aufgaben meistern zu können, denen sie nicht gewachsen waren. Selbstüberschätzung, Verblendung und ein Schuss Schlendrian reichen aus, um immense Schäden zu verursachen.

Und so geht es weiter. Die Hamburger haben ihre Elbphilharmonie, die sie bis zum Jahre 2010 zum Preis von 186 Millionen Euro vollenden wollten und die nunmehr – mit Glück – vielleicht 2016 für 789 Millionen Euro fertiggestellt sein wird.[8] Allein das Architektenhonorar ist mittlerweile höher als der Betrag, den die Hamburger Bürgerschaft ursprünglich für das Gesamtprojekt bewilligt hatte.[9]

Oder die U-Bahn der Kölner. Abgesehen davon, dass im Zuge der Baumaßnahmen unersetzliche Kulturgüter für immer verlorengingen, beziffern Experten die nicht eingeplanten baulichen Kollateralschäden schon jetzt auf viele Hundert Millionen Euro.[10]

Oder die Rheinland-Pfälzer und ihr Projekt »Nürburgring 2009«. Zwar scheint das Ganze baulich in Ordnung zu sein. Doch ist das Konzept so verfehlt, dass es ebenfalls zu einem Millionengrab geworden ist.[11]

Oder Stuttgart 21. Wann dieser Bahnhof seinen Betrieb aufnehmen wird, steht in den Sternen. Dass er jedoch wie all die anderen Projekte seinen Kostenrahmen sprengen wird, ist gewiss.[12]

Keine Region und kaum eine größere Stadt, in denen sich nicht bauliche Manifestationen menschlicher Unzulänglichkeit, gepaart mit Überheblichkeit, fänden. Das ist in Deutschland nicht anders als in seinen Nachbarländern, in Europa nicht anders als in Asien oder Amerika. Überall entsteht Monumentales, dessen Bau- und Folgekosten niemand wirklich beherrscht.[13] In der Erwartung, im Falle des Scheiterns werde sich schon jemand finden, der die Brocken aufsammelt, wird immer weiter drauflosgeplant, -gebaut und -gewirtschaftet. Das Wichtigste ist, die babylonischen Turmbauten gehen weiter.

Unternehmen

Gebaut werden diese Türme allerdings nicht nur aus Stein und Mörtel, und ihre Bauherren kommen auch keineswegs vorwiegend aus dem öffentlichen Bereich. Auch die Wirtschaft sucht mit den Spitzen ihrer Bauten bis in den Himmel vorzustoßen. Die Bauten der Wirtschaft – das sind zumeist Unternehmen, deren Wachstum so lange vorangetrieben wird, bis sie wegen ihrer Größe und Komplexität zerbrechen. Und am leichtesten zerbrechen sie, wenn sie nicht mehr aus sich selbst heraus zu wachsen vermögen, sondern nur noch durch Zukäufe und Fusionen.

Von Letzteren scheitert nach Expertenmeinung mindestens die Hälfte,[14] wobei die Vernichtung von Werten wiederum enorm ist. Dabei geht es nicht nur um Geld. Es geht ebenso um Wissen und Können, Kundenbeziehungen und vor allem Menschen. Aber auch die Vernichtung oft jahrzehntelang hart erarbeiteten Kapitals lässt den Atem stocken. Beim Zerbersten von AOL-Time Warner betrug die Kapitalvernichtung mehr als

300 Milliarden US-Dollar,[15] bei Daimler-Chrysler schätzungsweise fünfzig Milliarden,[16] bei MCI-WorldCom rund 42 Milliarden,[17] bei HP-Compaq 25 Milliarden[18] und so weiter und so weiter. Die Liste ist lang und wird jeden Tag länger.

Warum aber stürzen sich Vorstände, Aufsichtsräte und gelegentlich einzelne Unternehmer in derartige Abenteuer? Oberflächlich betrachtet erscheinen ihre Gründe zumeist vernünftig: Ergänzung der Produktpalette, Erschließung neuer Vertriebswege, Bündelung von Kräften, Synergien. Dicht unter dieser Oberfläche toben jedoch die Emotionen: die Nummer eins zu sein, den Wettbewerber auszuschalten, die eigene gesellschaftliche Stellung zu heben, das Einkommen noch höherzuschrauben, kurz: Es geht um Archaisches, beinahe schon Animalisches, ausgetragen mit den Mitteln der Moderne. Die Primitivität und Banalität derartiger Aktivitäten sind oft erstaunlich. So war für die *Süddeutsche Zeitung* die Ehe, die Daimler und Chrysler 1998 wähnten, »im Himmel geschlossen« zu haben, eine »Hochzeit des Grauens«.[19]

Mobilität

Schrittgeschwindigkeit

Eklatante Fehlplanungen, Selbstüberschätzung und Größenwahn sind dermaßen alltäglich, dass allenfalls unmittelbar Betroffene hieran ernsthaft Anstoß nehmen. Die anderen gehen über dergleichen, je nach Veranlagung, schulterzuckend oder schmunzelnd hinweg. Immerhin: Sie registrieren es noch. Normal ist es für sie nicht.

Anders verhält es sich mit den ungleich größeren Anomalien, die das individuelle und kollektive Leben so vollständig durchdrungen haben, dass sie – wenn überhaupt – nur noch von wenigen als solche erkannt werden. Die meisten nehmen sie überhaupt nicht mehr wahr, und wenn doch, dann halten sie diese Anomalien für normal. Mehr noch: Sie halten sie für Fortschritt. So lebt eben der moderne Mensch. Und er lebt insbesondere dann so, wenn er es zu etwas gebracht hat. Dann ist er beispielsweise mobil.

Mobil waren die Menschen zwar schon immer. Nur so vermochten sie es, innerhalb einiger Tausend Jahre einen Großteil der Erde zu besiedeln und ihre Spuren zu hinterlassen. Aber ihre Mobilität bemaß sich nach ihrer Schrittgeschwindigkeit. Während des längsten Teils ihrer Geschichte bewegten sich Menschen gehend, wobei ihr Gehen ständig durch den Zwang zur Nahrungssuche unterbrochen wurde. Dabei waren sie peinlich darauf bedacht, dass sie mit ihrem Gehen nicht mehr Kalorien verbrauchten, als ihnen die Nahrungssuche einbrachte.[20] Deshalb gingen sie zumeist langsam.

Umso beeindruckender sind die Entfernungen, die sie dennoch zurücklegten.[21] Schon in der Steinzeit erkundeten sie einzeln oder in kleinen Gruppen riesige Landstriche. Heerzüge aus den unterschiedlichsten Ländern und Reichen stapften endlos durch die Gegend, und nicht erst die mittelalterlichen Herrscher und Kaufleute, sondern schon ihre antiken Vorgänger unternahmen Reisen, die selbst aus heutiger Sicht Bewunderung abverlangen.[22] Nicht zuletzt durch die sich allmählich ausbreitende Nutzung von Reit- und Lasttieren sowie von Schiffen geriet die Geschichte der Menschheit zugleich zu einer Geschichte zunehmender Mobilität und Beschleunigung.

Allerdings erfasste diese Entwicklung zunächst nur kleine Minderheiten. Die meisten bewegten sich während ihrer kurzen Lebensspanne wie in den Jahrtausenden zuvor in eng umgrenzten Räumen. Das hat sie geprägt und prägt sie im Grunde bis heute. Um ihren Lebensraum wirklich erfassen zu können, benötigen Menschen Zeit. Erst dann entfaltet sich dieses Wechselspiel zwischen Objekt und Subjekt, welches den Menschen rational und emotional zum Schwingen bringt. Übersteigt der Mensch jene Schrittgeschwindigkeit, auf die ihn seine bisherige Entwicklung geeicht hat, werden seine Wahrnehmungen bruchstückhafter, zusammenhangloser und zufälliger. Und je schneller er sich bewegt, umso unverständlicher wird ihm die ihn umgebende Wirklichkeit.

Bis in historisch jüngste Zeit waren solche Betrachtungen ohne jede Relevanz. Noch ein Napoleon bewegte sich nur wenig anders als römische oder mittelalterliche Kaiser, und einem Mozart, der mit dem raschesten Transportmittel seiner Zeit die rund 300 Kilometer zwischen Wien und Prag zu überwinden trachtete, blieb genug Muße, um nicht nur Betrachtungen über Land, Leute und Zeitläufe anzustellen, sondern auch noch eines der herrlichsten Werke der Musikliteratur zu ersinnen.[23]

Auf der Flucht

Größte Entfernungen in kürzester Zeit zurücklegen zu können ist menschheitsgeschichtlich so neu, dass überhaupt noch nicht abzusehen ist, was das für den Menschen bedeutet. Zwar haben sich Befürchtungen, die manche Ärzte zu Beginn der Eisenbahnära hegten, als unbegründet erwiesen.[24] Nicht nur die Physis, auch die Psyche des Menschen verkraftet Beschleunigung offenbar problemlos. Doch darum geht es nicht. Worum es geht, ist dies: Was bedeutet es für den Menschen, wenn er immer wieder innerhalb kürzester Zeit seine räumlichen, zeitlichen und gegebenenfalls sogar sprachlichen, kulturellen und selbst emotionalen Bezugssysteme von Grund auf umkrempelt? Allem Anschein nach nicht besonders viel, auch wenn ihn gelegentliche Jetlags daran erinnern, dass er doch vielleicht so etwas wie einen Ankergrund in Raum und Zeit hat.

Vielleicht hat er sich aber auch von diesem Ankergrund losgerissen und driftet jetzt ziel- und zwecklos umher. Vielleicht hat seine ins Unermessliche gesteigerte Mobilität zu einem allmählichen Kontrollverlust jenes natürlichen Bewegungsdrangs geführt, der den Menschen einst befähigte, sich die Erde Schritt für Schritt zu erschließen und dadurch seine Lebensbedingungen zu verbessern. Fest steht jedenfalls, dass ein Großteil menschlicher Mobilität inzwischen zum Selbstzweck geworden ist. Mobilität um der Mobilität willen.

Große Teile der Menschheit befinden sich heute in einem Bewegungsrausch, in einem Zustand der Raserei. Die Maßstäbe des schreitenden Menschen, der seine Rhythmen von der Arbeit über die Musik bis hin zu Spiel und Tanz vom Schlag seines Herzens bestimmen lässt, haben keine Gültigkeit mehr. Der rasende Mensch folgt den Rhythmen von Maschinen, die ihm den Takt vorgeben und seine Mobilität bestimmen. Der Mensch wird so zum Objekt der Bewegungskapazitäten von Gerätschaften.

Und je mehr er zum Objekt wird, desto weniger bewegt er sich selbst. Lifte schleppen ihn auf steile Bergeshöhen, und mit Hightech unter den Füßen saust er wieder zu Tal. Automobile – schon der Name ist bezeichnend – befördern ihn jährlich viele Tausend Kilometer. In Hochgeschwindigkeitszügen rast er von Stadt zu Stadt, von Region zu Region. Stundenlang sitzt er im Flugzeug, um an fernen Gestaden »ein wenig Sonne zu tanken«. Und wenn alle Mobilitätspotentiale ausgeschöpft sind, steigt er für fünfzig Millionen Euro in die Stratosphäre auf und lässt sich von dort schneller als der Schall auf die Erde zurückplumpsen.[25]

Mobilität ist zu einer Obsession der Massen geworden. Städte und Landschaften, Seen, Flüsse und Meere und nicht zuletzt der Luftraum werden von ihr in besinnungsraubender Geschwindigkeit durchpflügt, wobei es oft gar nicht darauf ankommt, ein Ziel zu erreichen oder den eigenen Horizont zu weiten. Es geht nur um die Bewegung als solche, wie sie schon das Baby in der Wiege, das Kleinkind auf dem Schaukelpferd und der Jugendliche auf dem Rummelplatz auskosten.

Um der Bewegung willen lebt der moderne Mensch wie auf

der Flucht. Kaum hat er seinen Koffer abgestellt, erhebt sich die Frage, wo es als Nächstes hingehen soll. Dem pausenlosen Ortswechsel dienen derzeit weltweit 1,1 Milliarden Kraftfahrzeuge, davon rund 350 Millionen den Europäern.[26] Allein die Deutschen verfügen über 43 Millionen Pkws, das ist ein Pkw für knapp zwei Personen.[27] Und wer fährt, will auch fliegen. Anfang der neunziger Jahre gingen in der Europäischen Union jährlich etwa 350 Millionen Passagiere an Bord eines Flugzeugs. Zwei Jahrzehnte später waren es schätzungsweise viermal so viele.[28] Hinzu kommen Hunderte Millionen Zug- und Schiffsreisende.

Mobilität ist Trumpf. Gefördert von mannigfaltigen Neigungen und Interessen, gehört der Verkehrsbereich in allen seinen Erscheinungsformen zu den am stärksten wuchernden menschlichen Aktivitäten. Eine Autobahn, eine Schienenverbindung, ein Flughafen sind noch nicht zu Ende gebaut, da wird schon der Ruf nach Kapazitätserweiterungen laut. Gleichgültig, wie viele Start- und Landebahnen oder Straßen- und Schienenkilometer geschaffen werden – es ist nie genug. Ständig droht ein Verkehrskollaps, und oft genug bleibt es nicht bei einer bloßen Drohung.

2011 bildeten sich auf deutschen Autobahnen 189 000 Staus mit einer Gesamtlänge von 450 000 Kilometern.[29] Das ist weit mehr als die Entfernung von der Erde zum Mond. Hinzu kommen ungezählte kraft- und zeitraubende Staus in Städten und auf Landstraßen. In solchen Staus verbrachten deutsche Autofahrer 2010 durchschnittlich sechzig Stunden. Das entspricht anderthalb Arbeitswochen.[30] Staus gibt es aber auch auf Bahnhöfen und Schienenwegen, auf Flughäfen und in Luftkorridoren. Nicht selten sind die Verkehrsverhältnisse in Deutschland chaotisch, auch wenn Experten meinen, sie seien noch nicht so chaotisch wie in anderen Teilen der Welt. Doch werde nicht bald Abhilfe geschaffen, drohe auch Deutschland der Infarkt.[31]

Offensichtlich übersteigt das Mobilitätsbedürfnis moderner Gesellschaften ihre Fähigkeit, in der jeweils verfügbaren Zeit ausreichend leistungsfähige sowie gemeinwohl- und umweltverträgliche Verkehrssysteme und -mittel bereitzustellen. Alles Wissen, Können und Geld reichen nicht aus, um die manifesten Probleme schrumpfen zu lassen. Die Lücke zwischen Mobilitätswunsch und -wirklichkeit wird eher größer. Der Befund ist ebenso eindeutig wie banal: Die Verkehrssysteme dichtbesiedelter Räume sind chronisch überfordert.

Das aus den Fugen geratene Mobilitätsbedürfnis moderner Gesellschaften lässt deren Verkehr in der Tat kollabieren – immer häufiger und immer anhaltender. Just in dem Moment, als die Medien berichten, dass sich in Europa die Zahl der Fluggäste bis 2030 verdoppeln werde,[32] erklärt ein Pilot seinen seit Stunden ausharrenden Passagieren, er könne nicht starten, weil »der europäische Luftraum hoffnungslos überfüllt« sei. Und wer an einem klaren Tag den Blick nach oben richtet, sieht, was der Flugkapitän meint. Denn was da zu sehen ist, erinnert lebhaft an einen Schnittmusterbogen aus Großmutters Zeiten. Auch hier strebt ein babylonischer Turm gen Himmel. Und je höher er strebt, desto länger werden seine Schatten.

Bewegungsrausch

Für ihre Mobilität erbringen Menschen im Bewegungsrausch Opfer, die sie in nüchternem Zustand vermutlich nie erbringen würden. Eines dieser Opfer ist der weitgehende Verzicht auf menschengemäße und menschenwürdige Siedlungsformen, wie sie vor Beginn der Mobilitätsorgie die Regel waren. Alles, was heutige Städte in entwickelten Ländern für sich verbuchen können, ist mehr Licht und Luft in den Wohnquartieren und eine außerordentliche Verbesserung hygienischer Verhältnisse. Das ist nicht wenig. Zugleich sind sie jedoch von Lebensräumen für Menschen zu Verkehrsräumen für Fahrzeuge mutiert.

Jahrzehntelang war die städtebauliche Vorgabe nicht die menschen-, sondern die autogerechte Stadt. Das prägt große wie kleine Städte und selbst Dörfer bis heute. Zuerst ist den Anforderungen des Verkehrs zu genügen. Das Leben, Arbeiten, Spielen oder Müßiggehen von Kindern, Erwachsenen und alten Menschen ist diesen Anforderungen gegenüber nachrangig. Das dokumentiert jede beliebige Straßenszene in jeder beliebigen Stadt. Auf den unvoreingenommenen Betrachter wirken Menschen hier eher störend. Mit ihrem Wunsch, ab und an die Straße zu queren, hemmen sie sichtlich den Verkehrsfluss, und wer sich dabei nicht an strenge Regeln hält, wird schnell zum Gejagten.

Straßen und Plätze, auf denen einst Menschen flanierten, dienen jetzt als Abstellplätze für den ruhenden Verkehr. Fußgänger zwängen sich durch geparkte Autos, Kinderwagen und Rollstühle müssen nicht selten auf die Fahrbahn ausweichen. Zu zweit oder gar zu dritt Arm in Arm einen Fußweg entlangzuschlendern ist oft nicht mehr möglich. Der mobile Mensch bewegt sich im Gänsemarsch, eingezwängt zwischen Häuserwänden, Autos und Straßenbahnen. Stehen bleiben, ein Schwätzchen mit dem Nachbarn halten – für das und manches andere ist häufig kein Platz mehr. Den benötigen Verkehrsmittel. Dem Petitum eines Ludwig Erhard aus dem Jahre 1960, wonach »in der Städteplanung der natürlichen Bewegung des Menschen als Fußgänger ein gleicher Raum gegönnt werden sollte wie dem technischen Verkehr«[33], wurde und wird noch nicht einmal ansatzweise Rechnung getragen.

Doch »der technische Verkehr« benötigt nicht nur Platz, er macht auch Lärm. Lärm machten zwar auch die mittelalterlichen Handwerksbetriebe. Aber zur Mittagszeit sowie nachts und an Sonn- und Feiertagen herrschte weithin Stille. Davon kann heute keine Rede mehr sein. Leitbild ist die Stadt, die keine Stille kennt, die nie zur Ruhe kommt, »die niemals schläft«.[34] Leitbild ist damit die steinerne Manifestation ernsthafter physischer und psychischer Defekte. Denn eine Stadt, die niemals schläft, erträgt nur, wer durch lange Gewöhnung gegenüber Außenreizen völlig abgestumpft ist.

Für die anderen ist es ein großes Privileg, einigermaßen ruhig leben und wohnen zu können. Doch wie fast alle Privilegien hat auch dieses seinen Preis. Ruhig zu wohnen ist teuer. Mit dem lapidaren Hinweis, eine bestimmte Wohngegend sei »verkehrsberuhigt« und in der Nähe gebe es sogar einen Spielplatz, lassen sich unschwer Miet- und Kaufpreisaufschläge von fünfzig Prozent und mehr begründen.

Aber auch Geld kauft nicht alles. In den meisten Großstädten Deutschlands, Europas und der übrigen Welt ist auch mit viel Geld ruhiges Wohnen kaum noch möglich. Die Städte sind engmaschigst zerschnitten, zerstückelt und zerhackt von Durchgangsstraße und Autobahnen, Schienenwegen und Flugschneisen. Von irgendeiner Seite lärmt es immer.

So gut es geht, versuchen die Betroffenen sich vor diesem Lärm – so als sei er von Außerirdischen verursacht – durch Lärmschutzwälle, spezielle Wand- und Dachisolierungen und zentimeterdicke Scheiben ein wenig abzuschirmen. Mitunter sind sie damit erfolgreich. Doch was immer sie tun: Es bleibt die deprimierende Einsicht, dass die Erfordernisse des Verkehrs den Bedürfnissen der Menschen vorgehen.

Deshalb bilden die Bewohner von Ballungsgebieten bei jeder sich bietenden Gelegenheit lange Trecks, um wenigstens für Stunden oder Tage dem Lärm, Dreck und Smog ihrer Städte zu entkommen. Für den Moment bietet dies ein wenig Linderung. Ihre Probleme löst es nicht. Denn alles, was sie hinter sich lassen wollen, schleppen sie unvermeidlich weiter mit sich. Lärm und Dreck begleiten sie in ihre Naherholungsgebiete, an Meeresstrände und auf Bergeshöhen. Solange die Menschen mobil sind, können sie den Nebenwirkungen ihrer Mobilität nicht entkommen.

Das weite, unberührte Land, von dem sich manche noch immer erhoffen, tief durchatmen, Stille genießen und nachts die Sterne sehen zu können – dieses Land gibt es in den dichter besiedelten Teilen der Welt nicht mehr. Auch das Land ist in kleinste Teile zerschnitten, zerstückelt und zerhackt und von einer Lärmglocke überwölbt. Pflanzen, Tiere und Menschen müssen sich einpassen. Hier und da werden für sie Stege, Brücken und Tunnels errichtet, damit sie ansonsten unüberwindliche Verkehrsschneisen passieren können. Aber was immer da geschieht, so gut gemeint es auch ist, es unterstreicht nur die Absurdität der entstandenen Situation.

Dann eben auf in die Arktis oder Antarktis, nach Nepal oder Bhutan, auf die Seychellen oder die Malediven! Vielleicht findet sich ja dort noch jene »Natur«, die man hierzulande vergebens sucht. Gewiss. Aber nur so lange, bis der erste Ankömmling seinen Fuß auf den unberührten Boden setzt. Das ist der Segen und Fluch des mobilen Menschen: In Windeseile kommt er überall hin, doch wo er hinkommt, wird es sogleich unwirtlich. Also jagt er weiter der »Natur« und »natürlich-herzlichen Menschen« hinterher, die ihm als Kontrastprogramm zu seiner eigenen geschundenen und verhunzten Umwelt wieder und wieder in Aussicht gestellt werden.

Gäbe sich der mobile Mensch Rechenschaft über die Wirkungen seiner Mobilität, er würde erschrecken. Und da er dies nicht will, betrachtet er seinen Bewegungsrausch als normal und jede Steigerung als einen weiteren Schritt auf dem langen Fortschrittsmarsch. Schmerzen ihm dabei die Füße, leidet er stumm. Mehr als jeder Zweite fühlt sich in Deutschland von Straßen-, jeder Dritte von Schienen- und fast jeder Vierte von Flugverkehrslärm gestört oder belästigt.[35] Aber das ist nun einmal der Preis der Mobilität.

Lebens-Raum

Dabei merken die meisten gar nicht, dass nicht nur ihre Städte und Dörfer und das weite Land, sondern mittlerweile auch sie selbst zu Opfern dieser Mobilität geworden sind. Irregeleitet von der Fülle an Transportmitteln, durch die sie immer größere Distanzen in immer kürzerer Zeit überwinden können, haben sie das Empfinden für einen eigenen Lebens-Raum – im eigentlichen Sinne dieses Wortes – weitgehend eingebüßt. Ohne langes Zögern akzeptieren sie Entfernungen zwischen Wohnung und Arbeitsplatz, die rational kaum erklärbar sind. Aber was sind schon zehn oder 15 Kilometer, wenn die Verkehrsverbindung gut ist? Nun, es sind einige Lebensjahre, die im Laufe eines Erwerbslebens dem Verkehr geopfert werden! Oder was bedeutet es, jahrein, jahraus mehrere Tage in der Woche unterwegs zu sein? Der mobile Mensch packt das und seine Familie mit ihm! Oder wie steht es um die vielen Fernbeziehungen? Das erfordert der Job, und im Übrigen sehen wir uns ja alle 14 Tage! Auf diese Weise vereinzeln die Menschen in einer mobilen Gesellschaft, bis früher oder später lebendige und belastbare Beziehungen durch ein paar E-Mails oder Telefonate abgelöst sind. Kinder, Enkel, Eltern, Großeltern? Die gibt es wohl. Aber gesehen haben wir die schon lange nicht mehr. Was die denken und fühlen? Keine Ahnung. Die wohnen doch so weit weg.

Hat dieser Lebensstil die Menschen glücklicher, geborgener oder auch nur materiell wohlhabender gemacht? Einer kritischen Bewertung dürften die exzessiv raumgreifenden Lebens- und Erwerbsgewohnheiten vielfach nicht standhalten. Weder ist die in der Ferne aufgenommene Arbeit noch der dort erkorene Partner so einzigartig, dass sie den Aufwand lohnten. Ein wenig teilen hochmobile Gesellschaften das Schicksal von Migranten. Durch räumliche Bewegung meinen sie, ihr Los verbessern zu können. Manchmal gelingt das. Oft stellt sich aber auch heraus, dass – am langersehnten Ziel angekommen – das Gras dort auch nicht grüner ist[36] und, wie in einem Märchen von Christian Fürchtegott Gellert gleichnishaft dargestellt, die Hunde nicht so groß wie Kälber sind.[37]

Der Verlust von Bindungen, nicht zuletzt durch übergroße Mobilität, wiegt schwer. Mobilität galt lange und gilt mitunter noch heute als Voraussetzung für wirtschaftlichen und gesellschaftlichen Erfolg und damit als Quelle von Lebensglück.

Der hochmobile, flexible und möglichst bindungslose Mensch schien ein Ideal zu sein. Doch dieses Ideal beginnt zu verblassen, da die Menschen, die es verkörpern, auf Dauer nicht so leben können. Ihre Widerstandskräfte sind zu gering, um schwierige Zeiten zu meistern. Noch ist Mobilität vielen ein hohes Gut. Immer mehr erleben und erleiden jedoch auch ihre Schattenseiten. Verdoppelung von Flugaktivitäten in den nächsten zwanzig Jahren? Diese Rechnung könnte ohne die Menschen gemacht worden sein.

Schulen

Beschulung

Dass alles Wissen, Können und Geld nicht ausreichen, um manifeste Probleme auch nur schrumpfen zu lassen, gilt jedoch nicht nur für den Verkehrsbereich. Es gilt auch für den Bereich institutionalisierter Ausbildung sowie institutionalisierter Entfaltung menschlicher Fähig- und Fertigkeiten. Auch hier übersteigen kollektive und nicht selten individuelle Erwartungen die tatsächlich gezeitigten Ergebnisse, und auch hier wird trotz größter Anstrengungen die Kluft zwischen Gewünschtem und Gewolltem einerseits und dem jeweils Erreichten andererseits immer breiter.

Zwar finden sich immer Männer und Frauen, deren Wissen und Können groß genug ist, auch schwierige Aufgaben souverän zu meistern. Aber ihre Zahl ist überschaubar. Deshalb wurde schon in der Antike mit einem talentierten Sklaven, der vielleicht sogar lesen und schreiben konnte, sorgsam umgegangen, und herausragende Begabungen wurden nicht selten mit Gold aufgewogen. Tüchtige Bauleute, Maler oder Steinmetze wurden über die Jahrhunderte hinweg nicht nur hochgeschätzt, sondern zumeist auch hoch bezahlt, und jeder Fürst, der einen von ihnen in seinen Diensten hatte, pries sich glücklich.

Im Grunde hat sich hieran bis heute nichts geändert. Überragend Qualifizierte sind weiterhin rar und entsprechend gesucht. Grundlegend geändert hat sich hingegen das Los der großen Mehrheit – der durchschnittlich und erst recht der unterdurchschnittlich Begabten und Motivierten. Was diese in der vorindustriellen Epoche wissen und können mussten, um den damaligen Anforderungen von Wirtschaft und Gesellschaft zu genügen, war überschaubar. Selbst schlichte Gemüter konnten in der Regel recht gut mithalten und sich und anderen nützlich sein. Weder wurden von ihnen Lese-, Schreib- und Rechenkünste erwartet noch Kenntnisse in irgendwelchen Wissenschaften. Was sie beherrschen mussten: eine Wiese zu mähen, ein Pferd anzuspannen oder eine Kuh zu melken, war rasch abgeschaut und eingeübt. Und wen es zu Höherem trieb, der war zumeist auch entsprechend begabt und motiviert.

Das endete mit der planmäßigen Beschulung breitester Bevölkerungsschichten, oder genauer mit der Beschulung von allen und jedem. Zwar ist die allgemeine und mit der Zeit immer mehr Unterrichtsjahre verlangende Schulpflicht der wohl bedeutendste Schritt in die Moderne. Ohne sie wäre die Wohlstandsexplosion der zurückliegenden 250 Jahre nicht möglich gewesen und der heutige Wissens- und Könnensstand in den entwickelten Ländern mit Sicherheit nicht erreicht worden. Aber so segensreich die Schulpflicht auch war und ist: Sie ist auch die Ursache des Ungenügens und selbst des Scheiterns beträchtlicher Teile der Bevölkerung. Denn je besser die Menschen qualifiziert wurden, desto größer wurden auch die an sie gestellten Anforderungen, bis schließlich aus denen, die wirtschaftliche und gesellschaftliche Entwicklungen vorangetrieben hatten, selbst Getriebene geworden waren.

Dilettanten

Die Schulen spiegeln dieses Dilemma wider. Vieles von dem, was sie leisten, fällt hinter das zurück, was betriebliche Ausbilder oder Hochschullehrer stellvertretend für große Teile der Gesellschaft erwarten. »Nicht ausbildungsfähig«[38], »nicht hochschulreif«[39], lauten die Verdikte, die keineswegs nur Randgruppen treffen.

Auch wenn in solchen Äußerungen eine Menge Zeitgeist und Vorurteile mitschwingen und sie deshalb nicht alle auf die Goldwaage gelegt werden sollten – völlig grundlos sind sie nicht. Fast jeder dreizehnte Hauptschüler in Deutschland beendet seine Schulzeit ohne Abschluss,[40] rund 155 000 Schüler erreichen jedes Jahr nicht das Klassenziel, sprich: bleiben sitzen.[41] Und die Zahl junger Menschen, die sich vom Schulbetrieb nicht mehr angesprochen oder sogar überfordert fühlen, nimmt zu.[42] Für die Gesellschaft ist dies ein ernstzunehmendes Alarmzeichen. Offenbar wachsen die Anforderungen an Individuen und Kollektive. Kann die Gesellschaft jedoch sicher sein, dass deren Fähigkeiten in mindestens der gleichen Geschwindigkeit mitwachsen?

Bereits mäßig anspruchsvolle Tätigkeiten mit bescheidener Wertschöpfung und geringem gesellschaftlichen Ansehen erfordern heute mitunter Qualifikationen, die für nicht wenige unerreichbar sind. Und sind die Tätigkeiten anspruchsvoller, vergrößert sich die Diskrepanz exponentiell. Welcher Arzt, Anwalt oder Steuerberater, welcher Installateur, Elektroniker oder Softwareentwickler kann von sich noch ehrlichen Herzens sagen, er sei firm in seinem Metier. Bei Licht besehen dilettieren die meisten, die einen mehr, die anderen weniger. Viele können nicht und können nicht können, was sie zu können vorgeben. Die gesellschaftlichen Erwartungen sind zu hoch.

Das aber wird nur ungern thematisiert. Vielmehr heißt es, dies sei ein Institutionenversagen. Versagt habe das Elternhaus, die Kita und selbstredend die Schule oder Universität. Sie alle hätten nach gängiger Lesart nicht geleistet, was sie hätten leisten müssen, um die Erwartungen von Wirtschaft, Gesellschaft und auch Einzelnen zu erfüllen.

Lücken

Nun steht außer Frage, dass nichts so gut ist, als dass es nicht noch besser werden könnte: Elternhäuser, Kindergärten und gewiss auch Schulen. Dennoch sollte dabei nicht aus dem Blick geraten, dass spätestens seit den Tagen eines Pestalozzi[43] die Gesellschaften aller entwickelten Länder intensivst über die Formierung ihrer Kinder und Jugendlichen und deren Heranführung an das Wissen und Können ihrer Zeit nachgedacht und im Allgemeinen weder Mittel noch Mühen gescheut haben, die Ergebnisse ihres Nachdenkens zu verwirklichen. Gewollt haben sie – schon aus Eigeninteresse – immer nur das Beste. Allein, wie beim Verkehrswegebau, es war und ist nie genug. Gemessen an dem, was Menschen zu wissen und zu können in der Lage wären, wenn sie sich ein größeres Stück des menschlichen Wissens- und Könnensschatzes erschlössen, wissen und können sie – unabhängig von Zeit, Land und Region – bemerkenswert wenig.

Scharen von Politikern und Experten war und ist dies Anlass, unablässig am Bildungssystem herumzuexperimentieren, oder in ihrer Sprache: es zu reformieren. Inzwischen dürfte es keine Form und kein Format mehr geben, die nicht irgendwo von irgendwem ausprobiert worden wären, und die Erfahrung zeigt, dass es durchaus einen Unterschied machen kann, ob eine Bildungseinrichtung so oder anders gestaltet ist.[44] In der einen lebt und lernt es sich besser und leichter als in einer anderen.

Nur das eigentliche Ziel verfehlen alle. Keine Gesellschaft kann für sich in Anspruch nehmen, durch ihre Bildungseinrichtungen die intellektuellen, musischen, emotionalen und sozialen Potentiale der Menschen so weit zu aktivieren, dass keine klaffende Lücke zwischen Erwartung und Wirklichkeit bleibt. Gewiss sind Gesellschaften bei diesem Bemühen unterschiedlich erfolgreich. Aber wirklich erfolgreich ist keine.

Wie sollten sie auch? Schon bei der Beantwortung der Frage, was Bildung denn eigentlich sei, gehen die Meinungen auseinander. Wie aber sollen dann Bildungsziele definiert werden? Und wie soll Konsens über Bildung und Bildungsziele hergestellt werden, wenn das ihnen zugrunde liegende Menschenbild umstritten ist? Das aber wiederum steht und fällt mit der Beantwortung der Frage nach dem Sinn menschlichen Lebens. Gibt es einen solchen Sinn überhaupt, und falls ja, soll er vorrangig in der Produktion und dem Konsum materieller Güter bestehen? Ist der Mensch dazu da, einkaufen zu gehen und sich gegebenenfalls zu reproduzieren, oder ist menschliche Existenz facettenreicher?

Es sind philosophische, wenn nicht gar religiöse Fragen wie diese, die das geistige Fundament jedes Kindergartens und jeder Schule bilden. Solange sie nicht ausdiskutiert sind – und sie sind nicht ausdiskutiert! –, werden alle Bildungsanstrengungen im Ergebnis unzulänglich und widersprüchlich bleiben. Kinder und Jugendliche sind heute nicht selten Spielball von Ideologien. Zwar heißt das nicht, dass sie bei diesem Spiel nicht auch etwas lernen. Aber ob und wozu das Gelernte taugt, erfahren sie erst später und mitunter nie.

Was soll ihnen die Schule vermitteln? Die Fähigkeit, zu leben, zu lachen und zufrieden zu sein, oder die Fähigkeit, sich trotz beinharten Wettbewerbs fair, solidarisch und sozial zu verhalten? Die Fähigkeit, Dinge zu sichten, auszuwählen und sich anzueignen? Oder vielleicht doch besser Sprachen, Mathematik, Naturwissenschaften und darüber hinaus gesunde Ernährung, geschickter Umgang mit Geld, Einblicke in das Wirtschaftsleben, Grundzüge der Warenkunde und so weiter?

Schon diese Fragen zeigen, dass die Bildungseinrichtungen mit den Schulen an der Spitze heillos überfrachtet und damit auch überfordert sind. Zu Recht heißt es deshalb allenthalten: Vermindert den Lernstoff! Weniger ist mehr! Schafft Schulen für Kinder, richtige Kinder und für Jugendliche, richtige Jugendliche und gebt auch denen Raum, die die Natur nicht für den Schulbetrieb bestimmt hat.

Es mag sein, dass dadurch Lernziele, die aus heutiger Sicht vernünftig und wünschenswert erscheinen, nicht mehr erreicht werden. Es mag auch sein, dass dadurch die Wettbewerbsfähigkeit einer Volkswirtschaft und mit ihr der materielle Lebensstandard einer Bevölkerung sinkt. Das aber wäre hinzunehmen, wenn dadurch Menschen, gerade auch junge Menschen, besser in die Lage versetzt würden, ihren eigenen Lebensweg aufzuspüren und zu gehen. Die blinde Verfolgung gesellschaftlicher Ziele, die schon seit Generationen nicht mehr hinterfragt wurden, ist jedenfalls keine sinnvolle Vorgabe für Kitas und Schulen. Die Frage drängt: Wohin strebt die Gesellschaft überhaupt? Erst wenn diese Frage geklärt ist, lässt sich sagen, was die Schulen wollen sollen.

Hochschulen

Verschulung

Zu den hehrsten Zielen fast aller Länder gehört die ständige Verlängerung der Beschulungszeit von immer größeren Bevölkerungsteilen. Das fördere, so die Begründung, die Entfaltung der Menschen und erhöhe ihre Lebensqualität. Nicht minder wichtig sei jedoch, dass ausgiebig Beschulte leichter und produktiver zu beschäftigen seien. Und das wiederum sei Voraussetzung für die Sicherung und Mehrung des materiellen Lebensstandards. Beschulung, genannt Bildung, sei eine wichtige, wenn nicht sogar die wichtigste ökonomische Ressource.

Da versteht es sich von selbst, mit der Beschulung so früh wie möglich zu beginnen. Vielerorts werden Kinder noch vor der offiziellen Einschulung durch Eltern, zumeist aber durch speziell ausgebildetes Personal mehr oder minder spielerisch auf den anschließenden Schulbetrieb eingestimmt. Dieser beginnt in Deutschland üblicherweise mit dem vierjährigen Besuch einer sogenannten Grundschule, an die sich weiterführende Schulen anschließen. Abhängig vom jeweiligen Bundesland ist deren Besuch fünf oder sechs Jahre lang obligatorisch.[45] Zusammen mit der Vorbereitungszeit in Kindergärten und ähnlichen Einrichtungen wird damit jedes Kind in Deutschland elf bis zwölf Jahre lang beschult.

Die Mehrzahl der Kinder und Jugendlichen verweilen aber noch länger in Bildungseinrichtungen, wo etwa der Hälfte eines Jahrgangs – unterschiedlich nach Bundesland und gewähltem Ausbildungsgang – nach zwölf bis 13 Jahren reiner Schulzeit die Hoch- beziehungsweise Fachhochschulreife zuerkannt wird. Von dieser Hälfte nehmen derzeit etwa siebzig Prozent ein Studium auf.[46] Die Gesamtzahl der Studierenden liegt gegenwärtig bei 2,5 Millionen, was etwa drei Prozent der Bevölkerung entspricht. Diese Studierenden werden am Ende ihrer formalen Ausbildungszeit etwa zwanzig Jahre lang in schulischen oder schulähnlichen Einrichtungen verbracht haben. Das ist mehr als ein Viertel der durchschnittlichen Lebenszeit.

Noch vor fünfzig Jahren erlangte nicht jeder Zweite, sondern nur jeder Sechzehnte eines Jahrgangs die Hoch- oder Fachhochschulreife, und der Anteil Studierender an der Bevölkerung lag nicht bei drei, sondern bei 0,4 Prozent, also bei nur reichlich einem Zehntel des heutigen Wertes. Promovierten damals etwa 5500 Studierende im Jahr, so sind es jetzt 27000 – das Fünffache.[47]

Die Zusammensetzung der Erwerbsbevölkerung spiegelt diese Entwicklung wider. Vor fünfzig Jahren hatten nur etwa drei Prozent der Erwerbstätigen einen Hoch- oder Fachhochschulabschluss. 25 Jahre später hatte sich dieser Anteil auf reichlich ein Zehntel mehr als verdreifacht. Heute liegt er bei etwa einem Sechstel und in absehbarer Zeit wird er sich auf ein Drittel erhöht haben.[48]

Verbildung

Dass auch der babylonische Turm der Hochschulbildung von Jahr zu Jahr höher wird, ist unübersehbar. Ob die Qualität des Baus mit dessen quantitativer Zunahme Schritt gehalten hat, ist hingegen schwerer zu erkennen. Kann die Hälfte eines Jahrgangs oder können gar zwei Drittel, wie von manchen Bildungspolitikern angestrebt, schulisch genauso qualifiziert werden wie das leistungsstärkste Drittel oder Viertel? Oder kann eine Gesellschaft ernsthaft erwarten, dass ein Drittel eines Jahrgangs das gleiche akademische Niveau erreicht, das ein Sechstel vielleicht hätte erreichen können?

Betrachtungen wie diese lösen in der öffentlichen Debatte nicht selten geradezu wütende Reaktionen aus. So darf nicht gefragt werden! Jeder soll doch eine Chance haben und sich so lange beschulen lassen können, wie er mag! Das ist ein reiches Volk seinen Kindern und Jugendlichen schuldig! Das ist eine Frage der Gerechtigkeit! Hier Begabung und Motivation ins Spiel zu bringen ist unanständig! – Vom Sozialbereich abgesehen wird wohl nirgendwo so leidenschaftlich und wirklichkeitsfern argumentiert wie im Bereich der Bildung.

Die Gesellschaft ist darauf eingeschworen, dass viel Beschulung gut und mehr Beschulung besser ist. Welche Wirkungen etwas weniger Beschulung haben könnte, wagt niemand mehr zu bedenken. Das könnte die festgefügte Glaubenswelt einer Gesellschaft, die in Schule vom Kindergarten bis zur Universität den Königsweg und wahrscheinlich sogar den einzigen Weg zur Bildung sieht, erschüttern. Für die Vorstellung, dass auch das Leben bilden und die Schule möglicherweise verbilden kann, ist in dieser Glaubenswelt kein Raum.[49] Das Ideal ist ein Volk in permanenter Ausbildung, und um sich diesem Ideal zu nähern, ist kein Aufwand zu hoch. Dabei wird kaum Rücksicht darauf genommen, dass das Lehren sorgfältig dosiert sein will, da es auch eine Form von Herrschaft sein und mithin entmündigend wirken kann.

Nun steht wiederum außer Frage, dass in den zurückliegenden 250 und namentlich in den zurückliegenden fünfzig Jahren die Herausforderungen in zahlreichen Tätigkeitsbereichen erheblich zugenommen haben und deshalb umfangreichere, sorgfältigere und oft auch zeitaufwendigere Qualifizierungen verlangen. Doch nach wie vor ist auch hier zu prüfen, ob die Zunahme der Anforderungen nicht auf eine übermäßige Theoretisierung und Akademisierung vieler Lebensbereiche zurückzuführen ist. Nach dem Motto: Wenn wir schon so gewunden zu denken und zu argumentieren gelernt haben, dann lasst uns doch auch so gewunden denken und argumentieren! Schließlich haben wir für die Erlangung dieser Kunstfertigkeit viel Kraft, Zeit und Geld aufgewendet. Und wer uns auf unseren gewundenen Pfaden nicht zu folgen vermag, der möge sich doch noch ein bisschen länger beschulen lassen!

Und die Menschen lassen sich beschulen, nicht selten um prätentiös verpackte Banalitäten vermittelt zu bekommen. Die Zahlen stimmen bedenklich.

Akademiker

Anfang der sechziger Jahre lebten in Deutschland rund 73 Millionen Menschen, davon 56 Millionen in West- und 17 Millionen in Ostdeutschland. Die 56 Millionen Westdeutschen konnten damals die Dienste von 74 000 Ärzten, 24 000 Steuerberatern, reichlich 18 000 Rechtsanwälten und knapp 12 000 Richtern in Anspruch nehmen. Zur selben Zeit studierten an westdeutschen Universitäten 18 000 Männer und Frauen Volks- beziehungsweise Betriebswirtschaft und 17 000 Jurisprudenz.[50]

41

Mittlerweile ist Deutschland wiedervereinigt, und seine Bevölkerungszahl hat sich von 73 auf reichlich achtzig Millionen erhöht. Das sind etwa 43 Prozent mehr, als Anfang der sechziger Jahre in Westdeutschland lebten. Dieser um reichlich vierzig Prozent angewachsenen Bevölkerung standen 2012 350 000 Ärzte (plus 370 Prozent), 156 000 Rechtsanwälte (plus 750 Prozent), 20 000 Richter (plus 67 Prozent) und 80 000 Steuerberater (plus 230 Prozent) zur Verfügung. Zugleich hatte sich die Zahl der Männer und Frauen, die Volks- und/oder Betriebswirtschaft studierten, auf 387 000 (plus 2050 Prozent) und die Zahl der Jurastudenten auf 121 000 (plus 610 Prozent) erhöht.[51]

Dermaßen monströse Zuwächse bedürfen der Erklärung, wenn nicht sogar der Rechtfertigung. Wie kann es sein, dass eine um nur reichlich vierzig Prozent angewachsene Bevölkerung binnen fünfzig Jahren die 4,7fache Zahl von Ärzten, die 8,5fache Zahl von Rechtsanwälten oder die 3,3fache Zahl von Steuerberatern benötigt und sich die Zahl ihrer Studenten in den Wirtschaftswissenschaften auf das mehr als 21fache, in den Rechtswissenschaften auf das reichlich Siebenfache erhöht? War sie zu Beginn dieser Periode krass unterversorgt, oder hat sich ihr Gesundheitszustand dramatisch verschlechtert und ihre Streitlust drastisch erhöht? Oder ist es in der Welt von heute einfach normal, wenn 230 Menschen ein Arzt, 514 ein Rechtsanwalt und 1002 ein Steuerberater zur Seite steht?

Wahrscheinlich trifft von allem etwas zu. Viele Menschen sind gesundheitsbewusster geworden und ihre Rechts- und Steuerangelegenheiten anspruchsvoller. Sie benötigen und suchen Rat. Doch damit lässt sich allenfalls ein Teil des Akademikerzuwachses erklären. Hinzu kommt ein Weiteres, dessen Gewicht gar nicht überschätzt werden kann: eine tiefgreifend veränderte Bewusstseinslage, bei der Menschen erst mit einem Hochschulabschluss oder zumindest dem Abitur zu Menschen werden. Wer nicht viele Jahre beschult worden ist, zählt in dieser Gesellschaft oft wenig oder gar nicht. Die Folgen dieser Bewusstseinslage sind oft grotesk und nicht selten tragisch.

Grotesk ist es, wenn Volljuristen bei Versicherungen Bagatellfälle bearbeiten, Volks- oder Betriebswirte hinter Bankschaltern stehen und genau das tun, was vor dreißig oder vierzig Jahren Realschulabsolventen nach einer zweijährigen Banklehre taten, oder Abiturienten Handwerksberufe ergreifen, die früher kompetent und zu jedermanns Zufriedenheit von Männern und Frauen gemeistert wurden, die mit Erfolg eine Hauptschule besucht hatten.[52]

Tragisch ist es, wenn junge Menschen samt Eltern, Verwandten und Freunden das begründete Gefühl haben, dass es besser sei, Jurisprudenz oder Wirtschaftswissenschaften zu studieren, um eines Tages Bagatellfälle bearbeiten oder hinter einem Bankschalter stehen zu dürfen, oder das Abitur machen zu müssen, um eines Tages das ehrbare Schreiner- oder Klempnerhandwerk erlernen zu können.

Und schließlich – ein Schelm, wer Böses dabei denkt! – suchen die vielen akademisch Ausgebildeten nicht nur eine ihnen gemäße Beschäftigung, mitunter schaffen sie sie auch. Die Pastorentöchter zwinkern einander zu, und dann wird noch einmal untersucht und noch einmal oder noch ein Gutachten eingeholt und noch eins. Schaden kann das ja nicht, und doppelt genäht hält bekanntlich besser. Und die Kosten? Die tragen andere.

Aufgrund eines noch immer wuchernden Akademiker- und Wissenschaftswahns werden Weichen oft falsch gestellt. Das beginnt bei Eltern, die glauben, ihren Kindern nur durch eine endlose Beschulung den Lebensweg ebnen zu können, setzt sich fort bei Lehrern, die nachsichtsvoll auch schwachen Schülern nicht »die Zukunft verbauen« wollen, und endet bei Professoren, die mit Bestnoten nur so um sich werfen,[53] weil nach ihrer Einschätzung Wirtschaft und Gesellschaft nicht nur einen Hochschulabschluss erwarten, sondern einen mit höchsten Prädikaten.

Falsch sind die Weichen aber vor allem für jenes Fünftel der Studierenden gestellt, die im Laufe der Zeit zu der Erkenntnis gelangen, dass die Hochschule für sie doch nicht der richtige Ort ist. Die Hälfte dieser Studienabbrecher nennt als Begründung »Überforderung« beziehungsweise »mangelnde Selbstmotivation«. Ein weiteres Fünftel hat Finanzierungsprobleme, und zwölf Prozent klagen über unzureichende Studienbedingungen. Die Übrigen wollen sich beruflich umorientieren oder haben familiäre Probleme.[54] Jeder Fünfte! Das sind bei 2,5 Millionen Studierenden 500 000 junge Menschen, die dem Lockruf, durch immer weitere Beschulung immer höhere wirtschaftliche und gesellschaftliche Gipfel erklimmen zu können, mitunter jahrelang gefolgt sind, bevor sie begreifen: Es gibt auch andere und vielleicht sogar geeignetere Wege ins Leben.

Auch im Bildungsbereich ist die Zeit reif, nüchtern zu prüfen, ob nicht auch hier an einem Turm gebaut wird, der schlussendlich nirgendwohin führt. Dass Bildung wichtig und gut ist und dafür Schulen unterschiedlicher Ausgestaltung erforderlich sind, ist eine Selbstverständlichkeit. Ob jedoch die fortwährende quantitative Expansion von Bildungsanstrengungen zielführend ist, kann, darf und muss bezweifelt werden. Hängt die Bildung eines Volkes wirklich entscheidend von der Zahl seiner Abiturienten und Hochschulabsolventen ab? Die Praxis internationaler Vergleiche legt das nahe. Aber sind sie tatsächlich so bedeutungsvoll, wie sie sich geben? Über Bildung und Ausbildung muss gesprochen werden. Aber anders als bisher.

Bildung

Potentiale

Auch wenn niemand so recht zu sagen vermag, was Bildung ist, gibt es doch einen Grundkonsens, der es möglich macht, über Bildung zu sprechen, Bildungseinrichtungen zu schaffen und

Bildungspolitik zu betreiben. Vor allem Letzteres geschieht mit Inbrunst, und es dürfte kaum eine entwickelte Gesellschaft geben, in der Bildungspolitik nicht weit oben auf der Agenda steht.

Dem Rang der Bildung entsprechend ist der für sie erbrachte institutionelle, personelle und nicht zuletzt finanzielle Aufwand hoch – und trotzdem stets zu niedrig. Denn Bildung, so die kollektive Überzeugung, ist wie ein Ozean, den noch so große Fluten nicht zum Überlaufen bringen können. Bildung: Das ist Wachstum und Wohlstand, Wettbewerbsfähigkeit und Zukunft – für den Einzelnen und das Gemeinwesen.

Da scheint es angemessen, wenn in einem Land wie Deutschland jährlich für jeden Schüler und jede Schülerin an einer öffentlichen Schule durchschnittlich 5500 Euro ausgegeben werden – von 4800 Euro in Nordrhein-Westfalen bis 7000 Euro in Thüringen[55] – und ähnliche Mittel für Studierende bereitgestellt werden: 4500 Euro für Juristen und Geisteswissenschaftler, 8000 Euro für Naturwissenschaftler und 27000 Euro für Mediziner.[56] Doch was sind die Früchte solchen Aufwands?

Das Intelligenzpotential von Individuen steigt durch ihn jedenfalls nicht. Schon aus biologisch-physikalischen Gründen ist es sehr wahrscheinlich nicht möglich, das menschliche Hirn weiter zu optimieren.[57] Das aber ist auch nicht nötig. Denn das von der Natur bereitgestellte Potential eröffnet zumeist einen großen Fächer von Realisierungsmöglichkeiten.

Doch damit beginnen die Schwierigkeiten. Individuen und Institutionen können nämlich immer nur schmale Segmente dieses Potentials erschließen. Stets muss und wird ausgewählt werden. Sollen mathematisch-naturwissenschaftliche Fähigkeiten zur Blüte gebracht werden oder sprachliche oder musische oder religiös-philosophische oder soziale? Alles zusammen zu entwickeln wird kaum jemals gelingen.

Dem steht zum einen entgegen, dass der Mensch, zumal der junge, nicht nur seine Hirnfähigkeiten entwickeln möchte. Er will auch seinen Körper spüren, Gemeinschaft ausprobieren, sich verlieben, träumen, gar nichts tun … Zum Zweiten ist der

Mensch vergesslich. Einmal Gelerntes kann ins Unterbewusste abgleiten und dort für immer verschollen bleiben. Und drittens reicht das Leben eines Menschen nicht aus, um sein ganzes Potential zu realisieren.

Dieses Potential zu realisieren heißt nämlich: lernen, das Gelernte in Muße einsinken lassen, mit Bekanntem verknüpfen, wiederholen und dann das ganze Procedere von vorn beginnen. Potentiale zu realisieren ist zeitaufwendig, und alle Versuche, dies zu ändern, sind bislang gescheitert. Die meisten, vermutlich sogar alle, sind nicht in der Lage, innerhalb von zehn Sekunden den Text einer Buchseite nachhaltig zu speichern oder zehn Gegenstände oder zwanzig Zahlen.[58] Also müssen sie sich entscheiden, ob sie das Lesen von Noten so perfektionieren wollen, dass beim Blick auf ein Notenblatt in ihnen Musik erklingt, oder ob ihr Interesse Sprachen, sportlichen Aktivitäten oder dem Umgang mit einem Computer gilt. Ein wenig Nippen kann man an vielem. Zur Meisterschaft gelangen die meisten nur in wenigem und manche in nichts.

Was aber wählen und vor allem wie? Die Meinung des Einzelnen ist hierzu wenig gefragt. Maßgeblich ist, was die im Zeitgeist befangene Gesellschaft will. Zumindest trifft sie die weichenstellende Vorauswahl. Was sollen Menschen lernen, soll heißen: Welche Bereiche ihrer großen Potentiale sollen realisiert werden? Es gab Zeiten, da fokussierten sich Gesellschaften auf das Religiöse, in anderen waren sie mehr der Kunst zugetan. Und heute? Heute ist das Leitbild der Produzent und Konsument materieller Güter, und entsprechend wird das Potential des Menschen entfaltet.

Produzenten und Konsumenten

Das ist der Mensch, den die Gesellschaften wirtschaftlich entwickelter Länder aus einer Vielzahl von Möglichkeiten in der Regel hervorbringen: das auf Produktion und Konsum geprägte Individuum. Auch wenn in einem Land wie Deutschland noch immer ein Zehntel der Bevölkerung funktionale Analphabeten sind[59] und jährlich mehr als 50 000 Jugendliche keinen schulischen Abschluss erlangen[60] – auf das Produzieren und mehr noch auf das Konsumieren verstehen sich die meisten, und zwar auf hohem Niveau. Gemessen an den selbstgesteckten Zielen können sich die Ergebnisse der Bildungsbemühungen sehen lassen: Auf allen Ebenen des Wirtschaftslebens verfügt Deutschland über gut, teilweise sogar sehr gut qualifizierte Arbeitskräfte, die im internationalen Wettbewerb nicht nur mithalten können, sondern nicht selten zu den Besten gehören.

Doch kann, darf sich eine Gesellschaft damit zufriedengeben, Menschen durch langjährige und intensive Beschulung zu Produktivkräften zu machen, die leistungsfähiger sind als viele andere und mehr konsumieren können und wollen? Ist das ihre Bestimmung? Oder könnte, sollte nicht durch die Realisierung naturgegebener Potentiale der Mensch vielseitiger, interessierter, nachdenklicher, ästhetischer, differenzierter, sublimer, kunst- und feinsinniger oder kurz: geistig anspruchsvoller, vielleicht sogar anständiger werden?

Schon die Frage scheint aus der Zeit gefallen, was bereits ein Teil ihrer Beantwortung ist. Dabei gab es durchaus Zeiten, in denen es ein ernsthaftes gesellschaftliches Anliegen war, Menschen durch Bildung – wie unzulänglich auch immer – zu veredeln. Edel sei der Mensch! Die Reaktionen auf dergleichen sind heute vor dem Hintergrund schamloser Gier und exzessiver Ichsucht nur ein müdes Lächeln oder ein breites Grinsen. Der edle Mensch! Das Höchste, wonach diese Gesellschaft noch strebt, ist Authentizität. Was da authentisch ist, bleibt nachrangig.

Wofür interessiert sich die lange beschulte Mehrheit am Feierabend? Was sind ihre Freizeitbeschäftigungen? Wie und worüber unterhalten sich die Menschen? Haben sie Freude an Musik und Tanz, geselligem Miteinander, eigenständigem Gestalten und der Übernahme von Verantwortung für sich, andere und, sofern möglich, für das Gemeinwesen?

Zu all diesen Fragen gibt es millionenfach hoffnungsfrohe Antworten. Aber sind sie hoffnungsfroher als vor fünfzig oder hundert Jahren? Wohl eher nicht. Der Studierende lässt sich genauso wie der Schichtarbeiter nach getaner Arbeit in den Sessel fallen, um sich von etwas unsäglich Niveaulosem berieseln zu lassen. Bitte keinen Unterricht, keine Belehrungen, noch nicht einmal Informationen! Gewollt ist anstrengungsfreie Unterhaltung. Das Leben ist anstrengend genug!

Zählt man die anspruchsvolleren Fernsehprogramme, Zeitungen, Zeitschriften sowie Online-Texte und Blogs und vor allem deren Nutzer, gewinnt man den Eindruck, die Früchte jenes gewaltigen Beschulungsaufwandes der zurückliegenden Jahrzehnte seien ziemlich klein und sauer.[61] Die geistigen Ansprüche der Bevölkerung halten sich in Grenzen. Doch das zu sagen ist unschicklich. Das ist Kulturkritik! Und Kulturkritik gehört sich nicht.

Vielleicht ist in dieser Gesellschaft nicht zuletzt deshalb so oft von bildungsfernen Schichten die Rede, weil sich die Bevölkerungsmehrheit ihrer Bildungsnähe versichern will. Doch zutreffender wäre es, von bildungsnahen Schichten in Abgrenzung von den vielen zu sprechen, die zwar lesen, schreiben und rechnen können und auch sonst über eine Vielzahl von Alltagsfertigkeiten verfügen, nicht aber wirklich gebildet sind. Die bildungsferne Gesellschaft von heute ist im Begriff, form- und sprachlos zu werden. Eine Art Autismus breitet sich aus. Menschen hören einander nicht zu und reden aneinander vorbei.

Diese Gesellschaft will Fachkräfte, Menschen, die im Erwerbsleben etwas leisten. Und dementsprechend erwartet die Mehrzahl der Eltern von den Bildungseinrichtungen, dass diese ihre Kinder best- und schnellstmöglich auf gutbezahlte, sichere Jobs vorbereiten und ihnen darüber hinaus gesunden Egoismus vermitteln. Bildung für den Arbeitsmarkt! Alles andere wäre doch aufgesetzt und gekünstelt. Wer braucht das schon? Ge-

formte, kultivierte, gebildete Menschen? Schon bei dieser Begrifflichkeit sträuben sich vielen die Haare. Kein bürgerliches
Getue! Das passt einfach nicht zu einer modernen Gesellschaft.
Kindern Umgangsformen vermitteln? Eltern, die dies versuchen, setzen sich der Gefahr aus, als repressiv gebrandmarkt zu
werden.

Geisteskultur

Aber nicht nur mit Bildung, schon mit der Vermittlung bloßen
Wissens tut sich diese Gesellschaft schwer. Klopft man den
Lehrstoff an Schulen und mehr noch an Universitäten auf seinen Wissensgehalt ab, kommt man nicht selten zu dem Ergebnis, dass das, was da an Wissen ausgelobt wird, im Grunde nicht
viel mehr ist als Ideologie. Ostdeutsche Lehranstalten waren
hierfür berüchtigt. Aber heutige Einrichtungen in Deutschland
wie anderswo sind hiervor keineswegs gefeit.

Am wenigsten betroffen sind noch die Naturwissenschaften.
Aber was beispielsweise in einer Disziplin wie der Volkswirt-
schaftslehre angeboten wird – sie hat faktisch die Rolle übernommen, die die Theologie an mittelalterlichen Universitäten
spielte –, sind weniger wissenschaftliche Erkenntnisse als vielmehr Glaubenssätze, die, dem Geschmack der Zeit gemäß, in
mathematische Mäntelchen gehüllt sind.

An der Sache selbst ändert sich dadurch nichts. Es geht um
Meinungen, mit denen die Studierenden indoktriniert werden.
Und wehe denen, die Prüfern aus einer anderen Denkschule
ausgeliefert sind. Debatten unter Ökonomen ähneln fatal Dis-
puten, wie sie in der Scholastik unter Theologen ausgetragen
worden sind: heftig und ohne Relevanz – wie viele Engel können auf einer Nadelspitze tanzen?

Verfolgte die Gesellschaft das Ziel, Menschen zu bilden und
nicht nur unter Gesichtspunkten ökonomischer Nützlichkeit
zu beschulen, wäre es wohl weniger wahrscheinlich, dass sie

49

mit fadenscheinigsten Begründungen übereinander herfallen und massenhaft Leben und unersetzliche Kulturgüter vernichten,[62] dringend erforderliche Vereinbarungen zum Schutz von Klima und Umwelt vereiteln[63] oder sich sträuben, den Export von Waffen zu verbieten, die Völkermord, Verbrechen gegen die Menschlichkeit oder Kriegsverbrechen ermöglichen könnten.[64] Dann wäre es wohl weniger wahrscheinlich, dass Einzelne den sozialen Zusammenhalt sprengen, indem sie für sich das Vielhundertfache eines Durchschnittsbürgers beanspruchen,[65] durch ihre Lebensführung die Existenz ihrer Mitmenschen empfindlich beeinträchtigen[66] oder andere in Geiselhaft nehmen, um Forderungen durchzusetzen, die gemeinschaftsverträglich nicht zu erfüllen sind.[67] Dann wäre es wohl weniger wahrscheinlich, dass Männer und Frauen durch haltlose Versprechen politisch Einfluss und Macht zu erlangen versuchen,[68] ganze Völker in die Unregierbarkeit stürzen[69] oder diese schamlos ausplündern.[70]

Nein, den großen Visionen von Humanismus und Aufklärung ist die Menschheit, sind die Völker des Westens durch ihr elaboriertes Bildungs- und Erziehungssystem, durch Schule und immer noch mehr Schule, nicht näher gekommen. Von den hochgesteckten Zielen, die menschliche Geisteskultur zu entfalten und zu vervollkommnen, ist nicht viel geblieben. Und die Zweifel mehren sich, ob diese überhaupt noch angestrebt werden.

Sport

Körperkultur

Wie aber steht es um die Körperkultur? Dass vielen ihr Körper Kult ist und sie nicht selten Unsummen für ein attraktives Erscheinungsbild ausgeben, ist noch keine Körperkultur. Körperkultur ist auf einer anderen Ebene angesiedelt und deshalb wohl auch aus dem Blick geraten. Jedenfalls ist der einst so geläufige Begriff recht unüblich geworden. Körperkultur – was soll das sein?

Sie ist das, was in Deutschland annähernd 28 Millionen Menschen hochhalten, wenn sie sich in mehr als 91 000 Vereinen zusammenfinden, um ihre Leiber zu ertüchtigen, ihre Hirne zu erfrischen und ihre Gemeinschaft zu pflegen. Dieser Freizeit-, Breiten-, Behinderten- oder Kindersport steht für etwas, was für sich in Anspruch nehmen kann, zur Körperkultur und damit der Kultur der Gesellschaft beizutragen.

Doch trotz seiner Allgegenwart ist dies nicht der Sport, der die Blicke auf sich lenkt und die Medien füllt. Öffentliche Aufmerksamkeit findet vor allem der Leistungs-, Hochleistungs-, Spitzen- und Profisport. Hier wallen die Gefühle auf und klingeln die Kassen. Zwar schließt dies Körperkultur nicht aus, doch sie zu pflegen wird zunehmend schwieriger. Denn im Leistungs- und namentlich im Spitzen- und Profisport hat sich die Gesellschaft, mehr noch als in manchen anderen Bereichen, beim Erklimmen ihrer Ziele verstiegen.

Sport, das bedeutete ursprünglich Zeitvertreib, Spiel, Vergnügen, eben Disport[71]. Für den Breitensport gilt dies zumeist noch immer, für den Leistungssport allenfalls ausnahmsweise. Dieser ist, je mehr er sich dem Profisport nähert, Schwer- und Schwerstarbeit, die sich die meisten freiwillig nicht antun. Hier gehen Menschen – angefeuert und begleitet von Trainern, Ärzten, Sportfunktionären, Geschäftemachern und nicht zuletzt einem zahlenden Publikum – bis an ihre physischen und psychischen Grenzen und nicht selten darüber hinaus.

Gladiatoren

An sich könnte es jedem selbst überlassen bleiben, ob er derartige Strapazen auf sich nehmen will. Doch hinter diesem Betrieb tickt ein Mechanismus, der keineswegs so harmlos ist, wie die glänzende Oberfläche des Sports uns glauben machen will. Spitzen- und Profisportler der Gegenwart weisen nämlich verblüffende Parallelen zu den Gladiatoren der Antike auf, die zum Ergötzen der Menge ihre Kräfte maßen, um ihr Leben zu retten und vielleicht die Freiheit zu erlangen. Zwar geht es heute nicht mehr um Leben und Freiheit, doch immerhin um Lebensunterhalt, um Förder- und Startgelder, Prämien und Werbeverträge. Und dabei geht es, wie damals in den Arenen von Rom, Capua oder Nîmes, auch in den Sportstätten der Moderne nicht zimperlich zu.

Der Verschleiß an Menschen und Material ist beängstigend. Sollten Athleten das Pech haben, schon im Kindesalter für den Leistungssport auserkoren zu werden, sind physische, aber auch psychische Fehlentwicklungen beinahe programmiert.[72] Aber auch diejenigen, die erst später antreten, fördern damit keineswegs Gesundheit und Wohlbefinden. Je nach Sportart haben sie nicht selten ein erhöhtes Risiko für Herzleiden, Nierenversagen, Ermüdungsfrakturen, Knochen-, Muskel- und Sehnenverletzungen und zahlreiche andere Erkrankungen.[73] Die regelmäßige Einnahme von Schmerzmitteln ist für viele eine Selbstverständlichkeit. Anders könnten sie ihre kaputten Knie, Ellbogen und sonstigen geschädigten Gelenke nicht ertragen.[74]

Für ihren Sport nehmen nach einer Studie im Auftrag der Deutschen Sporthilfe mehr als vierzig Prozent der sogenannten Kader-Athleten[75] bewusst gesundheitliche Risiken in Kauf.

Rund elf Prozent leiden unter Burn-out, neun Prozent unter Depressionen und ähnlich viele unter Essstörungen. Und das ist vermutlich nur die Spitze eines Eisbergs. Denn weitere dreißig bis vierzig Prozent der Befragten geben keine Antworten auf diese Fragen.[76]

Spitzensportler müssen trainieren, im Schnitt fast sechzig Stunden in der Woche. Aber für viele reicht selbst das nicht, um auch nur einmal im Leben auf einem Siegespodest zu stehen. Da liegt es nahe, zu Nahrungsergänzungs-, Stärkungs-, Aufbau- und gegebenenfalls Dopingmitteln zu greifen. Nach einer Studie der Berliner Humboldt-Universität über Doping in Deutschland wurden seit den späten vierziger Jahren gezielt Dopingmittel in Form von Betäubungsmitteln, Anabolika, Hormonen und Blutdoping eingesetzt.[77] Doping räumen immerhin sechs Prozent der durch die Sporthilfe Geförderten ein. Dabei ist die Dunkelziffer auch hier hoch. Wer gibt schon gerne zu, Drogen zu nehmen, und sei es auch nur sich selbst gegenüber? Das Publikum ist da weniger empfindsam. Es vermutet, dass annähernd jeder dritte der von ihm bejubelten Sportler dies regelmäßig tut.[78] Anstoß nimmt es daran kaum. Bei Spitzensportlern scheint das einfach dazuzugehören.

Doch irgendwann ist es mit Training und selbst mit Drogen nicht mehr getan. Die eigenen Kräfte schwinden, und andere drängen nach vorn. Wie einst die Gladiatoren treibt deshalb auch die heutigen Spitzen- und Profisportler die Sorge um: Was wird aus mir, wenn ich zum Wettkampf nicht mehr tauge und sich niemand mehr für mich interessiert? Rund neunzig Prozent der A- und S-Kader-Athleten beschäftigt diese Frage,[79] zumal nicht wenige ihre Wirkungsstätte mit einem Schwerbehindertenausweis in der Tasche verlassen.

Grenzen

Die Zeit ist reif, nach den ethischen Grundlagen und dem Sinn dieses Treibens zu fragen. Gewiss ist es ein Milliardengeschäft. Aber kann dies eine Begründung oder gar eine Rechtfertigung dafür sein, dass junge Menschen wieder und wieder ihre physischen und psychischen Grenzen überschreiten und mitunter ein Leben lang darunter leiden? Der Mensch hat binnen weniger Generationen die Grenzen seiner Leistungsfähigkeit beträchtlich verschoben. Daraus kann und darf jedoch nicht gefolgert werden, er würde auch künftig immer schneller laufen oder höher springen. In absehbarer Zeit wird kein einziger Rekord mehr gebrochen werden, gebrochen werden können. Denn der Mensch wird gezeigt haben, was er mit und ohne Drogen kann und was er nicht kann. Bis hierher und nicht weiter.

Wie in vielen anderen Bereichen gilt es auch im Sport umzudenken.[80] Es ist einer Gesellschaft unwürdig und bringt sie auf Abwege, wenn sie Menschen mitunter von Kindheit an so konditioniert, dass diese bereit sind, für imaginäre Hundertstelsekunden, Millimeter oder irgendwelche Tabellenpunkte ihr Lebensglück, ihre Gesundheit und manchmal ihr Leben zu riskieren.[81] Für das Amüsement eines zahlenden Publikums und die Befriedigung kommerzieller Interessen ist dieser Preis zu hoch. Es geht um Menschen! Und gänzlich pervers ist es, wenn Staaten zur Mehrung ihres Ruhms Bürger sportlich verheizen. Staaten, die dies tun – und es gibt viele –, sollten ernsthaft ihre zivilisatorischen und kulturellen Standards prüfen.

Wenn Sport wieder Spiel und Vergnügen bedeutet und beispielsweise Olympische Spiele nicht länger verbissene Wettkämpfe sind, bei denen Unterlegene in tiefe Depressionen stürzen,[82] sondern echte Spiele, dann wäre für alle Beteiligten viel gewonnen. Denn Sport kann etwas Großartiges sein. Heute ist er es in seinen sichtbarsten Bereichen nicht.

Arbeit

Bauen macht Freude – es sei denn, es überfordert den Bauherren. Dann ist es ein Alptraum.

Mobilität ist Leben – es sei denn, sie beschädigt Menschen, Städte und Umwelt. Dann ist sie Plage.

Bildung bereichert – es sei denn, sie verengt und verdunkelt Horizonte. Dann macht sie arm.

Sport hält gesund – es sei denn, er führt zu Exzessen. Dann macht er krank.

Und Arbeit? Was bedeutet sie im Leben des Einzelnen und der Gesellschaft? Hat auch sie zwei Gesichter? Um diese Fragen auch nur halbwegs zutreffend beantworten zu können, ist vor allem eines erforderlich: Abstand. Dieser aber fehlt Gesellschaften, in denen sich fast alles nur um sie dreht – die Arbeit.

Von der Wiege bis zur Bahre

Schon das Kleinkind wird vom Rhythmus der Arbeit getaktet. Wird es überhaupt noch gestillt, dann in den Sitzungs- oder Werkpausen seiner erwerbstätigen Mutter. Seine Schlaf- und Wachzeiten orientieren sich an den Arbeitszeiten seiner Eltern. Ist deren Tag lang, ist es auch der seine. Später in Hort und Krippe wird es eingepasst in den Arbeitstakt seiner Betreuerinnen, mit fixem Anfang und fixem Ende. Noch ehe es in den Kindergarten kommt, hat es ein sicheres Gespür für die Anforderungen des Arbeitslebens entwickelt.

Im Kindergarten beginnt dann seine eigentliche Prägung für die Welt der Arbeit. Vermittelt wird nicht zuletzt ein Zeitregime, welches das Kind ein Leben lang begleiten wird. Nutze die Stunde, nutze den Tag! Singe, spiele, male etwas! Nur kein Leerlauf! In Schule und Hochschule wird diese Prägung kon-

55

sequent fortgesetzt. Aus Kindern werden Jugendliche und aus diesen nützliche, soll heißen: produktive Glieder der Gesellschaft.

Ist die Beschulung beendet, werden diese in ein Erwerbsleben überführt, das in der Regel einige Jahrzehnte währt. Seine auch nur kurzfristige Unterbrechung bedarf einer ausdrücklichen Erlaubnis, genannt Urlaub. Nicht zufällig ist dieses Reglement dem Militär entlehnt, wo im Mittelalter Söldner ihre Truppe nur dann vorübergehend verlassen durften, wenn sie einen urloup hatten. Erst wenn der Mensch alt geworden ist, darf er aus dem Heer der Arbeitenden, nunmehr kraft Gesetzes, ausscheiden. Allerdings bleibt er der Arbeitswelt auch dann noch durch eine arbeitsabhängige Transferversorgung verbunden. Bis zum Tod.

Das ist das heitere Los, das Menschen in einer arbeitszentrierten Gesellschaft ziehen können. Schwarze Lose ziehen diejenigen, die nicht in das Erwerbsleben integriert werden.[83] Denn sie stehen – vorübergehend oder dauerhaft – am Rand, sind ausgestoßen. Viel Schlimmeres kann ihnen kaum widerfahren. Faktisch sind sie zu Almosenempfängern degradiert, auch wenn dies notdürftig kaschiert wird.

Von einer derart um Arbeit oder genauer um Erwerbsarbeit kreisenden Gesellschaft ist nicht zu erwarten, dass sie ihren Achspunkt noch unvoreingenommen zu erkennen vermag. Sie ist gewissermaßen mit ihm verschmolzen wie er mit ihr. Gesellschaft und Arbeit bilden eine Einheit: die Arbeitsgesellschaft. Deshalb ist es nicht nur schwierig, sondern auch riskant, sich aus sachlich gebotener Distanz mit dem Phänomen Arbeit, mit seinem Für und Wider, mit seinem Segen und Fluch auseinanderzusetzen. Denn Arbeit, und nicht etwa Solidarität, ist der Kitt, der diese Gesellschaft zusammenhält.

Arbeiten wie Tiere

Wie so vieles hat auch die Arbeit eine Entwicklung genommen, die aus etwas ganz Natürlichem, gewissermaßen Kreatürlichem, etwas äußerst Komplexes, um nicht zu sagen Artifizielles hat werden lassen, das Individuen und Gesellschaft, Wirtschaft, Wissenschaft und Politik nicht nur fordert, sondern zunehmend überfordert. Das zeigen nicht zuletzt die gewaltigen Literaturberge, die in den zurückliegenden Jahren und Jahrzehnten über Arbeit entstanden sind und nur den einen Schluss zulassen: Dieses Thema ist unerschöpflich. Kaum ein Winkel, der noch nicht ausgeleuchtet, interpretiert und kommentiert worden ist. Doch es geht immer weiter. Arbeit – die unendliche Geschichte.

Und wie andere derartige Geschichten, die sich im Nachhinein als epochenübergreifend und mitunter -sprengend erweisen, begann auch diese langsam und unscheinbar. Während der längsten Zeit ihrer Existenz lebten die Menschen nach den Mustern, die sie in ihrer Evolution geprägt hatten. Wie andere Lebewesen jagten und sammelten sie, gruben Höhlen und bauten Nester. Zwar taten sie dies im Laufe von Jahrzehntausenden etwas planvoller und geschickter als ihre tierischen Konkurrenten. Aber war das bereits Arbeit?

Die Wissenschaft ist sich nicht einig. Arbeiten auch Tiere?[84] Die Antwort kann dahingestellt bleiben. Denn bedeutsamer ist, dass auch der Mensch trotz seines zunehmend erkenntnisgeleiteten Wirkens lange Zeit über den bloßen Erhalt seiner materiellen Existenz kaum hinauskam. Sein Leben unterschied sich nur wenig von dem der Tiere, und so empfand er offenbar auch. Mit diesen fühlte er sich verschwistert, und ihre Nutzung oder gar Tötung bedurfte der Sühne. Naturnahe Völker, aber auch die Ornamentik antiker und mittelalterlicher Bauwerke bezeugen dies eindrucksvoll.

Diese Aussage ist keineswegs trivial, erlaubt sie doch, sich den Menschen während der längsten Zeit seiner Existenz als allenfalls sporadisch arbeitend vorzustellen. Wie anderen Kreaturen ging es auch ihm im Wesentlichen um den physischen Erhalt eben dieser Existenz, und zwar auf dem Niveau, das die Natur vorgab. Um auf diesem Niveau zu überleben, brauchte er nicht härter zu »arbeiten« als die Tiere.[85] Härter arbeiten musste er erst, als er begann, die von der Natur vorgegebenen Lebensbedingungen hinter sich zu lassen und sich darüber hinaus in einem Ausmaß zu vermehren, das ebenfalls natürliche Begrenzungen sprengte.[86]

Erst seit der Mensch danach strebt, verlässlicher satt zu werden und besser behaust zu sein, als es die Natur ermöglicht, gibt es eine Geschichte der Arbeit und mit ihr die Kulturgeschichte des Menschen, die Geschichte des Homo faber, Homo ludens, Homo oeconomicus, Homo rapax, die Geschichte triumphaler Erfolge und desaströser Niederlagen, die Geschichte, deren Ausgang unbekannt ist, von der aber schon jetzt gesagt werden kann, dass in ihr Arbeit von Anfang bis Ende eine wichtige, wahrscheinlich sogar die wichtigste Rolle gespielt haben wird.

Im Schweiße ihres Angesichts

Es gab Zeiten, da meinten die Menschen, sich an ein Leben erinnern zu können, in dem ihnen die Arbeit leichtfiel. Sie bewohnten einen Garten Eden, den sie, wie es heißt, bepflanzten und erhielten und dessen Früchte sie verzehrten.[87] Sorgen und Nöte waren ihnen fremd. Diese schöne Zeit endete jedoch, als sie anfingen, über ihr Dasein nachzudenken. Sie lebten nicht mehr in und mit der Natur und ließen sich von ihr tragen, sondern sie begannen, sich von ihr zu emanzipieren. Und das ist der Anfang jener schier endlosen Plackereien mit »Dornen und Gestrüpp« und allerlei sonstigen Beschwernissen,[88] mit denen die Menschheit bis heute zu kämpfen hat. Von nun an verzehrte sie ihr Brot im Schweiße ihres Angesichts, oder weniger metaphorisch: Von nun an versuchte sie, der Natur mehr abzuringen, als diese von sich aus bereitstellte.

Auch diese Aussage ist nicht trivial, verdeutlicht sie doch, dass die Überwindung natürlicher Begrenzungen, die der Mensch jahrzehntausendelang unreflektiert hingenommen hatte, von Beginn an ein schmerzhafter Prozess war und, wie die Anschauung zeigt, noch immer ist. Durch ihre Arbeit haben die Menschen die natürlichen Lebensbedingungen planvoll und zielgerichtet zu ihren Gunsten verändert. Noch nie konnten so viele aus dem Vollen schöpfen und manche in großem Überfluss schwelgen. Doch in das Paradies brachte sie das nicht zurück. Die überwältigende Mehrheit verzehrt ihr Brot weiterhin im Schweiße ihres Angesichts.

Diese Ambivalenz ist der Wesenskern von Arbeit. Der arbeitende Mensch bewegt sich stets auf schmalem Grat. Einerseits verbessert er durch seine Arbeit seine Lebensbedingungen. Doch indem er diese verbessert, beeinträchtigt er andererseits seine natürlichen Lebensgrundlagen. Und je mehr er diese beeinträchtigt, desto weniger vermögen diese, ihn zu tragen. Früher oder später ist der Mensch auf sich selbst gestellt. Auf die Natur kann er nicht mehr bauen. Die Folge ist ein Wettlauf zwischen dem, was der Mensch vermag, und dem, was die Natur tragen kann. Das Risiko dieses Wettlaufs ist hoch. Wird die Natur überfordert, droht ihr Kollaps. Die Natur dürfte sich von ihm erholen. Das Kulturwesen Mensch wäre hingegen gescheitert.

Ambivalenz der Arbeit

Die Geschichte der Arbeit ist innigst verflochten mit der Geschichte des Kulturwesens Mensch. Mehr noch: Sie ist für dieses Kulturwesen konstitutiv. Zugleich ist sie jedoch auch die Geschichte immer intensiverer, gewalttätigerer und schließlich zerstörerischer Eingriffe in die natürlichen Lebensgrundlagen von Pflanzen, Tieren und nicht zuletzt der Menschen selbst. Beides gehörte von Anfang an zusammen: Aufbau und Abriss, Wohltat und Plage, Segen und Fluch. Die Arbeit des Menschen hatte stets eine lichte und eine dunkle Seite, und die Frage war stets, welche dieser Seiten dominierte.

Bis zur ersten großen Transformation, der neolithischen, als die Menschen allmählich ihren Jäger- und Sammlerstatus aufgaben und sich als Ackerbauern und Viehzüchter niederließen, war diese Frage leicht zu beantworten. Die Wohlstandsgewinne der arbeitsamen Jäger und Sammler überwogen bei weitem die zweifellos ebenfalls schon vorhandenen schädlichen Folgen ihres Tuns. Dank ihrer Arbeit wurden die Menschen zu einer besonders erfolgreichen und dann zur erfolgreichsten Spezies, die sich als Erste »die Erde untertan«[89] machte.

Schon mit seiner Sesshaftwerdung zogen jedoch Wolken auf, die sich im Laufe von Jahrtausenden sichtlich verdichteten. Spätestens seit der Antike hinterlässt der Homo faber immer häufiger destruktive Spuren seines Wirkens. So verkarsteten und verödeten unter seiner Hand ganze Landstriche.[90] Schon damals reichten das Wissen und Können der Menschen offenbar nicht aus, ihre Lebensbedingungen ohne substantielle Beeinträchtigung natürlicher Lebensgrundlagen auf das von ihnen erstrebte Niveau zu heben. Zwar ist ihr Ringen in der Regel kein Nullsummenspiel, bei dem sie nicht mehr gewinnen, als sie verlieren. Ihr Wissen und Können verbessern ihr Leben beträchtlich. Gleichzeitig verursachen sie jedoch auch immer größere Schäden.

In Hoch- und erst recht in Naturreligionen findet sich ein Widerschein dieses Dilemmas. Fast immer postulieren sie ganz explizit den achtsamen Umgang mit Umwelt und Mitkreaturen.[91] Diese sind pfleglich zu behandeln, denn sie sind – wie der Mensch selbst – in irgendeiner Weise beseelt. Das Christentum geht, zumindest in seiner Frühphase, sogar noch einen Schritt weiter und legt die Wurzeln des Dilemmas frei – die Arbeit. Sein Verhältnis zu ihr ist sichtlich distanziert, und auch ihre Früchte sieht es eher skeptisch.[92] Ihm gilt das kontemplative Leben gegenüber dem umtriebig schaffenden als Gott wohlgefälliger und deshalb erstrebenswerter.

Das hält die Völker – gerade auch diejenigen des christlichen Abendlandes – allerdings nicht von einer der tollkühnsten und wohl folgenreichsten Volten der bisherigen Menschheitsgeschichte ab: Galt bis weit in das Mittelalter kreativer Müßiggang in Freiheit als erstrebenswerteste Lebensform, so ist es mit Anbruch der Moderne der rastlos gestaltende und umgestaltende arbeitsame Mensch.[93] Sein Einsatz wird mit allen positiven und negativen Folgen fortwährend gesteigert, und eine fundamental veränderte christliche Religion wirkt hieran tatkräftig mit. Arbeit ist jetzt nicht mehr nur Angelegenheit des Einzelnen oder der Gemeinschaft. Sie ist nichts Geringeres als die Beteiligung am Schöpfungswerk Gottes, das durch sie seiner Vollendung zugeführt wird.[94] Eine höhere Weihe ist nicht möglich. Der Mensch als Partner Gottes!

So steht der weiteren Arbeitsfokussierung von Individuen und Gesellschaft nicht mehr viel im Wege. Hier und da erheben noch ein paar Philosophen, Poeten und Idealisten warnend ihre Stimme. Das aber kann den Zug nicht mehr aufhalten. Die einst hochgeschätzte *Vita contemplativa* verliert an Strahlkraft und wird verdrängt vom neuen Ideal der *Vita activa*. Im Loben und Preisen Gottes sowie in Versenkung und Meditation sehen immer weniger Menschen ihren Lebenssinn. Die meisten wenden sich Handfesterem zu: der Mehrung ihres materiellen Wohlstands.

Dadurch verändern sich Stellenwert und Wertschätzung von Arbeit. War sie während vieler vorangegangener Jahrhunderte eine Last, die die Mächtigen den Ohnmächtigen aufbürdeten, so wird sie jetzt für jedermann akzeptabel, und nach und nach beginnt sie, den Arbeitenden sogar zu adeln.[95] Die einstige Tugend des Müßiggangs verkehrt sich zum Laster, der Fluch der Arbeit wandelt sich zur Tugend. Manche verstehen die Welt nicht mehr. Aber sie zählen nicht. Was zählt, sind die

Völker Europas, die angefangen haben zu arbeiten – universell und lückenlos vom König bis zur Dienstmagd. Damit ist das Fundament für einen weiteren Turm gelegt, dessen Spitze dereinst in den Himmel reichen sollte.

Mit der zweiten großen Transformation, der industriellen, die vor etwa 250 Jahren in Europa begann und, global gesehen, bis heute anhält, entfallen die letzten Hemmnisse. Arbeit, vormals das Attribut von Verwaisten,[96] Versklavten und Unfreien, wird von jetzt an zum Daseinszweck fast aller, die zum Arbeiten physisch und psychisch fähig sind. Selbst diejenigen, die ihren Lebensunterhalt aus anderen Quellen schöpfen könnten, sehen sich veranlasst, zumindest den Anschein von Arbeit zu erwecken. Denn jedwede Form von Müßiggang ist gesellschaftlich geächtet und mit harten Unwerturteilen belegt.

Es beginnt die historische Phase einer oft erzwungenen, oft aber auch freiwilligen Arbeitsamkeit, von deren Extensität und Intensität die Menschen in den frühindustrialisierten Ländern heute keine Vorstellung mehr haben. Dazu bedarf es eines Blicks in jene Länder, die derzeit den Weg Europas nachzugehen versuchen. Wie damals in Europa arbeiten dort jetzt alle: Männer, Frauen, Kinder, Alte, und sie arbeiten – wenn sie können – bis zu sechzig Stunden in der Woche, 52 Wochen im Jahr. Die Bilder und Nachrichten, die heute aus diesen Ländern in den reichen Westen gelangen und hier Erschrecken, Empörung oder zumindest ungläubiges Erstaunen hervorrufen, unterscheiden sich nur wenig von den Bildern und Nachrichten, die vor einigen Generationen in Europa umliefen. Damals hier, heute dort: Das war und ist die Phase der Arbeit total, die alle Lebensbereiche durchdringt, in ihre Dienste stellt und nach ihren Ansprüchen formt.

Kapitalismus

Seit den Tagen von Karl Marx und einigen anderen hat es sich eingebürgert, diese zweite, die industrielle Transformation als kapitalistisch zu bezeichnen und viele mit ihr einhergehende Phänomene als Ausdruck kapitalistischen Verwertungs- beziehungsweise Gewinnstrebens zu interpretieren. Aus diesem Blickwinkel erscheint dann auch die historisch beispiellose Extensivierung und Intensivierung von Arbeit als kapitalismusbedingt und -typisch. Der Kapitalismus als der große Verwerter, dem, zum Guten wie zum Schlechten, nichts entgeht, auch nicht – und sie zu allerletzt – die menschliche Arbeitskraft.

Der große Vorteil dieser Sichtweise ist zum einen ihre unbestreitbare Praktikabilität. Geschichte wird hier handlich verpackt und dadurch gut transportabel. Zum anderen erhalten auf diese Weise Fragen, Klagen, Forderungen oder Vorwürfe einen Adressaten: den Kapitalismus. In ihm gerinnt eine unüberschaubare Fülle gesellschaftlicher Entwicklungen, historischer Ereignisse, wirtschaftlicher Gegebenheiten, aber auch menschlicher Stärken, Schwächen und Narreteien zu einem überschaubaren Etwas, das aus dem Dunkel der Geschichte in das helle Licht des Lebens tritt und alles umkrempelt. Die einen katapultiert dieses Etwas in höchste Höhen, die anderen in tiefstes Elend, dem einen zeigt es ein freundliches Gesicht, dem anderen eine menschenverachtende Fratze. Vor allem jedoch: Es ist immer da. Es kennt keine Ruhe. Kein gesellschaftlicher, wirtschaftlicher oder kultureller Trend, der nicht an ihm ausgerichtet werden könnte und müsste.

Doch je öfter das Wort an dieses Etwas gerichtet wird, desto mehr nimmt es die Züge einer Person an. Dieser personifizierte Kapitalismus tut dies und das, er hat diese und jene Stärken und Schwächen, er ist an allem Möglichen schuld und für so manches verantwortlich, mal ist er gut und mal böse, kurz: Er benimmt sich beinahe wie ein leibhaftiges, menschenähnliches Wesen, eine Art Golem[97], mit dem wir die Rollen getauscht haben. Jetzt lenkt er unsere Geschicke und führt uns in eine Richtung, die die einen wollen und die anderen nicht.

Diese Personifizierung des Kapitalismus macht den Umgang mit ihm einfacher. Sie bringt ihn gewissermaßen auf Augenhöhe. So kann man ihn loben und schelten. Zugleich birgt diese Vertraulichkeit jedoch auch Gefahren. Konkret: Sie ist oberflächlich und im eigentlichen Wortsinn naiv. Denn das, was von vielen als Kapitalismus bezeichnet wird, ist eben kein irgendwie geartetes Etwas und auch kein handelndes Subjekt, sondern setzt sich aus über Jahrhunderte herangereiften Sicht- und Verhaltensweisen, Normen und Glaubenssätzen zusammen, die die meisten tief verinnerlicht haben. Der Kapitalismus tritt den Menschen nicht entgegen, so dass sie sich Aug in Aug mit ihm auseinandersetzen könnten. Vielmehr befindet er sich in ihnen und lebt durch sie. Erst durch ihr Denken, Fühlen und Handeln wird er existent. Würden die Menschen anders denken, fühlen und handeln, gäbe es ihn nicht.

Aber es gibt ihn, den Geist des Kapitalismus.[98] Und die meisten huldigen ihm: Produzenten und Konsumenten, Politiker und Gewerkschafter, Konservative, Progressive und Freidenker. Was täten sie ohne ihn, ohne den Geist des Kapitalismus? Und seine wohl wirkmächtigste Emanation ist das Arbeitsverständnis, das sich im Zuge der zweiten großen Transformation ausbreitete und in der Folgezeit alle sich industrialisierenden Länder durchtränkte, gleichgültig, ob sie sich als kapitalistisch, sozialistisch oder dritte Wege beschreitend verstanden.

Der Mensch als Produkt seiner Arbeit! Der Schöpfer als Geschöpf seiner Schöpfung! Arbeit, die dermaßen überhöht wird, lässt die Würde des Menschen zur Farce werden. Dann steht nämlich sie und nicht mehr der Mensch im Mittelpunkt. Was sind Sie, bist du? – Wer wagt schon, auf diese Frage zu antworten: Ich bin ein Mensch, und vielleicht noch: und gehe dieser oder jener Tätigkeit nach. Stattdessen heißt es regelmäßig: Ich bin Buchhalterin, Maschinenschlosser, Student der

Rechtswissenschaften. Nur ein kleiner Umweg zur Vermeidung des als selbstverständlich angesehenen Hinweises auf das Menschsein? Vielleicht auch das. Aber dass heute die Arbeit den Menschen stärker zeichnet als dieser seine Arbeit, dürfte schwer zu widerlegen sein.

Erwerbsarbeit

Die allumfassende, menschenprägende Arbeit ist das eine. Das andere, das mit der zweiten großen Transformation in die Menschheitsgeschichte einzieht, ist die außerordentliche Verengung der Arbeit auf faktisch eine einzige Erscheinungsform: die sogenannte Erwerbsarbeit. Zwar werden auch weiterhin andere menschliche Aktivitäten mit dem Arbeitsbegriff belegt, und phasenweise kommt es sogar zu einer wahren Inflationierung dieses Begriffs, von der Beziehungs- über die Erholungs- bis hin zur Sexualarbeit. Aber das Eigentliche ist doch seither die Erwerbsarbeit.

Auf den ersten Blick erscheint es paradox, dass die ungeheure quantitative Ausdehnung der Arbeit einhergeht mit einer qualitativ neuartigen Eingrenzung. Aber das ist die neue Wirklichkeit. Vieles von dem, was bis dahin als unbedingt nützlich, wertschöpfend und nicht zuletzt gemeinwohlfördernd angesehen worden war, wird jetzt zur Privatangelegenheit – nicht positiv, nicht negativ und nur von bedingtem öffentlichen Interesse.

Bis zur industriellen Transformation war das anders. Unterschiedliche Betätigungen, von der Säuglingspflege oder Nahrungszubereitung bis hin zu Straßenbau oder Seefahrt bildeten gemeinsam das wirtschaftliche Fundament des Kulturwesens Mensch. Jede dieser Tätigkeiten hatte ihren eigenen Wert und ihr eigenes Gewicht. Aber alle waren eng miteinander verbunden und voneinander abhängig.

Funktional änderte sich hieran auch in der Folgezeit nichts.

Was sich jedoch geändert hat, sind individuelle und kollektive Sichtweisen. Nunmehr wird einer bestimmten Erscheinungsform von Arbeit, nämlich der Arbeit, die der »Herstellung von Gütern oder Erbringung von Leistungen zum Zweck des Tausches auf dem Markt dient« und »mit der ... ein Einkommen erzielt« wird,[99] unbedingter Vorrang vor allen anderen Arbeitsformen eingeräumt.

Dadurch verschiebt sich das gesellschaftliche Gefüge von Grund auf. Zwar hatten Menschen auch schon zuvor mit Arbeit Einkommen erzielt. Das aber hieß nicht, dass deshalb diejenigen, die entgeltlos arbeiteten und Werte schufen, in der zweiten Reihe oder gänzlich im Abseits standen. Vielmehr bildeten in der vorindustriellen Zeit alle zusammen zumeist im Rahmen privater Haushalte aktive Wirtschaftsgemeinschaften, die ganz unmittelbar auch in Handwerksbetriebe und selbst in die entstehenden Manufakturen hineinwirkten. Letztere waren von den wirtschaftlichen Potenzen privater Haushalte sogar abhängiger als diese von jenen.

Auch hieran hat sich funktional bis heute nichts Grundlegendes geändert. Die alles dominierende Erwerbsarbeit würde nach wie vor in kürzester Zeit in sich zusammenfallen, wenn nicht unzählige Arbeitsleistungen um sie herum erbracht würden. So gesehen ähnelt sie dem sprichwörtlichen Riesen auf tönernen Füßen, der gefährlich leicht umstürzen kann. Doch über diese fundamentale Schwäche wird in der öffentlichen Debatte hinweggesehen.

Kommt die Sprache auf Arbeit, ist fast immer nur von Erwerbsarbeit die Rede. Was, wie viel und wie gut Menschen arbeiten, welchen Wohlstand sie dadurch schaffen und, nicht zuletzt, wie wichtig diese Arbeit für sie und andere ist, wird zumeist weniger beachtet. Umso mehr interessiert das Entgelt, das oft wichtiger ist als die Arbeit selbst. Ist das Entgelt hoch, gilt die hierfür erbrachte Arbeit selbstredend als wichtig, wertvoll und gut, ist es gering, wird auch die Arbeit geringgeschätzt.

Eigenarbeit

Diese asymmetrische Bewertung von bezahlter und unbezahlter Arbeit ist keineswegs selbstverständlich, wenden doch die Menschen beispielsweise in Deutschland deutlich mehr Lebenszeit für unbezahlte als für bezahlte Arbeit auf. So leistet hierzulande ein Erwerbstätiger im Laufe seines Lebens durchschnittlich 56 000 bezahlte, aber 83 000 unbezahlte Arbeitsstunden. Das ist fast das Anderthalbfache. Der Grund für diese Mehrarbeit liegt darin, dass Erwerbstätige, namentlich Vollzeiterwerbstätige, zwar an Arbeitstagen der Erwerbsarbeit rund doppelt so viel Zeit widmen wie der unentgeltlichen Eigenarbeit – reichlich sieben gegenüber 3,5 Stunden. Eigenarbeit wird jedoch nicht nur an fünf, sondern an sieben Tagen in der Woche verrichtet, nicht nur während 44, sondern 52 Wochen im Jahr und nicht nur im Durchschnitt vierzig, sondern 65 Jahre lang im Laufe des Lebens. Anders gerechnet: Von den rund 380 000 wachen Stunden, die einem Menschen zwischen dem zwölften Lebensjahr und seinem Lebensende im statistischen Durchschnitt zur Verfügung stehen, verbringt er reichlich ein Drittel mit Arbeit: gut ein Fünftel mit unbezahlter Eigenarbeit und reichlich ein Siebtel mit bezahlter Erwerbsarbeit.[100]

Die Folge dieses zeitlichen Mehraufwands an unbezahlter Eigenarbeit ist, dass deren Beitrag zum Haushaltseinkommen, würde sie finanziell entgolten, ähnlich hoch wäre wie derjenige der Erwerbsarbeit. Im Durchschnitt erwirtschaftet der Mensch im Laufe seines Lebens sowohl durch Erwerbsarbeit als auch durch Eigenarbeit jeweils etwa 800 000 Euro, oder richtiger: 800 000 Euro müsste er aufbringen, wenn er die von ihm selbst erbrachten Leistungen auf dem Markt nachfragen würde.[101] Woher kommen dann aber die hohe Wertschätzung der Erwerbs- und die Geringschätzung der Nichterwerbsarbeit?

Ursächlich hierfür sind sowohl ökonomische als auch nichtökonomische Faktoren.[102] Unter den ökonomischen Faktoren

67

ragt heraus, dass durch die Erwerbsarbeit nicht nur der Lebensunterhalt der jeweiligen Erwerbspersonen bestritten wird, sondern darüber hinaus auch der größte Teil der übrigen Kosten, die in einem Gemeinwesen anfallen: Investitionen, öffentliche Ausgaben für Bildung, Forschung und Entwicklung, Sozialausgaben, sonstige öffentliche Aufwendungen und anderes mehr. Das legt den Schluss nahe, dass Erwerbsarbeit wesentlich effizienter und damit ertragreicher ist als Nichterwerbsarbeit.

Dies mag auch erklären, weshalb im Zuge der Industrialisierung immer mehr Wasser aus dem breiten Strom der Eigenarbeit in die Erwerbsarbeit umgeleitet wurde. Der Grundsatz war: effiziente, renditestarke Erwerbsarbeit statt ineffizienter, renditeschwacher Eigenarbeit. Spinnen, weben, Kleider nähen – das und tausenderlei mehr schien im Schoße der Erwerbsarbeit besser aufgehoben. Und in der Tat: Mit der Verlagerung der Produktion aus dem hauswirtschaftlich-handwerklichen in den industriellen Bereich stieg die Produktivität steil an, was entscheidend zu jener Explosion des materiellen Wohlstands beitrug, die vor allem die zweite Hälfte des 20. Jahrhunderts erzittern ließ.

Allerdings ist diese Stärke der Erwerbsarbeit zugleich auch ihre Schwäche. Hochproduktiv ist sie nämlich nur, wenn sie von viel (fossiler) Energie, Kapital, Wissen und zahlreichen weiteren Ressourcen unterstützt wird. Ohne diese Unterstützung hat sie hauswirtschaftlich-handwerklichen Aktivitäten kaum etwas voraus. Anders als ihre unbezahlte Schwester benötigt sie, metaphorisch gesprochen, Krücken, um gehen zu können. Ohne diese Krücken generiert sie allenfalls geringe Einkommen und mehrt den Wohlstand nur mäßig.

Hinzu kommt, dass die Erwerbsarbeit im Vergleich zur Eigenarbeit ökologisch problematischer ist, weil sie in großem Umfang Umweltschäden verursacht, die entweder mit hohem Aufwand wieder eingedämmt werden müssen oder dauerhaft die Lebensgrundlagen beeinträchtigen. Schließlich ist es auch vor allem die Erwerbsarbeit, die Menschen mitunter im Übermaß verschleißt oder sogar erkranken lässt.

Bleibt die Frage nach den Wohlstandsgewinnen, nach Lebenszufriedenheit und Lebensglück. So eindeutig die in Geld bemessene Wertschöpfung zugunsten der Erwerbsarbeit ausschlägt, so diffus ist ihr Beitrag zu individuellem wie kollektivem Wohlstand und subjektiver Lebenszufriedenheit. Denn ein großer Teil dessen, was durch Erwerbsarbeit entsteht, vermehrt nur die Berge materieller Güter und die Menge angebotener Dienste, nicht aber wirklichen, die Menschen befriedigenden Wohlstand. Anders die Eigenarbeit. Sie ist nicht nur zumeist ökologisch, sondern sie wird in der Regel auch nur dann geleistet, wenn ihre wohlstandssteigernden Wirkungen unmittelbar einsichtig sind. Das selbst zubereitete Mahl oder die Zuwendung zu einem Kind bedürfen keiner weiteren Begründung, geschweige denn Rechtfertigung.

Ist das ein Abgesang auf die Erwerbsarbeit? Mitnichten. Ein solcher Abgesang wäre unter den gegebenen Umständen wirklichkeitsfremd, ja geradezu abwegig. Vielmehr ist dies ein Plädoyer, der Arbeit, insbesondere der Erwerbsarbeit, im Leben der Menschen wieder den Platz zuzuweisen, der ihr sinnvollerweise zukommt. Der Turm der Arbeit ist zu hoch geraten. Zu viel verkümmert in seinem Schatten. Die Anzeichen mehren sich, dass die bezahlte Erwerbsarbeit in ihrer tradierten Form ihren Höhepunkt überschritten hat und nicht sie, sondern die Eigenarbeit der Wurzelgrund künftiger Arbeitsformen sein wird. Zwar wird noch geraume Zeit vergehen, bis es so weit ist. Aber darauf einstellen können wir uns schon heute.

Erwerbsarbeit in der Krise

Mit der Arbeit, oder genauer mit der Erwerbsarbeit, ist etwas gründlich schiefgegangen. Hätte sie sich seit dem Anbruch der Moderne, dem Beginn ihres Triumphzugs durch Europa und dann die Welt rational-organisch entwickelt, wäre sie heute nicht das Schreckgespenst, zu dem sie für viele geworden ist. Aber sie hat sich nicht rational-organisch entwickelt. Entwickelt hat sie sich vielmehr zu einer Art ausgefranstem Flickenteppich, der im Laufe der Zeit immer löchriger geworden ist. Die einen haben von ihr zu viel, die anderen zu wenig; die einen werden von ihr über-, die anderen unterfordert; und wieder andere finden überhaupt keinen Zugang zu ihr. Das Reich der Erwerbsarbeit ist ihnen zumindest zeitweilig verschlossen.

Die Erwerbsbevölkerung Deutschlands ist hiervon noch vergleichsweise wenig betroffen. Seit dem Zweiten Weltkrieg war mit mehr als siebzig Prozent der Anteil Erwerbstätiger an der 15- bis 65-jährigen Bevölkerung nie so hoch wie in den letzten Jahren. Zwar ist auch hier nicht alles Gold, was glänzt, und manche Entgelte für Erwerbsarbeit genügen selbst bescheidenen Ansprüchen nicht. Nur im Vergleich zu vielen Nachbarländern, aber auch den USA und anderen bedeutenden Wirtschaftsnationen[103] haben die Deutschen derzeit wenig Grund zur Klage. Derzeit. Denn ihre gute Beschäftigungslage ist nicht allein und noch nicht einmal vorrangig ihrer eigenen Tüchtigkeit zuzuschreiben, sondern auch einer Reihe von Umständen,[104] die sich als recht flüchtig erweisen könnten, wenn künftig die Karten neu gemischt werden. Dabei ist die größte Schwäche der deutschen Stärke: Das deutsche Erfolgsmodell ist vor allem deshalb so erfolgreich, weil es bislang nur von wenigen Ländern übernommen worden ist. Je mehr Nachahmer es findet, desto geringere Vorteile bietet es Deutschland.

Aber noch ist es nicht so weit, weshalb die Deutschen in Sachen Beschäftigung zurzeit ganz zufrieden sein können. Doch um sie herum brodelt es. Zu Beginn der neunziger Jahre lag die Arbeitslosenquote in der EU15 bei etwa acht Prozent. Seitdem hat sie sich auf annähernd elf Prozent erhöht. Noch deutlicher wird der Anstieg, wenn die niedrigen deutschen Werte nicht in die Berechnung eingehen. Dann lag die Arbeitslosenquote in den verbleibenden 14 EU-Ländern zu Beginn der neunziger

Jahre bei reichlich acht Prozent, wohingegen sie jetzt fast zwölf Prozent beträgt. Das heißt, annähernd jede achte Erwerbsperson hat in diesen Ländern heute keine Arbeit. Bei den unter 25-Jährigen ist es sogar mehr als jede vierte.[105]

Dies ausschließlich oder auch nur maßgeblich mit einer temporären Wirtschafts-, Finanz- und Beschäftigungskrise, hervorgerufen durch bedauerliche Fehlentscheidungen und Versäumnisse, erklären zu wollen ist zu dürftig. Zwar sind hierdurch Beschäftigungsprobleme zweifellos verschärft worden. Aber die eigentlichen Ursachen des Mangels an Erwerbsarbeit liegen tiefer. Sie liegen im Arbeitskonzept selbst und seiner Verquickung mit einer fragwürdigen Fortschrittsidee. Oder bildlich gesprochen: Der Mangel an Erwerbsarbeit geht auf deren Gene zurück.

Schwindende Arbeitsmenge

Um materielle Gütermengen und Massenwohlstand zu mehren, sollte die Erwerbsarbeit immer produktiver werden. Und scheinbar wurde sie das auch. Aber eben nur scheinbar. Denn es war ja nicht der arbeitende Mensch, der seine Produktivität erhöhte, sondern diese erhöhte sich – weitgehend unabhängig von seiner Arbeit – durch den immer höheren Energie- und Materialeinsatz. Energieabhängige Maschinen waren und sind die Haupttreiber des Produktivitätsfortschritts, und selbst wenn diese von menschlichen Hirnen und Händen geschaffen werden, lassen sie den Menschen Schritt für Schritt hinter sich.

Dieser Befund ist nicht neu. Schon zu Beginn der Industrialisierung sahen Menschen die immer effektiver arbeitenden Maschinen keineswegs nur als Helfer, sondern oft auch als Konkurrenten und nicht selten als Feinde, von denen sie befürchteten, dass sie ihnen das Brot wegnehmen. Die aufgeklärte Wissenschaft belächelte dieses Denken und bemühte sich, alle Befürchtungen zu zerstreuen. Der technische Fortschritt, so das ständig wiederkehrende Mantra, vernichte nur veraltete Arbeit und lasse zugleich neue, bessere entstehen.

Das war und ist richtig. Dabei geriet jedoch aus dem Blick, dass jene neue, bessere Arbeit fast immer weniger umfangreich war als die vernichtete alte. Die Fakten sind eindeutig, und sie zeigen: Grundlos waren die Befürchtungen der Maschinenstürmer nicht. Mit den meisten Innovationsschüben ging ein teils beträchtlicher Rückgang des Arbeitsvolumens, gemessen in effektiv geleisteten Arbeitsstunden, einher. Das war schon im 19. Jahrhundert so und setzte sich im 20. Jahrhundert fort. Allein seit 1900 hat sich in Deutschland die Menge effektiv geleisteter Arbeitsstunden sowohl pro Kopf der Wohn- als auch der Erwerbsbevölkerung halbiert, obwohl sich im gleichen Zeitraum die pro Kopf erwirtschaftete Gütermenge annähernd versiebenfacht hat. Mit anhaltender Wachstumsschwäche lässt sich der Rückgang des Arbeitsvolumens also nicht erklären.

Schaubild 1
Arbeitsvolumen pro Einwohner und Erwerbstätigem in Deutschland* 1900–2012

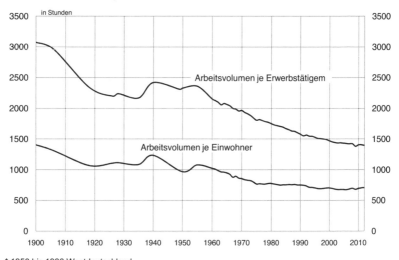

* 1950 bis 1990 Westdeutschland
Quellen: Miegel/Wahl, Phantom, S. 46, Statistisches Bundesamt, Inlandsproduktberechnung, S. 74

Schaubild 2
Entwicklung von realem Bruttoinlandsprodukt* und
Arbeitsvolumen pro Einwohner in Deutschland 1900–2012

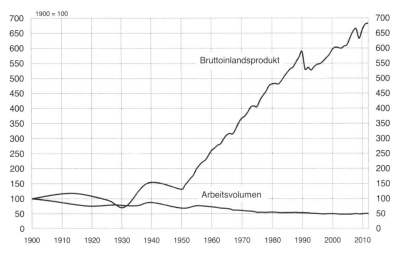

* bis 1930 Volkseinkommen, 1950 bis 1990 Westdeutschland
Quellen: Miegel/Wahl, Phantom, S. 44, Statistisches Bundesamt, Inlandsproduktberechnung, S. 74, Ameco, Product

Damit bewirkte der technische Fortschritt genau das, was er unter Gesichtspunkten der Humanitas bewirken sollte, aber unter politisch-gesellschaftlichen nicht bewirken durfte. Er verminderte Arbeitslast und -leid vieler Menschen, beendete die Kinderarbeit, ermöglichte ein Alter ohne Zwang zur Erwerbsarbeit und verlängerte die Freizeit fast aller Erwerbstätigen. Die wöchentliche Arbeitszeit sank von durchschnittlich sechzig auf vierzig und weniger Stunden, und ein noch im 19. Jahrhundert unbekannter Urlaub erstreckte sich nunmehr über vier und mehr Wochen. Von solchen Arbeitsbedingungen hatten frühere Generationen nur träumen können.

Doch so schön das alles war – es fügte sich schlecht in das politisch-gesellschaftliche Rahmenwerk. Hier war und ist ein Schwund von Erwerbsarbeit nicht vorgesehen. Zwar hat die Arbeitsmenge in jüngster Zeit in einigen Ländern wieder etwas zugenommen.[106] Insgesamt wird sie sich jedoch wie seit 200 Jahren im Zuge des technischen Fortschritts weiter vermindern. Das nämlich entspricht den Wünschen und Erwartungen der überwältigenden Mehrheit, deren Verhältnis zur Erwerbsarbeit wie zur Arbeit überhaupt gespalten ist. Zwängen und generationenlangen Prägungen folgend, ist sie zur Arbeit bereit. Ihre jahrtausendelange Stammesgeschichte lässt sie jedoch von anderem träumen. Die Folge dieses Zwiespalts: arbeiten so viel wie nötig, das aber mit dem geringsten physischen, psychischen und zeitlichen Aufwand. Und der technische Fortschritt soll helfen, diesen Spagat zu vollbringen.

Technischer Fortschritt könnte damit – sieht man einmal von den durch ihn verursachten Umweltschäden ab – als wichtiger Posten auf der Habenseite wirtschaftlicher und gesellschaftlicher Entwicklungen verbucht werden, wäre nicht parallel zu dem von ihm bewirkten Zusammenschnurren der Erwerbsarbeit ebendiese zum Rückgrat der Gesellschaft erkoren und zur Totalmobilmachung aller Erwerbsfähigen getrommelt worden. Jeder, der arbeitsfähig und -willig war, sollte einen Anspruch auf existenzsichernde und sozial gesicherte Erwerbsarbeit haben, und wer nur arbeitsfähig, nicht aber -willig war, sollte durch sanfte Verführung oder gesellschaftlichen Druck willig gemacht werden. Das glaubten Gesellschaft und Politik ihrem Arbeitsverständnis schuldig zu sein.

Wann aber ist Erwerbsarbeit existenzsichernd und sozial gesichert? Die lapidare Antwort: nie. Die Gewerkschaften werden auch dann noch gegen Hungerlöhne protestieren, wenn die niedrigen Einkommen um ein Mehrfaches höher sind als die Einkommen vor einigen Jahrzehnten oder als heutzutage die Einkommen von vier Fünfteln der Menschheit. Piloten, Ärzte und viele andere werden auch dann noch für eine gerechte Entlohnung kämpfen, wenn das, was sie bereits erhalten, im obersten Fünftel des Gehaltsgefüges liegt. Und immer so weiter. Die Begründung: Alles ist relativ. Deutschland lässt sich nicht mit Indien und die Gegenwart nicht mit der Vergan-

genheit vergleichen. Aber weil das so ist, hat es bisher noch kein
Land, das nicht durch besondere Umstände außergewöhnlich
begünstigt ist,[107] geschafft, quantitativ und qualitativ die Erwerbsarbeit zu generieren, die große Bevölkerungsteile erwarten. Möglichkeiten und Erwartungen klaffen weit auseinander.

Das alles passt schwerlich zusammen: total mobilisierte Er-
werbsfähige mit einer schwindenden Arbeitsmenge; hohe Erwartungen an die Qualität der Beschäftigung mit einer Technik, die sich nimmt, was sie braucht, und nur das Verbleibende
den Menschen überlässt; sichere Arbeitsplätze mit raschem
technischen und regionalen Wandel; hohe Einkommen mit
Wettbewerbern, die ähnlich qualifiziert sind, aber nur bescheiden entlohnt werden; umfassende soziale Sicherheit mit demo-
graphiebedingt rasch steigender Beanspruchung der sozialen
Sicherungssysteme. Wer das zusammenbringt, vermag auch
einen Kreis zu quadrieren.

Arbeitsstress

Die Erwerbsarbeit ist ein seltsam Ding. Wer es nicht hat, leidet
nicht selten darunter. Wer es hat, sehnt sich nach dem erwerbs-
arbeitsfreien Wochenende, dem Urlaub und dem Ruhestand.[108]
Die Zahlen sprechen wiederum eine deutliche Sprache. Vierzig oder noch mehr Arbeitsstunden werden selbst bei höherem
Einkommen weniger geschätzt als 37 oder besser noch 35 Stunden. Und die wenigsten haben Probleme damit, 160 und mehr
Tage im Jahr – inklusive Urlaub sowie Feier- und Krankheits-
tagen – fern der Erwerbsarbeit nach eigenen Vorstellungen zu
gestalten.

Dabei ist ihnen diese Arbeit durchaus wichtig. Sie brauchen
sie für ein geregeltes Einkommen und gesellschaftliche Einbin-
dungen. Aber ihr Eigenwert ist offenbar eher gering, denn so
richtig ans Herz gewachsen scheint sie nur einer Minderheit zu
sein. Die meisten geben sie auf, sobald sie es sich leisten kön-

nen. So erhielten von den rund 650 000 Neurentnern des Jahres 2012 zwei Fünftel verminderte Altersbezüge, weil sie vor Erreichen der gesetzlichen Altersgrenze aus dem Erwerbsleben ausgeschieden waren.[109] Die aufgrund steigender Lebenserwartung an sich gebotene Verschiebung dieser Grenze ist nicht nur äußerst unpopulär, sondern wird weithin energisch bekämpft.[110]

Dass die vielen Frührentner von hartherzigen oder jugendfixierten Arbeitgebern aus ihren Arbeitsplätzen gedrängt worden seien, behaupten weder sie noch die Gewerkschaften. Im Gegenteil. Viele Unternehmen bemühen sich in neuerer Zeit, ältere Arbeitnehmer zu halten. Wenn diese dennoch ausscheiden, dann zumeist weil »die Arbeitsbelastungen viel zu hoch sind«[111]. Diese Begründung wird zwar nicht universell, aber doch von recht vielen geteilt. Und als Gründe werden genannt: allgemein gestiegener Arbeitsdruck, zu hohe Arbeitsdichte, der Zwang zu ständiger Erreichbarkeit, Überbeanspruchung durch mehrere Jobs gleichzeitig, prekäre Beschäftigungsverhältnisse, Sorge um den Arbeitsplatz.[112]

Ob diese Gründe objektivierbar, nur vorgeschoben oder Ausdruck abnehmender Belastbarkeit von Teilen der Erwerbsbevölkerung sind, ist an dieser Stelle nachrangig. Wahrscheinlich kommt in der einen oder anderen Konstellation jeder dieser Erklärungen Bedeutung zu. Das aber tut letztlich nichts zur Sache. Denn Fakt ist, dass sich, aus welchen Gründen auch immer, 2012 in Deutschland rund ein Fünftel der Erwerbstätigen von der Erwerbsarbeit überfordert fühlte und mehr als zwei Fünftel meinten, der Arbeitsstress steige.[113] Das ist bei knapp 42 Millionen Erwerbstätigen ein Multimillionenheer.

Da mutet es fast rührend an, wenn die Politik – ausgerechnet die Politik! – »dem chronischen Stress (am Arbeitsplatz) den Kampf ansagen« will,[114] gerade so als sei dieser wie Vogelgrippe oder Rinderwahnsinn über die Menschheit gekommen. Die Probleme der Erwerbsarbeit liegen tiefer, wenn früher ein Einkommensbezieher die Familie auskömmlich versorgen konnte, heute jedoch ein Zweiteinkommen hierfür erforderlich ist; wenn ein Erwerbstätiger nur mit mehreren Jobs den Lebensunterhalt bestreiten kann; wenn an ein und demselben Arbeitsplatz inkongruente Tätigkeiten ausgeübt werden müssen; wenn, trotz einer weithin gesunkenen Wochenstundenzahl und stattlicher Urlaubsansprüche, Erwerbstätige heute oft gestresster und erschöpfter sind, als ihre Eltern und Großeltern je waren. Die Erfüllung der großen Hoffnungen, die den Eintritt in die schöne neue Arbeitswelt der Moderne begleiteten, ist das ganz sicher nicht.

Schwindelnde Höhen

Als Erklärungen für diese Entwicklung bieten sich an: Die Ansprüche der Menschen an ihren materiellen und immateriellen Lebensstandard sind stärker gestiegen als ihre Fähigkeiten, die gesteckten Ziele zu erreichen. Und/oder: Ihre individuelle Leistungsfähigkeit ist heute absolut – oder gemessen an den veränderten Anforderungen – geringer als früher. Und/oder: Qualität und Ergiebigkeit der Erwerbsarbeit haben abgenommen, bei gleichem oder sogar größerem Arbeitseinsatz sind die Ergebnisse geringer. Und wiederum gilt: Wahrscheinlich kommt in der einen oder anderen Konstellation jede dieser Erklärungen in Betracht, Erklärungen, die bei allen Unterschieden eine entscheidende Gemeinsamkeit haben: Sie sind alle gleichermaßen beunruhigend, ja besorgniserregend.

Sind die Ansprüche breiter Bevölkerungsschichten stärker gestiegen als deren Fähigkeit, sie zu befriedigen, ist damit nicht nur chronischer Stress, sondern auch chronische Unzufriedenheit programmiert. Dann erfahren sich Menschen ständig als ungenügend oder sogar gescheitert. Zwischen dem, was sie erreichen wollen, und dem, was sie aus eigenem Vermögen erreichen können, liegt eine Kluft. Ein solches Massenphänomen sollte eine Gesellschaft nicht auf sich beruhen lassen, zumal dann nicht, wenn sie sich für die Lebenszufriedenheit der Menschen (mit-)verantwortlich fühlt.

Gemeinsam sollten Individuen und Gemeinschaft danach streben, das Leistungsvermögen des Einzelnen zu heben. Aber sie sollten sich auch der Grenzen dieses Strebens bewusst sein. Nicht wenige schaffen es ganz einfach nicht. Bei ihnen mit Verlockungen, Versprechungen, billigen Ratenkrediten und dergleichen Sehnsüchte zu wecken, die letztlich unerfüllt bleiben müssen, ist unverantwortlich und inhuman. Wer Ansprüche schürt, die viele mit ihrer Leistungsfähigkeit nicht befriedigen können, macht Menschen unglücklich. Im Wecken unerfüllbarer Ansprüche haben es die westlichen Gesellschaften weit gebracht. Glücklicher sind die Menschen dadurch nicht geworden. Die hochgezüchtete westliche Anspruchskultur hat die Lebenszufriedenheit vieler nicht gehoben, sondern beträchtlich gesenkt.

Diskrepanzen zwischen Ansprüchen und Erwartungen auf der einen und individuellem Leistungsvermögen auf der anderen Seite sind die eine Erklärung, warum nicht wenige die Arbeitsbelastung als »viel zu hoch« empfinden. Eine andere ist, dass ihr Können und ihre Fähigkeiten entweder im Vergleich zu früheren Jahrgängen und Generationen abgenommen und/oder mit den Anforderungen der heutigen Arbeitswelt nicht Schritt gehalten haben. Und auch in diesen Fällen heißt das: Die Arbeitsbelastungen sind für die Betroffenen zu hoch.

Anhaltspunkte gibt es sowohl für das eine als auch das andere. So beherrscht eine beträchtliche Zahl von Menschen nicht die Sprache ihrer Mitbürger und muss sich mühsam radebrechend durchs Leben schlagen.[115] Dies ist ein Handikap, das frühere Generationen im heutigen Ausmaß nicht kannten. Immerhin: Es ist überwindbar.

Schwieriger ist die Überwindung von Mentalitäten, die Jahrzehnte menschheitsgeschichtlich beispiellosen materiellen Wohlstands erzeugt haben. Nicht wenige hat dieser Wohlstand träge gemacht, körperlich und geistig. Warum anstrengen, wenn es auch ohne Anstrengung geht? Irgendwie kommt in dieser Gesellschaft doch jeder durch!

Zwar sind es bislang nur Minderheiten, die so denken und sich entsprechend verhalten. Aber sie sind alles andere als inexistent. Sozialverbände, Bundeswehr, aber auch Wirtschaftsunternehmen und Handwerksbetriebe können ein Lied davon singen: junge Männer und Frauen, die selbst geringen körperlichen Belastungen nicht mehr gewachsen sind und unter der Last eines Kastens Wasser zusammenzubrechen drohen, oder Auszubildende, die an der Lösung der Textaufgabe »Ein Schreiner benötigt 25 Meter Holzleisten. Er hat elf Meter auf Lager. Wie viele Meter muss er hinzukaufen?«[116] scheitern. Dass ihnen unter solchen Voraussetzungen die Arbeit schwerfällt, kann nicht verwundern.

Und fraglich ist, ob und gegebenenfalls wie lange diese Minderheiten noch Minderheiten sein werden. Jedenfalls mehren sich nicht nur auf dem Boulevard, sondern auch in der Wissenschaft die Stimmen, die namentlich den Völkern frühindustrialisierter Länder abnehmende natürliche Intelligenz, Beobachtungsfähigkeit, Phantasie, Kreativität und nicht zuletzt physische und psychische Belastbarkeit attestieren.[117] Das mag zutreffen oder auch nicht. Doch wenn alle Heimkehrer aus dem Afghanistankrieg pauschal als traumatisiert und bis zum Beweis des Gegenteils als psychisch behandlungsbedürftig gelten oder die Stadt Madrid eine psychotherapeutische Einrichtung für die Betreuung von Menschen, insbesondere Touristen, schafft, denen die Handtasche entwendet worden ist, sollte das zu denken geben.

Weniger fraglich, dafür aber umso verbreiteter und folgenreicher ist allerdings die immer breiter werdende Kluft zwischen beruflicher Qualifikation und den tatsächlichen Anforderungen des Berufes. Nur wenige, die hiervon nicht betroffen sind. Die meisten hecheln den an sie gestellten Anforderungen hinterher. Ärzte und Apotheker, die nicht die neuesten Behandlungsmethoden, Richter und Anwälte, die nicht die neueste Rechtsprechung kennen; Professoren, die ihren Studenten veraltetes Wissen vermitteln, Handwerker, deren Künste längst überholt sind.

Manche stört das nicht. Aber für Verantwortungsbewusste ist es frustrierend zu wissen: Die Therapie, die ich anwende, das Recht, das ich spreche, das Wissen, das ich vermittle, das Werk, das ich erbringe – vieles hiervon befindet sich nicht auf der Höhe der Zeit. Und überall drohen Sanktionen: falsch therapiert, falsch Recht gesprochen, falsch unterrichtet, falsch den Heizkessel montiert. Arbeitsfreude kommt da schwerlich auf.

Die Fehlermöglichkeiten, die überall lauern, sind immens, und das vielleicht Erstaunlichste der heutigen »Risikogesellschaft«[118] ist, dass nicht noch mehr zu Bruch geht. Aber es reicht auch so schon. Teure Autorückrufaktionen, unfassbare Fehler bei der Montage und Bedienung von Maschinen, desaströse Chemieunfälle – das alles gehört zum Alltag.

Fast scheint es, dass die Anforderungen der Erwerbsarbeit auch tüchtigen, engagierten und gewissenhaften Kräften längst über den Kopf gewachsen sind. »Die Arbeitsbelastungen (sind) viel zu hoch«? Das muss nicht unbedingt an langen Arbeitstagen oder hohem Arbeitsdruck liegen. Vielmehr dürften mittlerweile auch zahlreiche Tätigkeiten für viele zu schwierig geworden sein, und nicht jeder fühlt sich in schwindelerregenden Höhen wohl.

Abnehmend lohnende Erwerbsarbeit

Schließlich die Frage: Wie wirtschaftlich ergiebig ist die Erwerbsarbeit eigentlich noch? Gewiss bestreiten die meisten durch sie nach wie vor den größten Teil ihres Lebensunterhalts. Aber wie die Küstenfischer an vielen Gestaden der Welt den durchaus zutreffenden Eindruck haben, bei gleicher Arbeit immer kümmerlichere Fänge anzulanden, so haben die Erwerbsbevölkerungen der frühindustrialisierten Länder den Eindruck, mit ihrer Erwerbsarbeit immer weniger zu verdienen. Und auch dieser Eindruck trügt nicht. Seit Jahrzehnten bewegen sich die Erwerbseinkommen der großen Mehrheit nur mäßig, und wenn, dann tendenziell abwärts.

So betrug in den USA, einem wirtschaftlich besonders dynamischen Land, der durchschnittliche Bruttostundenlohn Anfang der siebziger Jahre nach heutigem Geldwert 21,35 US-Dollar. Vierzig Jahre später, zu Beginn dieses Jahrzehnts, beträgt er noch 20,14 US-Dollar,[119] das sind annähernd sechs Prozent weniger. In Europa war die Entwicklung, wenn auch von Land zu Land recht unterschiedlich und erheblich beeinflusst durch den Fall des Eisernen Vorhangs und die Einführung des Euro, nicht grundlegend anders. In Deutschland beispielsweise ist der Nettostundenlohn heute nicht höher als Ende der achtziger Jahre, nachdem er geraume Zeit sogar darunter lag.[120] Paart sich eine solche Entwicklung mit einer rückläufigen Arbeitsmenge, sind sinkende Erwerbseinkommen unumgänglich.

Erschwerend kommt hinzu, dass die Einkommensunterschiede in den zurückliegenden Jahren zugenommen haben, die Einkommensrückgänge sich also auf einen Teil der Erwerbsbevölkerung konzentrieren und dort überproportional auswirken. Die Folge: Von 2000 bis 2011 sank in Deutschland das bedarfsgewichtete Haushaltsnettoeinkommen[121] von fünfzig Prozent der Bevölkerung um bis zu sechs Prozent, bei vierzig Prozent erhöhte es sich nicht oder nur mäßig um ein bis vier Prozent, und lediglich beim verbleibenden Zehntel stieg es substantiell um reichlich 13 Prozent (Schaubild 3).[122]

Dieses Auseinanderdriften der Einkommen ist seit geraumer Zeit Anlass zu hitzigen Debatten über Fairness, Gerechtigkeit und Solidarität. Und es ist ja nicht zu bestreiten: Eine Minderheit, wenn auch eine verschwindend kleine, hat sich in den zurückliegenden Jahren und Jahrzehnten auf Kosten anderer in einem Ausmaß bereichert, wie dies wohl zuletzt im Feudalismus und Frühkapitalismus der Fall gewesen sein dürfte. Darüber zu reden und dem Reden Taten folgen zu lassen ist deshalb mehr als berechtigt. Nur ist das nicht das eigentliche Problem. Das eigentliche Problem ist viel grundsätzlicher.

Schaubild 3
Entwicklung des bedarfsgewichteten Haushaltsnettoeinkommens in Deutschland 2000–2011

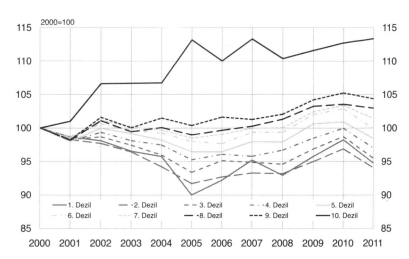

Quelle: DIW (Daten: SOEP 2013)

Der ernüchternde Befund ist: Die Menge wirtschaftlich attraktiver, sprich finanziell lukrativer Erwerbsarbeit nimmt seit langem ab und wird weiter abnehmen. Das zeigt sich sehr anschaulich im industriellen Bereich. Dieser war und ist durch seine hohe Kapitalintensität und seinen hohen Energieeinsatz weit überdurchschnittlich produktiv, was sich nicht zuletzt in den gezahlten Löhnen widerspiegelt. Zwar sind diese in Deutschland derzeit nur sechs Prozent höher als im Dienstleistungsgewerbe. Aber anders als dort gibt es im industriellen Bereich nur einen sehr kleinen Niedriglohnsektor, so dass die Einkommen recht nahe am Durchschnitt pendeln. Im Dienstleistungsbereich erzielen hingegen viele Beschäftigte nur geringe Einkommen.[123]

Doch im attraktiven industriellen Bereich hat sich, vom vergleichsweise kleinen landwirtschaftlichen Sektor abgesehen, die Arbeitsmenge am stärksten zurückgebildet. Verminderte sie sich in der Wirtschaft insgesamt seit 1960 um etwa ein Drittel, so ging sie im besonders lukrativen industriellen Bereich um etwa sechzig Prozent zurück. Im Dienstleistungsbereich stieg sie hingegen um knapp ein Drittel an.[124] Allerdings halten die hier entstandenen Jobs einen qualitativen Vergleich mit den im industriellen Bereich verlorengegangenen oft nicht stand, auch wenn zum Beispiel der Finanzsektor der Welt soeben gezeigt hat, dass sich auch im Dienstleistungsbereich mitunter richtig Geld scheffeln lässt.

Für die Masse der Dienstleistungen gilt dies jedoch nicht. Bei Licht besehen handelt es sich bei ihnen nämlich um nichts anderes als einstige Eigenarbeit, die nunmehr – dem Trend der Zeit folgend – im Gewand von Erwerbsarbeit erbracht wird: Kinderbetreuung, Raum- und Kleiderpflege, Speisenzubereitung, Gartenarbeiten, Einkaufs- und Botendienste, Transportleistungen und Ähnliches. In den frühindustrialisierten Ländern setzt sich in kleinerem Maßstab fort, was bei ihrer Industrialisierung im großen Maßstab begann und derzeit auch in den sich entwickelnden Ländern zu beobachten ist: Arbeit, die von jeher als Eigenarbeit erbracht worden ist, wird umfirmiert in Erwerbsarbeit.

Da sich diese Erwerbsarbeit aufgrund besser entwickelter Messmethoden genauer erfassen lässt als Eigenarbeit, empfindet die Bevölkerung den Transfer von Eigen- zu Erwerbsarbeit häufig als Wohlstandsgewinn. Das ist in den frühindustrialisierten Ländern nicht anders als in den sich entwickelnden. Wenn hier wie dort die Fortschritts- und Wohlstandsfanfaren erschallen, verkünden sie nicht selten genau das: Unentgeltliche Eigenarbeit wurde in entgeltliche Erwerbsarbeit transformiert. Dass dadurch das gesellschaftliche Gefüge verändert

wird, ist offensichtlich. Ob damit auch wirkliche Wohlstandsgewinne einhergehen, ist hingegen schwerer zu ermitteln. Zunächst einmal sind diese Gewinne eher statistisch-virtueller
Natur.

Ein einfaches Gedankenexperiment mag dies verdeutlichen.
Wenn alle derzeit erbrachte Eigenarbeit in Erwerbsarbeit überführt würde, wäre die Bevölkerung dann materiell wohlhabender? Wäre sie wohlhabender, wenn jeder die Hecke seines
Nachbarn schnitte oder dessen Fenster putzte und sich dafür
bezahlen ließe, um dann seinen Nachbarn wiederum bei sich
anzustellen? Im Zweifel nicht. Doch die auf Erwerbsarbeit fokussierten Gesellschaften haben genau diesen Weg eingeschlagen, obwohl nicht damit zu rechnen ist, dass sie ihn bis zum
Ende gehen werden. Dazu ist er zu lebensfremd und wider die
Natur des Menschen. Aber noch träumen manche, durch die
fortgesetzte Ersetzung von Eigen- durch Erwerbsarbeit materiellen Wohlstand mehren zu können.

Um sie aufzuwecken, genügt eine Prise Lebenswirklichkeit. Sie zeigt: Die wirtschaftliche Substanz der Arbeitsplätze
schrumpft ständig. Die oft gering bezahlten, vorwiegend im
Dienstleistungsbereich angesiedelten »Frauenarbeitsplätze«
nehmen zu, derweil die zumeist gutbezahlten, vorwiegend
im industriellen Bereich angesiedelten »Männerarbeitsplätze«
schwinden. Nicht nur, aber auch deshalb ist in Deutschland der
Anteil erwerbstätiger Männer an den 15- bis 65-Jährigen seit
1960 um rund ein Siebtel zurückgegangen, während der Anteil
erwerbstätiger Frauen um annähernd die Hälfte gestiegen ist.
Dadurch hat sich das zahlenmäßige Verhältnis zwischen den
Geschlechtern von 100 erwerbstätigen Männern zu 59 erwerbstätigen Frauen im Jahre 1960 auf 100 zu 86 im Jahre 2012[125]
verkürzt, und der Zeitpunkt ist absehbar, an dem ein Gleich-
stand erreicht sein wird.

Politik und große Teile der Gesellschaft sehen diese Entwicklung mit Genugtuung. Die Erfüllung dessen, was sie seit
langem gewollt haben, scheint zum Greifen nahe. Männer und

Frauen werden in gar nicht ferner Zukunft zu gleichen Teilen der Erwerbsarbeit nachgehen und auch die Trennung von »Männer-« und »Frauenberufen« wird an Bedeutung verlieren.

Nur scheint bei alledem aus dem Blick geraten zu sein, dass sich parallel zu diesen quantitativen Verschiebungen die Qualität der Erwerbsarbeit höchst ungleich entwickelt. Während sie in Teilbereichen höchste Höhen erklimmt und deshalb Menschen mitunter zu überfordern droht, verflacht sie in anderen Bereichen immer weiter, wie an der Entwicklung der Einkommensstrukturen abzulesen ist.

Um möglichen Missverständnissen vorzubeugen: Dies ist eine historische Koinzidenz und nicht etwa die Folge des Vordringens von Frauen im Erwerbsleben. Hier Kausalitäten konstruieren zu wollen wäre absurd. Doch könnte es eine bittere Ironie der Geschichte sein, dass just zu dem Zeitpunkt, als die Emanzipation der Frau durch deren zunehmendes Engagement in der Erwerbsarbeit einen weiteren und vielleicht sogar den entscheidenden Schub erfahren sollte, die Tragfähigkeit dieses Vehikels abnimmt. Im Grunde übt heute ein Großteil der Frauen Erwerbstätigkeiten aus, die weder anspruchsvoller noch gesellschaftlich angesehener sind als das, was sie früher in Form von Eigenarbeit getan haben. Und auch das dürfte einstmals anders gedacht gewesen sein.

Bevölkerung

Kinderwünsche

Werden 20- bis 39-Jährige nach ihren Kinderwünschen befragt, ist der Fächer von Antworten weit gespannt. In Deutschland beispielsweise wollten im vergangenen Jahrzehnt ein Siebtel der Frauen und mehr als ein Viertel der Männer explizit kein Kind. Rund ein Sechstel der Männer und Frauen wünschten sich ein Kind. Zwei Kinder wollte reichlich die Hälfte der Frauen, aber nur zwei Fünftel der Männer. Und den Wunsch nach mehr als zwei Kindern verspürte wiederum rund ein Sechstel der Befragten.

Wenig überraschend war das Ergebnis, dass der Kinderwunsch von Frauen mit einem Durchschnitt von 1,75 Kindern ausgeprägter war als derjenige von Männern, die sich mit durchschnittlich 1,59 Kindern begnügen wollten.[126] Dies war im historischen und internationalen Vergleich recht wenig.[127] Aber selbst diese bescheidenen Wünsche erfüllte sich die Bevölkerung Deutschlands nicht. Die Geburtenziffer liegt hier seit langem bei knapp 1,4 Kindern. Das sind zwei Drittel der Zahl von Kindern, die geboren werden müssten, um den Bestand der Bevölkerung ohne Einwanderung stabil zu halten.

Werden die Menschen im zeugungs- und gebärfähigen Alter, die kein oder nur ein Kind haben, nach den Gründen hierfür befragt, ist der Antwortfächer abermals weit gespannt. Da heißt es, es gebe doch schon genug Menschen in Deutschland, Europa und weltweit; in eine dermaßen beschädigte und vergiftete Welt wolle man keine Kinder setzen; die Zukunftsperspektiven seien zu trübe oder die allgemeinen Lebensbedingungen gerade für Kinder schlecht. Aber auch ganz handfestpraktische Gründe werden angeführt: Ich fühle mich für Kinder noch zu jung oder schon zu alt; mein Gesundheitszustand erlaubt mir nicht, (weitere) Kinder zu haben, oder: Ich habe keinen (zuverlässigen) Partner beziehungsweise keine (zuverlässige) Partnerin. Und schließlich gibt es eine Fülle ökonomisch motivierter Einwände: Ich verdiene (noch) nicht genug; mein Einkommen fließt nicht stetig; ich möchte zunächst Karriere machen; mein Beruf geht vor; (mehr) Kinder würden meinen materiellen Lebensstandard beeinträchtigen.

Schaubild 4
Geburtenraten der Geburtsjahrgänge 1860–1980* in Deutschland

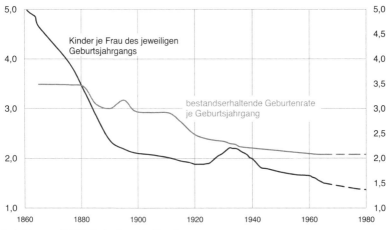

* ab Jahrgang 1965 Fortschreibung des Trends
Quellen: Miegel/Wahl, Individualismus sowie Pötzsch, Kohortenfertilität, S. 183

Keines dieser Argumente wiegt leicht. Im Leben des Einzelnen kommt allem Bedeutung zu. Nur, soweit ökonomische Gründe gegen (mehr) Kinder angeführt werden, zeigt sich ein weiteres Mal, wie tief wirtschaftliche Erwägungen und Aspekte der Erwerbsarbeit das Denken, Fühlen und Handeln von Individuen und Gesellschaft durchdrungen und mittlerweile deren biologisches Fundament erreicht haben. Hätten die Generationen der Groß- und Urgroßeltern, von früheren ganz zu schweigen, ähnlich gedacht wie ein Großteil der jetzt Zeugungs- und Gebärfähigen – viele der heute Lebenden einschließlich vieler von denen, die ihren Lebensstandard nicht durch Kinder geschmälert sehen wollen, gäbe es gar nicht. Denn die Möglichkeit, Nachwuchs zu vermeiden, gab es auch früher schon.[128]

Parasitär

Der Standpunkt, dass es keineswegs nachteilig gewesen wäre, wenn auch frühere Generationen mit Anbruch der Moderne, spätestens aber seit der Zunahme der Lebenserwartung ab Mitte des 19. Jahrhunderts weniger Kinder gehabt und stattdessen mehr auf ihr eigenes Fortkommen und ihren materiellen wie immateriellen Lebensstandard Wert gelegt hätten, ist durchaus plausibel. Denn in der Tat: Welche Nachteile hätte es, wenn die Bevölkerungszahl Deutschlands heute nicht etwas mehr als achtzig, sondern, wie zu Beginn des 20. Jahrhunderts, nur 56 Millionen betrüge und die Weltbevölkerung nicht reichlich sieben, sondern, wie vor fünfzig Jahren, nur drei Milliarden Menschen zählen würde? Die ehrliche Antwort: Keine, da sich zum einen das Leitbild der großen, bevölkerungsreichen Nation als Trugbild herausgestellt hat und zum anderen die Tragfähigkeitsgrenzen der Erde seit Jahrzehnten überschritten sind und mit jedem Jahr weiter überschritten werden.

Wer sich aber solchen Gedankengängen anschließt, sollte nicht den Rückgang heimischer Bevölkerungszahlen beklagen und nach mehr Einwanderung rufen, so wie das die Bundeskanzlerin auf dem Demographiegipfel im Mai 2013 getan hat: Ich will mehr Zuwanderung![129] Zwar ist Deutschland heute faktisch ein Einwanderungsland. Aber im Unterschied zu klassischen Einwanderungsländern, in denen menschenleere Weiten besiedelt werden sollten, entstehen im Falle Deutschlands in einem dichtbesiedelten Land durch das bewusste Verhalten von Teilen der Bevölkerung Bevölkerungslücken, die andere füllen sollen. Die Motivation ist mithin im Vergleich zu klassischen Einwanderungsländern eine andere. Die Einwanderung nach Deutschland hat eine eigene Qualität.

Wenn junge Menschen hierzulande erklären, sie wollten kein oder allenfalls ein Kind, weil (mehr) Kinder für sie eine zu große Last seien und sie bei ihrem beruflichen Fortkommen behinderten, und im gleichen Atemzug fordern, Menschen aus anderen Ländern mögen doch die dadurch vakant werdenden Arbeitsplätze besetzen, weil nur so die Funktionsfähigkeit der Gesellschaft in den gewohnten Bahnen aufrechtzuerhalten sei, dann ist das ignorant, zynisch oder beides. Im Klartext heißt das nämlich, dass die Lasten, die, neben aller Freude, mit Kindern untrennbar verbunden sind, gefälligst andere tragen sollen.

Wer könnte und wollte das bestreiten? Aus ökonomischer Sicht sind Kinder Investitionen, in der Regel die größten, die Eltern und Völker tätigen. Sich dieser Investitionen zu entledigen und gleichzeitig viele und, wie neuerdings gerne betont wird, gut ausgebildete junge Menschen nach Deutschland zu holen, damit diese die hierzulande mittlerweile fehlenden Hirne und Hände ersetzen, ist – vorsichtig formuliert – Ausdruck einer parasitären Gesinnung. Glauben denn die Befürworter solcher Praktiken, dass andernorts solche »gut ausgebildeten jungen Menschen« an den Bäumen wachsen? Natürlich nicht. Und natürlich haben andere, zumeist viel ärmere Völker als jene der Empfängerländer diese Menschen mit hohem Aufwand zu dem werden lassen, was sie heute sind.

Das Argument, diese Menschen fänden doch in ihren Heimatländern keine Arbeit und seien deshalb froh, hier tätig werden zu können, sticht nur vordergründig. Denn an dieser Stelle müsste geklärt werden, warum Portugiesen, Spanier, Griechen, aber auch Afrikaner und Asiaten in Deutschland und einigen anderen Ländern die Arbeitsplätze finden, die sie in ihren Heimatländern vergeblich suchten. Was sind die Gründe hierfür?

Einige liegen in der Geschichte schon weit zurück und sind kurzfristig nicht ungeschehen zu machen. Mitunter sind sie noch Spätfolgen des europäischen Kolonialismus. Das jedoch sind Ausnahmen. Wenn heute Ost-, vor allem aber Südeuropäer in großer Zahl nach Nord- und Westeuropa strömen, dann ist dies ganz maßgeblich auf verfehlte nationale wie europäische Politiken zurückzuführen, zu denen die derzeit erfolgreichen Länder kräftig beigetragen haben. Die Schwäche der einen ist nicht nur, aber eben auch die Kehrseite der Stärke der anderen. Das Paket, das hier aufzuschnüren wäre, ist randvoll gefüllt mit Peinlichkeiten für alle Beteiligten, einschließlich derjenigen, die sich derzeit an ihren Erfolgen erfreuen.

Kinder? – Nein danke

Noch ungereimter wird das Ganze, wenn es konsequent zu Ende gedacht wird. Wie werden denn die Bevölkerungslöcher in den heutigen Aufnahmeländern gefüllt werden, wenn sich die Abgabeländer – was doch angeblich alle wünschen – wirtschaftlich so weit erholen, dass ihre ausgewanderten Söhne und Töchter mit einiger Aussicht auf ein gutes Leben zurückkehren? Oder werden sie das gar nicht tun? Dann wäre die Zuwanderung jener gut ausgebildeten jungen Menschen nur vertretbar, wenn die Abwanderungsländer angemessene Ausgleichszahlungen erhielten. So brutal das klingt: Geld für Menschen, damit sich deren Heimatländer besser entwickeln können.

Es sei denn, die jetzt Zuwandernden werden doch zurückkehren. Dann müssen Länder wie Deutschland lernen, mit ihren zügig schrumpfenden und stark alternden Bevölkerungen, namentlich Erwerbsbevölkerungen, zurechtzukommen. Bisher sträuben sie sich, diese Lektion zu lernen. Kaum wird ein Hauch von Arbeitskräftemangel spürbar, sind sich schon alle einig, Politiker, Unternehmer und selbst die Gewerkschaften: Macht die Tore auf! Zeigt allen, wie weltoffen wir sind! Hier ist doch Platz für alle (die arbeiten können und wollen)! Und weil das alles weniger edel ist, als es scheinen soll, fehlt es nicht an Bemäntelungsversuchen. Aber die sind ausnahmslos fadenscheinig.

Bevölkerungspolitik – bis vor gar nicht langer Zeit war schon der Begriff tabuisiert – ist in Deutschland bis heute ein Tummelplatz von Verdrängern und Illusionisten. Als sich in den siebziger Jahren der zahlenmäßige Rückgang der Bevölkerung und deren zügige Alterung abzuzeichnen begann, war zunächst von Nachwehen des Nationalsozialismus, zeitlich ein wenig hinausgezögerten Geburten und Ähnlichem die Rede. Dem folgten eine weitgehend ungesteuerte Zuwanderung und eine nicht minder erratische Familienpolitik, die Unsummen gekostet und für die Bevölkerungsentwicklung nichts gebracht hat.[130] Wenige Länder gaben und geben so viel Geld für ihre Kinder und Familien aus wie Deutschland. Und in kaum einem Land sind die Ergebnisse so dürftig.[131]

Auch bei ihrer Bevölkerungsentwicklung haben sich viele frühindustrialisierte Länder, mit Deutschland und einigen anderen an der Spitze, verrannt. Wie während vieler Jahrtausende die Menschheit Böden, Wasser und Luft als etwas Naturgegebenes ansah, wurde auch Bevölkerung über lange Zeit als etwas behandelt, das einfach da ist, lebt und sich vermehrt. Jetzt aber ist nicht mehr zu übersehen, dass der tragende Pfeiler jeder Gesellschaft – ihre Bevölkerung – in vielen Ländern vermorscht. Und wieder heißt es: Alles nicht so schlimm, die Menschen bleiben doch viel länger jung, leistungsfähig und motiviert.[132] Und im Übrigen drängen doch genügend Ausländer nach, um Lücken zu füllen.

Es scheint vielen noch nicht bewusst zu sein, dass ein Volk seine Fundierung verliert, wenn es im Monatsrhythmus Polinnen, Ungarinnen oder Litauerinnen kommen lässt, weil nicht genügend heimische Kräfte mehr willens und/oder in der Lage sind, sich um die Gebrechlichen und Pflegebedürftigen zu kümmern;[133] wenn es aus dem gleichen Grund Alte, Demente und an Alzheimer Erkrankte erst nach Südeuropa und dann nach Ostasien verschifft, wo sie, wie es beruhigend heißt, »herzlich und liebevoll« aufgenommen werden;[134] wenn es seinen Müll von Afrikanern in deren Heimatländern sortieren und entsorgen lässt. Es ist ja auch viel einfacher, sich über Überfremdung und irgendwelche genetischen Dispositionen aufzuregen, als selbst die Aufgaben anzupacken und zu lösen, denen sich jedes Volk stellen muss oder doch stellen sollte.

Wie so manches andere ist auch die Bevölkerung verwirtschaftet worden. Ihre lange fast ausschließliche Fokussierung auf Ökonomisches, auf unentwegtes Produzieren und Konsumieren hat sie ausgelaugt und mürbe gemacht. Daran ändern auch Elterngeld, Vaterschaftsurlaub und Demographiegipfel wenig. Wenn in einem Land ein Fünftel der jungen Menschen erklärt: Kinder? – Nein danke, obwohl ihnen mehr öffentliche Förderung zuteilwird als je einer Generation zuvor, dann sollte sich eine Gesellschaft auf anhaltend ruhige Zeiten einstellen. Auch dieser Turm wächst nicht mehr in den Himmel.

Schulden

Von Kippern und Wippern

Machen Menschen Schulden, haben sie dafür in der Regel einen der folgenden Gründe:

- Ein unvorhergesehener Schicksalsschlag hat sie in arge Bedrängnis, vielleicht sogar Not gebracht. Der bisherige Ernährer, die bisherige Ernährerin ist plötzlich ausgefallen, das Haus abgebrannt, das für den Erwerb unverzichtbare Auto zu Schrott gefahren. Soll das Leben in einigermaßen geordneten Bahnen weitergehen, muss rasch eine Lücke mit Hilfe Dritter geschlossen werden. Ist das geschafft, werden die Schulden wieder getilgt.
- Ein vielversprechendes Projekt, das weder aus dem laufenden Einkommen noch aus Ersparnissen finanziert werden kann, soll realisiert werden: der Bau oder Kauf eines Hauses, die Gründung oder Fortführung eines Unternehmens, eine Ausbildung. Die zugrunde liegende Erwartung ist, dass bei Realisierung des Projekts die gemachten Schulden durch Gewinne abgetragen werden können: durch die eingesparte

Miete, die Erträge des Unternehmens, das später höhere Einkommen. Und zumeist erfüllen sich diese Erwartungen.
– Wirtschaftliches Leistungsvermögen und Ansprüche klaffen auseinander. Die Ausgaben sind über einen längeren Zeitraum höher als die Einnahmen. Ursächlich hierfür kann unüberwindbare existentielle Not sein. Für Menschen in frühindustrialisierten Ländern ist das allerdings fast nie der Grund. Hier spielt schlechtes Haushalten die entscheidende Rolle. Menschen leisten sich Kleider, Autos, Urlaubsreisen und vieles mehr, was ihre wirtschaftlichen Möglichkeiten übersteigt.

Verschulden sich Völker und Staaten, haben sie zumeist die gleichen Gründe. Verheerende Naturkatastrophen oder Kriege haben Löcher gerissen, die möglichst schnell geschlossen werden sollen und müssen. Oder es steht eine außergewöhnliche Aufgabe wie die Elektrifizierung einer großen Region oder deren Erschließung durch Verkehrswege an. Oder schließlich: Das Gemeinwesen frönt einem Lebensstil, der nicht seiner Wirtschaftskraft entspricht. Letzteres ist in frühindustrialisierten Ländern der mit großem Abstand wichtigste Grund für deren verbreitete, hohe und anhaltende Verschuldung. Die beiden anderen Gründe sind hingegen von untergeordneter Bedeutung.

Allerdings unterscheidet sich die systematische Verschuldung von Völkern und Staaten insofern von jener privater Haushalte, als sie fast immer von der Gloriole eines höheren Zwecks umstrahlt wird. Die Bürger stellen nicht einfach zu hohe Ansprüche, der Staat gibt nicht einfach zu viel aus oder wirtschaftet schlecht – öffentliche Schulden dienen stets so hehren Zielen wie sozialer Gerechtigkeit, der Zukunft der Kinder, Arbeitsplätzen und, selbstredend, wirtschaftlichem Wachstum.

Die Überhöhung öffentlicher Schulden zu etwas Edlerem im Vergleich zu privaten Verpflichtungen hat eine lange Tradition. Überforderten barocke Potentaten ihre Schatullen mit Prachtbauten und ausschweifenden Festivitäten, taten sie dies nicht selten in der Gewissheit, dadurch ihre Herrschaft zu festigen, und das hieß, dem Gemeinwohl zu dienen. Was gut für den Herrscher war, war gut für das Volk.

Immerhin waren diesem Treiben überschaubare Grenzen gesetzt. War die Schatulle leer, die Bevölkerung ausgepresst und niemand mehr bereit, Geld zu verleihen, fand es ein Ende – es sei denn, der Potentat griff zu List und Gewalt. Das tat er freilich nicht selten. Gold- und Silbermünzen wurden gekippt und gewippt,[135] Eigentumstitel verfälscht und, wenn die Kräfte reichten, Nachbarn überfallen und ausgeplündert.

Zwar wurden die Methoden im Laufe der Zeit sublimer, allzu Offensichtliches kam außer Gebrauch. Die Grundstrukturen blieben jedoch erhalten. Überfälle und Plünderungen – lange Zeit Ersatz für nicht länger mögliches Schuldenmachen – wurden von phantasievollen Formen der Erpressung verdrängt, Eigentumsrechte mittels hoheitlicher Akte außer Kraft gesetzt, und statt mühsam gekippter und gewippter Gold- und Silbermünzen gab es nunmehr buntes Papier, dessen Wert oder Unwert fast nach Belieben gesteuert werden konnte. Eine neue Phase des Wirtschaftens war angebrochen, eine Phase, an deren Fortentwicklung bis heute gearbeitet wird.

Schuldenjunkies

Haftete dem Schuldenmachen in seiner Frühphase etwas Handwerklich-Martialisches an und entwickelte es sich später zu einer Art Kunstform, so wurde es im Laufe des 20. Jahrhunderts im Zuge der Verwissenschaftlichung vieler Lebensbereiche zu einer akademischen Disziplin und mit der Vergottung von Wissenschaft selbst zum Kult. Schulden, die vom Zauberstab der Wissenschaft berührt wurden, hörten augenblicklich auf, Schulden zu sein. Niemand, jedenfalls kein einschlägig profilierter Wissenschaftler, vermochte zu sagen, was aus ihnen geworden war. Sie waren da und waren nicht da, wurden verbucht, belasteten aber keine Bilanz, wuchsen und wuchsen, doch gaben keinen Anlass zur Beunruhigung. Schulden der öffentlichen Hand wurden transzendent.

Ein beträchtlicher Teil der Wirtschaftswissenschaften leistet hier immer noch Erstaunliches. Wie einst Alchimisten behaupteten, Kupfer in Gold verwandeln zu können, und mit dieser Behauptung so manchen hohen Herrn in ihren Bann schlugen, so erklären Wissenschaftler heute, Schulden seien Wohltaten, und Staaten, die sich nicht verschuldeten, versündigten sich am Wohlergehen ihrer Völker.

Politiker, gerade auch in demokratisch verfassten Gemeinwesen, hörten (und hören) das gerne. Denn nun ließ sich mit dem Segen der Wissenschaft ihre Stellung durch einen breiten, scheinbar nicht endenden Strom materieller Wohltaten legitimieren. Hatten sie zuvor noch Skrupel gehabt, der Bevölkerung beispielsweise opulente Sozialleistungen ohne entsprechende Fundierung in Aussicht zu stellen,[136] so gab es jetzt keinen Grund mehr, sich zurückzuhalten. Und die Bevölkerung honorierte das dankbar.

Vor allem aber war mit dem Freibrief zum Schuldenmachen nunmehr die heißersehnte Wachstumsdroge unbeschränkt verfügbar. Zumindest wurde das während einiger Jahrzehnte von nicht wenigen geglaubt. Stockte irgendwo das Wachstum der Wirtschaft auch nur kurzfristig, wurde sofort in den Drogenschrank gegriffen. Und schon bewegte sich die gedopte Wirtschaft unter dem Applaus zahlreicher Wissenschaftler und einer breiten Öffentlichkeit ein wenig. Pseudowissenschaft hatte die Meinungsführerschaft übernommen, und große Teile der Politik folgten ihr willig.

Die Schuldenpolitik vieler frühindustrialisierter Länder – was andere Länder nicht ausschließt – war auch zuvor nicht selten bizarr und halsbrecherisch. Aber erst mit den siebziger Jahren wurde sie zum institutionalisierten Abenteuer. Alle, die auf sich hielten, verschuldeten sich: Kommunen, Länder, der Bund, die Staaten Europas, die westliche Welt und in ihrem Gefolge schließlich auch ein Großteil der privaten Haushalte. Die öffentlichen Hände – nicht alle, aber doch zu viele – agierten völlig enthemmt und wie im Rausch, und nicht wenige tun dies noch immer. So wie Drogen das Wohlbefinden des Einzelnen zu steigern vermögen, so steigern Schulden der öffentlichen Hand das Wohlbefinden der Gesellschaft. Dass dieser Zustand nicht lange währt, wird so lange wie möglich verdrängt. Wenn der Katzenjammer anbrandet, regieren ja andere!

Dass die Metapher des Drogenrausches keineswegs übertrieben ist, zeigt der geradezu verzweifelte Versuch zumindest der Deutschen, sich durch eine in der Verfassung verankerte Schuldenbremse vor weiteren unbedachten Schulden zu schützen.[137] Was ist das anderes als das Flehen des Odysseus, ihn am Mast seines Schiffes festzubinden, damit er nicht den Sirenenklängen erliegt,[138] oder die strikte Weisung eines nach Abstinenz strebenden Drogensüchtigen, ihn um nichts in der Welt mit Drogen in Berührung kommen zu lassen? Eine Gesellschaft, die es so weit gebracht hat, muss sich in wahrlich schlechtem Zustand befinden. Und viele Gesellschaften frühindustrialisierter Länder befinden sich in einem solchen Zustand. Sie sind seit langem Schuldenjunkies.[139]

Im Schuldensumpf

Am Beginn des langen Marsches in den Schuldensumpf stand, wie so oft bei derartigen Unternehmungen, ein lockendes Ziel. Noch immer verstört von den desaströsen Auswirkungen der Weltwirtschaftskrise in den dreißiger Jahren, wollten die Regierungen der frühindustrialisierten Länder nach dem Zweiten Weltkrieg alles unternehmen, um in Zukunft Ähnliches zu vermeiden. Die Idee war, Volkswirtschaften, die in eine anhaltende Rezession oder gar Depression zu stürzen drohten, durch kreditfinanzierte staatliche Ausgabenprogramme davor zu bewahren. War die Gefahr gebannt und die wirtschaftliche Entwicklung wieder stabilisiert, sollten die gemachten Schulden getilgt und darüber hinaus Rücklagen für einen eventuellen nächsten Abschwung gebildet werden – ein sinnvolles und rundum schlüssiges Konzept.[140]

Dennoch hatte es eine fatale Schwäche. Es trug nämlich nicht dem Umstand Rechnung, dass Schulden, zumal solche der öffentlichen Hand, in der Sprache der Pharmazeuten »abhängig« und in der Sprache des Volkes »süchtig« machen können und deshalb nur in geringsten Dosierungen so kurz wie möglich und unter strenger Kontrolle hinnehmbar sind. In der ersten Rezession der damals jungen Bundesrepublik 1967/68 wurden diese Vorsichtsmaßnahmen noch befolgt. Allerdings zum letzten Mal. Denn die Droge hatte, wie nicht anders zu erwarten, dem Patienten behagt und das Regieren leichtgemacht. Von nun an wurde jeder Schluckauf als behandlungsbedürftiges Leiden angesehen, und mehr noch: Die Medizin wurde auch schon prophylaktisch verabreicht.

In den Händen vieler Politiker wurden Schulden das, was Antibiotika in den Händen mancher Ärzte geworden sind. Ein Kratzen im Hals, ein Hüsteln, und schon kommen schwere Geschütze zum Einsatz – ich schreibe Ihnen da mal was auf. Und es wird so lange etwas aufgeschrieben, bis die Wirkungen des Medikaments abnehmen und schließlich ganz aufhören. Nun kann der Siegeszug der resistent gewordenen Keime einsetzen. Sie stoppt nichts mehr. Durch exzessiven Gebrauch ist aus etwas Nützlichem etwas Nutzloses und unter Umständen sogar Schädliches geworden.

Die Analogie zu Schulden der öffentlichen Hand liegt nahe. Werden sie zum Zweck der Konjunkturbelebung gemacht, sind ihre Wirkungen zunächst eindrucksvoll. Doch nehmen diese Belebungen kein Ende, lassen die Wirkungen nach, bis sie sich schließlich in ihr Gegenteil verkehren. Dann reicht die Neuverschuldung vielleicht gerade noch aus, die Zinsen für die Altschulden zu zahlen. Beflügeln können sie nichts mehr. Nur der Schuldenberg wächst weiter. Die öffentlichen Haushalte und mit ihnen die gesamte Volkswirtschaft sind mit Schulden durchseucht und von Schulden abhängig. Zahlen zeigen auch das.

Allein von 1978 – dem Jahr, in dem die Staats- und Regierungschefs der damals sieben wichtigsten Industrieländer beschlossen, mittels kreditfinanzierter Konjunkturprogramme ihren vermeintlich schwächelnden Volkswirtschaften unter die Arme zu greifen – bis 2008 – dem ersten Jahr der sogenannten Bankenkrise – stieg die Bruttoschuldenquote[141] in den USA auf das 1,8fache, in der EU15[142] auf das Zweifache und in Japan, um nur die wichtigsten Wirtschaftsräume zu nennen, auf das 4,6fache. In Deutschland stieg sie auf das 2,4fache, in Frankreich und Spanien jeweils auf reichlich das Dreifache und in Italien auf das 1,8fache. Einzig im Vereinigten Königreich blieb sie während dieser drei Jahrzehnte weitgehend unverändert.

Schaubild 5
Entwicklung der Bruttoschuldenquote ausgewählter Länder 1978–2008

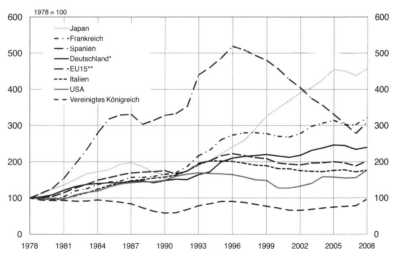

Quelle: Europäische Kommission, Annex, S. 184f., * bis 1990 Westdeutschland, ** bis 1991 EU12

Deutschlands Schulden, so heißt es, seien in der Zeit vor 2008 ganz wesentlich aufgrund der Wiedervereinigungskosten gestiegen. Da mag etwas dran sein. Was aber waren dann die Gründe in Frankreich, Spanien und Italien, in den USA oder Japan? Diese und zahlreiche weitere Länder haben auf diese Frage Antworten, und die meisten klingen ganz plausibel. Doch sie sind nur Fassaden, hinter denen die unangenehme Wahrheit versteckt werden soll: Wir haben jegliche Maßstäbe verloren; wir sind akademischen Scharlatanen aufgesessen; wir haben verlernt zu haushalten. Vor allem aber sind wir ständig auf der Jagd nach Drogen. Wie konnte es so weit kommen?

Tricksen

»Wohlstand für alle«, das war nach dem Krieg das verheißungsvolle Versprechen Ludwig Erhards und seiner Union. Doch wird bis heute beharrlich verdrängt, dass er schon 1957, als pro Kopf etwa vierzig Prozent der heutigen Gütermenge erwirtschaftet wurden, dieses Versprechen für weitgehend erfüllt ansah. Nun könne sich, so Erhard, das deutsche Volk lohnenderen Aufgaben zuwenden als der weiteren Mehrung materieller Güter.[143]

Das aber war nicht nach dem Geschmack der Zeit. Der verlangte nach mehr – mehr Materiellem. Die Bevölkerung war fleißig und arbeitsam. Aber, und auch das erkannte Erhard früh, sie war nicht fleißig und arbeitsam genug, um ihre immer weiter ausufernden Wünsche befriedigen zu können.[144] Haltet Maß! – Der Ruf verhallte. Der Politik lag es näher, die Zukunft zu beleihen, sprich Schulden zu machen. Die Bevölkerungen Deutschlands, Frankreichs, Italiens und anderer Länder verhielten sich nicht anders als Individuen, die auf größerem Fuß leben wollen, als sie durch eigene Anstrengungen vermögen.

Und die Politik half ihnen dabei. Schon in den fünfziger Jahren etablierte sie in Deutschland wie in zahlreichen anderen frühindustrialisierten Ländern Sozialsysteme, deren Dauerhaftigkeit von Anfang an fraglich war. Sie waren auf Expansion ausgelegt und mussten deshalb bei abnehmendem Wirtschaftswachstum beziehungsweise alternden Gesellschaften in Turbulenzen geraten. Das alles wurde bereits zum Zeitpunkt ihrer Entstehung gesehen, flüchtig debattiert und nachhaltig verdrängt. Die politische Vorgabe war: Lasst uns heute ausschöpfen, was auszuschöpfen geht. Um das Morgen sollen sich andere kümmern. Dann sind wir ja nicht mehr unter den Lebenden! In diesem Geiste wurden Schönwettersysteme gezimmert, die stärkeren Winden schwerlich standhalten konnten.[145] Die aber setzten schon in den siebziger Jahren ein und verstärkten sich seitdem fortwährend.

Damit beginnt die bis heute andauernde Zeit des ständigen Manipulierens und Vertuschens. Nie konnte sich die Politik dazu aufraffen, den Bürgern ungeschminkt zu sagen: Die in Aussicht gestellten Sozialleistungen sind mit den Mitteln, die ihr bereit seid dafür aufzuwenden, nicht zu erbringen. Es tut uns leid, aber das von uns etablierte Sozialsystem ist viel teurer, als wir uns und euch glauben gemacht haben. Entweder ihr zahlt höhere Steuern und Abgaben, oder die sozialen Leistungen werden gekürzt! Doch solche ehrlichen Worte fanden nur wenige. Die meisten verlegten sich aufs Tricksen.

Einer der gängigsten Tricks war die zunehmende Steuerfinanzierung eigentlich beitragsfinanzierter Sozialsysteme. In Deutschland beispielsweise wird die angeblich streng leistungsbezogene Rentenversicherung mittlerweile zu einem Drittel aus Steuern gespeist – mit rund achtzig Milliarden Euro. Und da die Mittel, mit denen fehlende Beiträge ersetzt werden, für andere Aufgaben fehlen, gibt es wiederum nur die Optionen: Steuern und/oder Beiträge rauf und/oder Sozialleistungen runter und/oder noch mehr Schulden.

Verwirklicht wurde und wird eine Kombination von allen drei: höhere Belastungen für die Bürger, geringere soziale Leistungen[146] und mehr Schulden. Italiener, Franzosen und einige andere gingen mit Letzteren ganz offensiv um und finanzierten einen Teil ihrer Renten über Kredite. Das waren für sie Zukunftsinvestitionen. Die Deutschen waren ein wenig zurückhaltender. Aber auch sie schafften es jahrzehntelang nicht, ordentliche Einnahmen und Ausgaben zur Deckung zu bringen.

Als dann 2008 der Tsunami der Bankenkrise über die westliche Welt hereinbrach, war diese überfordert. Sie hatte keine finanziellen Kräfte mehr, und schwächere Länder brachen unter der Wucht des Anpralls zusammen. Ins Taumeln gerieten jedoch fast alle, auch Deutschland. Die Bruttoschuldenquote schnellte dort in nur vier Jahren, von 2008 bis 2012, um rund ein Viertel nach oben, diejenige Frankreichs um ein Drittel. Die Quote Spaniens verdoppelte sich, und das ohnehin bereits hochverschuldete Italien musste einen nochmaligen Anstieg von einem Fünftel verkraften. Und auch das Vereinigte Königreich kam diesmal nicht mehr ungeschoren davon. Seine Quote stieg um zwei Drittel.

Schaubild 6
Entwicklung der Bruttoschuldenquote ausgewählter Länder 2008–2012

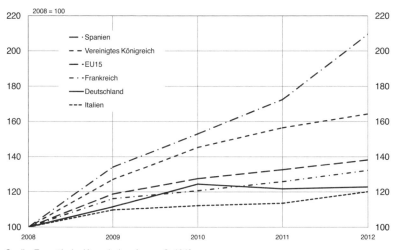

Quelle: Europäische Kommission, Annex, S. 184f.

Man stelle sich vor, dieser Tsunami wäre auf gering verschuldete, finanziell solide Gemeinwesen getroffen. Der Schaden wäre noch immer erheblich gewesen. Aber für riesige Notstandsmaßnahmen hätte es keinen Anlass gegeben. Die meisten hätten aus eigener Kraft die Herausforderung bewältigt. Doch sie waren angeschlagen, ehe es überhaupt losging. Wie sagte der Gouverneur des Tornado-Staates Oklahoma nach dem verheerenden Sturm im Mai 2013: Der beste Schutz gegen solche Stürme sind fest gebaute Häuser.

Sozialstaat

Risse

Es wäre argumentativ unredlich und in der Sache falsch, die derzeitigen Probleme frühindustrialisierter Länder ganz oder auch nur in wesentlichen Teilen auf den Sozialstaat zurückführen zu wollen. Dagegen sprechen nicht zuletzt Länder wie die USA oder Japan, deren Verschuldungsgrad noch höher ist als der europäische, obwohl sie nur über vergleichsweise schwach entwickelte Sozialsysteme verfügen. Dennoch ist eine Auseinandersetzung mit dem Sozialstaat, wie er sich seit Mitte des 20. Jahrhunderts in Deutschland und zahlreichen anderen frühindustrialisierten Ländern entwickelt hat, geboten.

Dabei springt ins Auge, dass seine engagiertesten Verfechter sich in der Regel davor scheuen, die Verschuldung der öffentlichen Hand zu thematisieren, geschweige denn zu problematisieren. Gemessen an Abstrichen bei staatlichen Sozialleistungen erscheinen Schulden stets als das kleinere Übel – vorausgesetzt, man sieht sie überhaupt als Übel. Habt euch nicht so wegen der Schulden, beschwichtigen sie. Diese sind allemal harmloser als ein schwächelnder Sozialstaat![147]

Ist das die Alternative: gesunde Staatsfinanzen bei niedrigen Sozialleistungen oder hochverschuldete öffentliche Hände bei hohem Sozialaufwand? Wohl kaum.[148] Dennoch verbirgt sich hinter dieser Frage ein fundamentales Dilemma aller frühindustrialisierten Länder und darüber hinaus womöglich der modernen Demokratie: Verbal wird der Sozialstaat, oder was als solcher ausgegeben wird, von großen Mehrheiten getragen. Dennoch muss ständig zwar nicht um seine Existenz, aber um seine Alimentierung gekämpft werden. Es scheint, als sei er dem Souverän lieb, aber zu teuer.

In den USA steht dieser Konflikt seit einiger Zeit in gleißendem Licht. Durch die Gesellschaft, so heißt es, ziehe sich ein klaffender Riss, der sie recht genau in zwei Hälften teile. Auf der einen Seite stünden jene, die von staatlichen Umverteilungsmaßnahmen profitierten, auf der anderen Seite jene, die die Lasten zu tragen hätten.

Ganz so schlicht ist es zwar nicht. Der Riss verläuft nicht gradlinig. Aber er ist da, und die Politik ist vollauf damit beschäftigt, ihn möglichst wenig in Erscheinung treten zu lassen. Dann heißt es: Schaut auf Brasilien oder ähnliche Länder und erfreut euch der friedensstiftenden Wirkungen des breiten Sozialausgleichs hierzulande! Diejenigen, die so argumentieren, haben die Empirie auf ihrer Seite. Dennoch rebellieren die Lastenträger weiter – ganz offen und laut wie in den USA oder eher im Verborgenen und still wie in den Ländern Europas. Die Lasten seien zu hoch, erklären, anonym befragt, zum Beispiel in Deutschland etwa fünfzig Prozent der Bevölkerung.[149]

Der geschickte Umgang mit diesem Riss, der mehr oder weniger sichtbar durch alle Gesellschaften geht, ist das Kernstück jeder Gesellschaftspolitik und vermutlich der Politik überhaupt. Die Geschichte dieses Risses geht zurück bis zu den Anfängen sich ausdifferenzierender, arbeitsteiliger Gemeinwesen, in denen über- und unterdurchschnittliche Erfolge von Einzelnen und Gruppen nach und nach manifest wurden. Solche Gemeinwesen trotzdem zusammenzuhalten, war die hohe Kunst von Politik, und wo sie versagte, kam es oft genug zu blutigem Gemetzel.[150]

Lässt sich dieser Riss dauerhaft beseitigen? Versuche hat es gegeben. Sie sind allesamt gescheitert. Die »klassenlose« Gesellschaft ist bis heute eine Utopie geblieben, und sie dürfte eine Utopie bleiben, solange es nicht den »neuen Menschen« gibt.[151] Der aber lässt auf sich warten, vielleicht auch weil er gar nicht gewollt ist. Wer will wirklich »neue Menschen«, und wer hat ein Interesse daran, die Risse, die sich durch die Gesellschaft ziehen, namentlich den ganz großen, wirklich zu überwinden? Die Politik jedenfalls nicht! Und die Bevölkerung?

Ziele

In parlamentarischen Demokratien haben die politischen Parteien im Verteilungskampf um Güter- und Lebenschancen Aufstellung entlang dieses Risses genommen: die einen auf Seiten derer, die eher geben, die anderen auf Seiten derer, die eher empfangen. Zwar beteuern zumindest diejenigen, die für sich beanspruchen, Volksparteien zu sein, stets das Wohl aller im Blick zu haben. Und in der Tat gibt es Beispiele, dass Vertreter wirtschaftlich Schwächerer dazu aufrufen, doch die Tassen im Schrank zu lassen[152] und die Wohlhabenderen nicht zu verprellen, wie umgekehrt deren Vertreter ihre Klientel hin und wieder ermahnen, nicht die Armen zu vergessen.

Solche Äußerungen sind wichtig, fördern sie doch den Zusammenhalt der Gesellschaft. Doch sie können und sollen nicht darüber hinwegtäuschen, dass entlang dieses Risses seit Generationen ein Stellungskrieg geführt wird, bei dem sich der Frontverlauf nur wenig verändert und bei dem es weder Sieger noch Besiegte, weder Gewinner noch Verlierer gibt. Es geht immer nur um temporäre Dominanz. Das ist, was die Kontrahenten wollen, auch wenn sie jede Wahl zu einem Richtungsentscheid hochstilisieren, bei dem es angeblich um nichts Geringeres als Freiheit, Gerechtigkeit und Menschenwürde sowie Aufstieg oder Niedergang der Nation geht. Denn mehr als diese temporäre Dominanz anzustreben hieße, dass irgendwann einmal die hehren Ziele erreicht werden müssten. Doch das – und hierüber sind sich alle Beteiligten einig – ist illusorisch. Weder werden jemals Menschen so frei noch Gesellschaften so gerecht sein, wie es die jeweiligen Protagonisten den Wählern in Aussicht stellen.

Das aber kann den Parteien gleichgültig sein. Denn sie wollen ihre Ziele, wenigstens die ganz großen, übergeordneten, ja nicht erreichen, sondern für sie kämpfen. Der Kampf für Ziele, nicht deren Erreichen, ist ihr Seinsgrund. Also kämpfen sie und geben sich mit vagen Zielannäherungen zufrieden. Alles andere ist für sie nicht wünschenswert. Was könnte einer liberalen Partei Bedrohlicheres widerfahren als die universelle Akzeptanz ihrer Maximen, was einer ökologisch ausgerichteten als das nachhaltige Ergrünen von Wirtschaft und Gesellschaft oder was einer sozial gesonnenen Partei als ein – in welchem Sinne auch immer – zutiefst gerechtes Gemeinwesen?

Das ist der Rahmen, in den auch der Sozialstaat einzupassen ist. Die Auseinandersetzungen um ihn gehören zum politischen Standardprogramm aller frühindustrialisierten Länder. Niemand, der seinen Kopf auch nur einen Fingerbreit aus der Deckung hebt, kann sich der Frage erwehren: Wie sozial ist deine Gesinnung? Oder konkreter: Wie hältst du es mit dem Sozialstaat? Die Antworten hierauf sind fast ohne Belang. In der Bewertung der Fragenden sind sie nämlich ohnehin ungenügend. Niemand außer ihnen engagiert sich hinreichend, niemandes Gesinnung ist sozial genug.

Löcher

Die Instrumentalisierung des Sozialstaates zur Erzielung parteipolitischer Geländegewinne hat den für eine Gesellschaft überlebenswichtigen Sozialfundus schwer beschädigt. In dem Bemühen, sozialer zu erscheinen als die Kontrahenten, haben alle Parteien, wenn auch in unterschiedlichem Ausmaß, den Sozialstaat »ausgebaut«, soll heißen, ihn mit immer weiteren, eigentlich gesellschaftlichen Aufgaben befrachtet. Ein Blick in die periodisch erscheinenden Sozialberichte der Bundesregierung[153] zeigt das auf beinahe beängstigende Weise. Da gibt es kaum noch einen Lebensbereich, der nicht von staatlicher Vor- und Fürsorge sowie Kontrolle begleitet wird.

Das Netz ist so dicht, dass das Atmen unter ihm schwerfällt. Der Staat kümmert sich auch um Entlegenes: die Heranführung Jugendlicher an politisches Engagement, die Stärkung elterlicher Kompetenz, die Schaffung von attraktivem und sicherem Internet-Surfen für Kinder zwischen acht und zwölf Jahren, die Vermittlung von Medienkompetenz, die Verbesserung von Gründungsmotivation für Frauen und ungezählte weitere Projekte.[154] Und das ist nur eine winzige und höchst willkürliche Kostprobe sozialer Rührigkeit auf Bundesebene. Länder und Gemeinden kommen mit ihren vielfältigen Aktivitäten hinzu. Sie alle erscheinen irgendwie nützlich, aber notwendig oder gar von Staats wegen geboten sind viele sicher nicht.

Dass bei dieser Überfülle staatlicher Sozialaufgaben das eine oder andere übersehen oder vernachlässigt wird, kann nicht verwundern. Die Reaktion hierauf ist jedoch fast nie: Lasst uns Ballast abwerfen und uns auf das Wesentliche beschränken, sondern: Da kann man es wieder sehen! Das soziale Netz hat immer noch zu große Löcher. Mehr Geld ist erforderlich. Und das Schlussglied der Argumentationskette: Nur mit uns, der XY-Partei, ist der Sozialstaat in verlässlichen Händen! Nur mit uns ist sein weiterer Ausbau gewährleistet!

Gluckenstaat

Diese Überfrachtung des Staates mit sozialen Funktionen ist jedoch nicht einmal das Problematischste, auch wenn viele Gemeinden in Deutschland mittlerweile lautstark klagen, sie brächen unter der Last dieser Funktionen sowohl finanziell als auch personell zusammen,[155] so dass rasche Abhilfe, sprich Geld, und zwar sehr viel Geld, das Geld der Bürger, vonnöten sei. Noch problematischer als diese Überfrachtung ist, dass mit der schrankenlosen Ausdehnung sozialstaatlicher Aktivitäten, der Übernahme immer neuer Aufgaben und dem rastlosen Aufspüren noch unbeackerter Felder die Gesellschaft in ihrem Kern beschädigt wird. Denn das ist ihr eigentlicher und zugleich wichtigster Daseinsgrund: Will sie in Frieden, Freiheit und Wohlstand leben, muss sie die Bürger zu solidarischem Verhalten motivieren, befähigen und anhalten.

Wie aber soll das geschehen, wenn jedes Mal, sobald Bürger ihre Belange in die eigenen Hände nehmen wollen, der Staat – wie im Märchen vom Hasen und vom Igel – ihnen fröhlich oder griesgrämig entgegenruft: »Ick bün al dor.«[156] Welche Anreize und Möglichkeiten gibt es für eine bürgerschaftlich organisierte Kinder- und Altenbetreuung, für die Unterstützung gestrauchelter Jugendlicher, für die Heranführung von Menschen an Sport, Musik und Politik? Gewiss, das alles findet irgendwo statt. Aber diejenigen, die es auf sich genommen haben, berichten fast einhellig, dass dies nur gegen den Widerstand argwöhnischer staatlicher Einrichtungen möglich war.

Hinzu kommt, dass nach Jahrzehnten fürsorglich-vormundschaftlicher Führung viele Bürger eigenverantwortlichen Handelns entwöhnt worden sind. Der Staat hat sie nicht nur demotiviert, er hat sie auch entfähigt. Die Folge: Wie erwachsen gewordene Kinder, die der Obhut gluckenhafter Eltern nicht rechtzeitig zu entkommen vermochten, haben sie sich in ihrem Zustand eingerichtet und können jetzt von dieser Obhut nicht

genug bekommen. Der Staat hat einen Bürgertyp herangezo-
gen, dessen Ansprüche seine Möglichkeiten weit übersteigen.

Der heutige Sozialstaat hat einen Erbschaden, an dem er in
nicht zu ferner Zukunft scheitern dürfte: Er hat die Strukturen
des untergegangenen Obrigkeitsstaates konserviert und gründet wie dieser in einem abgrundtiefen Misstrauen gegenüber
den Bürgern. In den Augen dieses Staates sind Bürger in sozialen Angelegenheiten hilflos wie Kinder.

Hellsichtigere haben eine solche Entwicklung schon in den
fünfziger Jahren kommen sehen und deshalb davor gewarnt,
die sozialen Sicherungssysteme allzu umfassend auszugestal-
ten.[157] Der mündige Bürger müsse auch bei den großen Herausforderungen: Alter, Krankheit und Pflege individuelle Vor-
sorgeperspektiven behalten. Doch das lag nicht im Interesse des
vormundschaftlichen Staates, der heute triumphierend-selbst-
gerecht behauptet, dass der Einzelne zu umfassender Vorsorge
doch gar nicht in der Lage sei. Hat nicht, so die hämische
Frage, die jüngste Bankenkrise dies erneut bestätigt?

Woher haben die Sozialpolitiker eigentlich ihr Wissen? Die
Bürger sind doch nie gefordert worden, ihre Fähigkeiten unter
Beweis zu stellen, abgesehen davon, dass der Vormund Staat
dem Mündel Bürger von Anfang an die Mittel entzogen hat,
die ihn sowohl zu größerer Eigenverantwortung als auch zu
größerer Verantwortung gegenüber Dritten in die Lage versetzt hätten. Und Ereignisse wie die Bankenkrise dieser Jahre?
Man stelle sich vor, Millionen gut geschulter Augenpaare würden tagtäglich verfolgen, was mit ihrem Geld geschieht, wofür
es angelegt und von wem es verwaltet wird. Die Wahrscheinlichkeit, dass sich dann ereignet hätte, was sich ereignet hat,
wäre wohl erheblich geringer gewesen.

Solidarität

Die Abnahme solidarischen Verhaltens von Einzelnen, Gruppen und der Gesellschaft insgesamt ist heute eine weitverbreitete Klage. Sie trifft in vielerlei Hinsicht nicht zu. Aber aus der Luft gegriffen ist sie ebenso wenig: Unternehmen, die jede Gesetzeslücke nutzen, um dadurch Steuern zu sparen; eine unüberschaubare Zahl ansonsten unbescholtener Bürger, die ohne größere Skrupel Steuern verkürzt; Einzelne, die maßlos in die eigene Tasche wirtschaften; unkündbare Staatsbedienstete, die regelmäßig längere Fehlzeiten aufweisen als andere Erwerbstätige, insbesondere Selbständige;[158] Bevölkerungsgruppen, die zu eigenem Einkommen durchaus in der Lage wären, es aber als ihr gutes Recht ansehen, über den Staat von ihren Mitbürgern ausgehalten zu werden – solche Fälle sind zweifellos Symptome ernsthafter Fehlentwicklungen. Aber es sind eben nur Symptome. Die Fehlentwicklungen als solche liegen auf einer anderen Ebene und sind von anderer Qualität. Sie wurzeln in einem außerordentlich fragwürdigen Verständnis von Staat und Gesellschaft, vor allem aber von den Menschen selbst.

Gewiss, die meisten sind egoistisch und auf ihren eigenen Vorteil bedacht. Manche sind auch egoman. Ihnen das auszutreiben dürfte schwerfallen, und wer sollte und wollte das tun? Die meisten Menschen sind aber auch mit- und einfühlsame, fürsorgliche, verantwortungsbewusste oder kurz: soziale Wesen. Im Familienverband und innerhalb kleinerer Bezugssysteme stellen sie das tagtäglich unter Beweis.

Doch der tradierte Sozialstaat hat es nicht verstanden, diese sozialen Wesen für die Förderung eines gedeihlichen Zusammenlebens zu gewinnen. Entweder sie handeln aus eigenem Antrieb zu dessen Nutzen, oder sie lassen es bleiben. Der Staat ermuntert sie nicht. Vielmehr tritt er ihnen stets hoheitlich, befehlend, drohend und strafend entgegen und unterlässt nichts, was nicht von einer fortschrittlichen Pädagogik als kontraproduktiv angesehen wird.[159]

Im Ringen der Parteien um den Sozialstaat ist dieser auf Abwege geraten. Er steht nicht mehr im Dienste der Gesellschaft, sondern ist dabei, sich an ihre Stelle zu setzen. Gefördert durch eine gerade in Deutschland lange gepflegte Staatsgläubigkeit, die nicht davor zurückscheute, dem Staat eine Vaterrolle zuzuerkennen, ist er bis in den Wesenskern der Gesellschaft vorgedrungen und jetzt dabei, deren Solidarität und Soziabilität nach seinen Normen und Bedürfnissen zu regeln. Das aber kommt ihm nicht zu – jedenfalls nicht in einem freiheitlich-demokratischen Gemeinwesen.

Vielleicht wollten ja, wie im Bildungsbereich, auch hier alle immer nur das Beste – selbstredend einschließlich der Parteien in ihrem Überbietungswettbewerb. Doch in ihrem Eifer übersahen sie, dass der Sozialstaat, wie alles Irdische, irgendwann ausgewachsen war und seine ihm gemäßen Grenzen erreicht hatte. Damit konnte, ja musste der weitere Bau eingestellt werden. Stattdessen wurde immer weiter gebaut, bis schließlich das eigentlich Soziale, nämlich die Gesellschaft, notleidend geworden war. Zwar muss auch der Sozialstaat wachsen, ist doch auch er an jedem Ort und zu jedem Zeitpunkt ein anderer. Er muss wachsen, um sich verändern zu können. Doch darf er dadurch nicht immer voluminöser werden. Damit er frisch austreiben kann, ist ein kräftiger Rückschnitt geboten.

Technischer Fortschritt

Alltag

Filme, die vor zwei, drei oder noch mehr Generationen gedreht wurden, lassen erkennen, was sich im Alltag von Menschen in Ländern wie Deutschland verändert hat: in den unmittelbarsten Lebensbereichen verblüffend wenig. Damals wie heute essen die Menschen Brot, Butter, Wurst und Käse und trinken dazu Wasser, Bier, Wein oder irgendetwas Gemixtes. Gewiss, der Speiseplan ist in der Zwischenzeit vielfältiger geworden, und statt am Herd zu köcheln, greifen viele zu Fertiggerichten oder in die Tiefkühltruhe. Aber die von manchen vorhergesagte Revolution der Ess- und Trinkgewohnheiten hat nicht stattgefunden. Im Gegenteil. Wer es sich leisten und die Zeit dafür erübrigen kann, kehrt zu Ernährungsformen früherer Jahrzehnte oder besser noch Jahrhunderte zurück. Frisch sollen die Lebensmittel sein, unverfälscht und möglichst im nahen Umland produziert.

Bei der Kleidung gibt es ähnliche Trends. Naturfasern wie Wolle, Baumwolle und Seide sowie »natürliches« Leder sind Trumpf. Wer will schon noch Nylonhemden, Vinylschuhe oder anderes Plastik am Körper? Auch mit dem Schnitt ihrer Kleidung würden die Filmhelden von einst heute keine große Aufmerksamkeit erwecken. Vielleicht ein wenig ungewohnt, dafür aber umso eleganter. Gleiches gilt für das Mobiliar. Was da in den Wohnungen der dreißiger oder fünfziger Jahre steht, entspricht zwar nicht unbedingt dem gegenwärtigen Geschmack, ist aber oft ästhetisch ansprechend, funktional und ausgezeichnet verarbeitet. Spätestens seit den fünfziger Jahren besitzen die etwas Begüterteren auch Elektroherde, Kühlschränke, Waschmaschinen und Fernsehgeräte. Zwar ist das alles noch nicht so ausgereift wie heute. Aber vorhanden ist es.

Die Wohnungen und Häuser von damals werden auch heute noch bewohnt und sind seitdem, bei mäßigen Modifizierungen, ungezählte Male nachgebaut worden. Elektrische Energie war auch schon in den dreißiger Jahren für die meisten selbstverständlich und fließendes Frisch- sowie kanalisiertes Abwasser zumindest in den Städten weit verbreitet. Selbst Zentralheizungen waren in gehobenen Wohnanlagen keineswegs mehr Ausnahmen. Schwenkt die Kamera vor die Haustüre, verkehren dort genau wie heute Fahr- und Motorräder, Pkws und Lkws sowie Straßen-, S- und U-Bahnen. Und zog es die Menschen in die Ferne, bestiegen sie auch damals schon schnelle, komfortable Züge, Schiffe und Flugzeuge. Dabei zog es sie oft in die Ferne, ans Meer und ins Gebirge, und diejenigen, die das Geld dafür hatten, nach Italien, Spanien oder sogar nach Übersee.

Wie also hat der technische Fortschritt während der zurückliegenden fünfzig bis hundert Jahre die unmittelbare dingliche Lebenswelt der heutigen Bevölkerung verändert? Offensichtlich nicht, indem er – von einer Ausnahme abgesehen! – umstürzende Neuerungen in ihren Alltag gebracht hätte. Ein Mensch der dreißiger Jahre würde sich nach kurzer Eingewöhnung unschwer in ihm zurechtfinden. Vielmehr hat er Dinge durch zahlreiche größere und kleinere Verbesserungen verlässlicher, handhabbarer und vor allem billiger gemacht. Dadurch haben heute nicht nur Minderheiten, sondern breiteste Bevölkerungsschichten Zugang zu technisch anspruchsvollen Haus- und Küchengeräten, Automobilen, Fernsehern oder Flug- und Schiffsreisen. Der technische Fortschritt macht es möglich!

Und er macht noch mehr möglich. So sind Krankenhausaufenthalte dank moderner Technik und neuer Arzneien heute erfolgversprechender als in früheren Zeiten, ein Besuch beim Zahnarzt weniger schmerzhaft. Die Wahrscheinlichkeit, mit dem Auto eine Panne zu haben oder mit einem öffentlichen Verkehrsmittel zu verunglücken, ist um ein Vielfaches geringer. Und Technik macht auch in Haus und Garten vieles leichter. An sich könnten die Menschen also gelassener denn je durchs Leben gehen und sich seiner Annehmlichkeiten erfreuen. Aber sie tun es nicht.

Auch das zeigt sich beim Betrachten alter Filme. Da springt ins Auge, dass die Menschen allem Anschein nach mehr Zeit hatten. Sie sprechen langsamer, gehen langsamer, das heißt, sie schreiten eher, halten hier und da ein Schwätzchen, feiern mit Kollegen während der Arbeitszeit Geburtstage und Jubiläen, kurz: Sie erscheinen deutlich weniger getrieben, auch wenn die

Wochenarbeitszeit der meisten länger, ihr Urlaub kürzer und die Tätigkeiten rund um den Haushalt nicht zuletzt aufgrund fehlender technischer Hilfsmittel zeitaufwendiger waren als heute. Auffällig ist ferner, wie vertrauensvoll die Menschen häufig miteinander umgehen. Sie öffnen ihre Türen, ohne zuvor zu klären, wer da Einlass begehrt, und lassen ihre Autos oder Fahrräder unabgeschlossen auf der Straße stehen. Ist das selektives Wahrnehmungs- oder Erinnerungsvermögen, vielleicht gar Nostalgie des heutigen Betrachters? Oder haben die Chronisten und Filmemacher der damaligen Zeit die Wirklichkeit krass verfehlt? Doch warum sollten sie das getan haben?

Triumphe

Keine technische Neuerung der letzten achtzig Jahre hatte eine umstürzende Wirkung auf die unmittelbare dingliche Lebenswelt der Menschen – mit einer Ausnahme: die elektronisch gestützte Information und Kommunikation. Zwar kommunizierten Menschen schon vor Generationen mit Hilfe der Elektrik, sie telefonierten und telegrafierten. Aber gemessen an dem, was sich daran anschloss, waren dies kaum mehr als erste Gehversuche. Technische Vielfalt, Dichte und Geschwindigkeit erst elektrisch, dann elektronisch, schließlich mikroelektronisch gestützter Information und Kommunikation stiegen in den zurückliegenden Jahrzehnten dermaßen steil an, dass nicht nur von Weiterentwicklungen wie im Automobilbau, sondern von echten innovativen Sprüngen gesprochen werden muss. In weiten Teilen der Welt verfügt heute jedes Kind über technische Möglichkeiten der Kommunikation und Information, die noch vor dreißig Jahren unvorstellbar waren. Die Fülle dessen, was jetzt mikroelektronisch bearbeitbar ist und oft auch bearbeitet wird, ist gigantisch. Sie sprengt die menschliche Vorstellungskraft. Und nicht nur diese. Sie sprengt auch die menschliche Gestaltungs- und Steuerungsfähigkeit.

Aus dem Blickwinkel technischen Fortschritts ist diese Technik eine der triumphalsten Erfolgsgeschichten moderner Zivilisation, eine Geschichte, deren letztes Kapitel noch längst nicht geschrieben sein dürfte. Doch wie einige ähnliche Geschichten gemahnt auch diese fatal an einen weiteren Turmbau zu Babel. Denn weder Individuen noch Kollektive, weder Gesellschaften noch Staaten können die Möglichkeiten, die ihnen dieser technische Fortschritt verschafft, in vollem Umfang sinnvoll, gemeinwohlverträglich und ethisch verantwortbar nutzen. Alle sind überfordert.

Das beginnt mit der technischen Beherrschung der neuen Medien. Nicht ohne Grund wird die Vermittlung der entsprechenden Kompetenzen als eine Art zweite Alphabetisierung gesehen und folglich die Nichtbeherrschung der Informationstechnologie als Form des Analphabetismus. Das erscheint hart, trifft aber wahrscheinlich zu. Zu Recht wird deshalb schon frühzeitig darauf hingewirkt, dass insbesondere der nachwachsenden Generation ein solches Schicksal erspart bleibt. Nur mit welchem Erfolg?

Erfahrene Zeitgenossen, die meinen, mit der neuen Technik virtuos umgehen zu können, werden von noch erfahreneren nur belächelt. Die wenigsten schöpfen die gebotenen Möglichkeiten wirklich aus. Nach Meinung von Experten surfen sie nur an der Oberfläche. Aber wie kann es auch anders sein bei einem Alphabet, einer Grammatik und einer Syntax, die sich alle paar Jahre ändern? Viele haben ja auch beträchtliche Schwierigkeiten mit ihrer Muttersprache und deren schriftlicher Form. Warum sollte es mit der neuen Techniksprache anders sein?

Zumal der mehr oder minder geschulte Umgang mit ihr höchst zeitaufwendig ist, es sei denn, ihre Nutzer unterwerfen sich eiserner Selbstdisziplin. Ihre Schöpfer waren einst mit dem Versprechen großer Zeitersparnis angetreten, und irgendwie haben sie ja auch recht behalten. Vorgänge, die früher Stunden und Tage beanspruchten, können jetzt mitunter binnen Minuten oder Sekunden erledigt werden. Dann aber ereignet sich Seltsames. Die eingesparte Zeit wird von der neuen Technik auf mysteriöse Weise wieder verschlungen, so dass Menschen, die früher nach getaner Arbeit noch ein wenig Muße fanden, heute noch eine Stunde und noch eine Stunde am Rechner verbringen.

Diese Technik hat – mehr vielleicht als jede andere – das Potential, Individuum und Gesellschaft grundlegend zu verändern. Deshalb hätte schon in einer frühen Phase ihrer Entwicklung geklärt werden müssen, welche Konsequenzen sie haben könnte. Über den engeren technischen Bereich hinaus ist dies jedoch nicht geschehen. Vielmehr sind die Menschen gutgläubig in sie hineingestolpert, ohne eine Vorstellung davon zu haben, wo ihre Reise einmal enden wird. Es trifft zu, dass »das Internet … für uns alle Neuland«[160] ist und wohl auch noch geraume Zeit bleiben wird. Diejenigen, die gegen diese Aussage polemisieren, beweisen damit nur, dass sie das Potential dieser Technik in all seinen Dimensionen noch nicht begriffen haben.[161]

Die derzeitige Debatte über das Internet und ihm benachbarte Bereiche erinnert lebhaft an Auseinandersetzungen in den Anfangsjahren der »friedlichen Nutzung der Kernenergie« oder, wie es damals hieß, »der Atomkraft«. Ihre Befürworter waren euphorisch, die Bürger blauäugig. Und nur eine kleine, wenn auch prominente Schar von Einzelpersonen, Organisationen und Bewegungen[162] verwies auf die dieser Energieform inhärenten hohen Risiken, insbesondere die ungelöste Frage der Entsorgung abgebrannter Kernbrennstäbe, sprich des Atommülls. Gebaut wurden die Kernkraftwerke trotzdem. Die Kritiker verglichen dieses Vorgehen mit dem Start eines Flugzeugs, dessen Ziel ein noch nicht gebauter und noch nicht einmal geplanter Landeplatz ist.

Inzwischen ist der Himmel voll mit solchen Flugzeugen und nach wie vor kein Landeplatz in Sicht. Amerikaner, Japaner, Franzosen, Deutsche und alle, die jemals auf Kernenergie gesetzt haben, irren heute umher und fragen sich, wo und wie sie ihren Atommüll verscharren oder, in ihrer Terminologie, »endlagern« können. Doch sie wissen: Es gibt in absehbarer Zukunft keine endgültigen Lösungen, sondern allenfalls zeitlich befristete Provisorien. Ein gewaltiger Milliardenaufwand und Jahrzehnte intensiver Forschung vermochten an diesem Befund nicht zu rütteln: Um kurzfristiger Vorteile willen hat eine Generation ungezählten Nachfolgegenerationen hohe Lasten aufgebürdet. Ähnlich unsittlich haben Menschen zuvor nie gehandelt. Eine verführerische Technik machte es möglich.

Gläsern

Die Problematik heutiger Informations- und Kommunikationstechniken ist von anderer Natur, weist aber dennoch Parallelen auf. Auch hier wurde etwas auf den Weg gebracht, dessen unmittelbarer Nutzen so groß ist, dass es unangemessen erscheint, über seine systemimmanenten Schadenspotentiale nachzudenken oder gar zu diskutieren.

Vor allem die etwas Jüngeren tummeln sich im elektronischen Netz wie Fische im Wasser. Nicht nur hängen sie an ihren Smartphones und ähnlichen Geräten, um zu telefonieren. Mit ihnen kaufen sie auch ihre Bus- und Bahnkarten, Park- und Flugtickets sowie praktisch alle Güter des täglichen und auch des nicht so täglichen Bedarfs. Aber damit sind die durch das Netz eröffneten Möglichkeiten noch längst nicht erschöpft. Wer will – und viele wollen –, kann auch seine Reisen und Hotels buchen, Bankgeschäfte abwickeln oder sich durch fremde Städte und Gegenden leiten lassen. Und ständig kommen weitere Anwendungen hinzu – komfortabel, praktisch, schnell.

Die Welt ist digital geworden, und zwar so gründlich, dass viele nicht mehr zwischen digitaler und der wirklichen, nichtdigitalen Welt zu unterscheiden vermögen. Sie meinen, sich wie bisher im Netz zu tummeln, doch in Wirklichkeit zappeln sie nur noch in ihm. Sie haben sich von einer Technik abhängig gemacht, die nicht nur allumfassend, sondern zugleich faktisch nicht mehr kontrollierbar und darüber hinaus äußerst prekär ist. Experten wagen kaum daran zu denken, was geschieht, wenn dieses Netz – eine keineswegs fernliegende Möglichkeit – regional oder gar global für einige Zeit ausfällt, und Militärs erklären, der nächste Krieg werde von demjenigen gewonnen, dem es als Erster gelingt, es lahmzulegen.

Dieses Ausmaß von Technikabhängigkeit ist menschheitsgeschichtlich ebenfalls neu. Mehr als für jeden anderen Bereich gilt für das Netz: Die Technik beherrscht den Menschen, nicht dieser die Technik.[163] Diejenigen, die sich ihr ausliefern, werden leicht zu ihrem Anhängsel. Sie glauben, mit ihr umgehen zu können, aber das gelingt ihnen ebenso wenig wie der Umgang mit der Kernenergie, der Bevölkerungsexplosion, dem Ressourcenverbrauch oder der Schadstoffbefrachtung der Umwelt. Und in ihrer Hilflosigkeit versuchen sie, die Probleme kleinzureden und jenen Panikmache vorzuwerfen, die sie benennen. So etwas tut man nicht! Das ist fortschrittsfeindlich! Der Zukunftsgläubige stürzt sich lustvoll in alles Neue, auch in das Neue, welches das Netz bietet.

Dabei können durch diese Technik durchaus Jahrhunderte zivilisatorischer Entwicklung teilweise ausgelöscht oder doch erheblich beeinträchtigt werden. Auch wenn das in den Ohren mancher schrill klingen mag: Auf dem Spiel steht nichts Geringeres als Menschenwürde, Menschenrechte, die Selbstbestimmung des Individuums, seine Integrität und Unantastbarkeit, sein Anspruch auf eine respektierte und geschützte Privatsphäre, konkretisiert zum Beispiel im Brief-, Post-, Fernmelde-, Bank- oder Steuergeheimnis, die Institution namentlich des geistigen Eigentums und anderes mehr. Konsequent zu Ende gedacht, steht eine Entwicklung auf dem Spiel, die in unserem Kulturkreis mit der Magna Carta (1215) begann, sich über die Petition of Right (1628) und den Habeas Corpus Act (1679) fortsetzte und einmündete in die großen Freiheitsdeklarationen Amerikas und Frankreichs in der zweiten Hälfte des 18. Jahrhunderts.[164]

117

Ist es nicht sehr weit hergeholt, Freiheit und Menschenwürde mit einer kleinen E-Mail oder einer hilfreichen App zu verknüpfen, die ihre Nutzer zielsicher durch eine fremde Stadt lotst? Nur auf den ersten Blick. Denn diese Technik lässt ihre Nutzer in einem noch nie gekannten Ausmaß gläsern werden. Indem sie sie nutzen, hinterlassen sie Spuren, aus denen Fäden gesponnen und ganze Netze gewebt werden. Ein wirklicher Schutz der Person und ihrer Privatsphäre ist weder ernsthaft beabsichtigt noch möglich. Insbesondere ist es nicht möglich, sie vor flächendeckenden Verunglimpfungen, Beleidigungen sowie öffentlichen Verurteilungen ohne Gesetz und Richterspruch zu bewahren. Und selbstredend gehören die meisten ihrer Daten faktisch Dritten, die sie nach Belieben ausschlachten können und dies nicht selten auch tun.[165]

Die Hoffnung der meisten, der Staat sorge dafür, dass sie ihre Daten dem Netz anvertrauen und zugleich die Kontrolle über diese Daten behalten können, ist verständlich, zeugt aber von einem weit fortgeschrittenen Realitätsverlust. Die Annahme, Gesetze, Datenschutzbeauftragte oder Selbstverpflichtungen von Netzbetreibern und Diensten könnten dem unerwünschten Datenzugriff einen Riegel vorschieben, ist illusionär. In einigen Diktaturen ist dies aus Gründen des Selbsterhalts versucht worden,[166] zur Freude des Westens ohne den gewünschten Erfolg. Doch diese Erfolglosigkeit gilt nicht nur für Feinde der Freiheit. Sie gilt generell. Wer manipulieren, verführen, anklagen, richten und hinrichten will, hat in dieser Technik einen hochkompetenten Verbündeten und ein praktisch grenzenloses Betätigungsfeld. Durch diese Technik sind Menschen anderen Menschen in einem Umfang ausgeliefert, wie dies seit Formulierung der Menschen- und Bürgerrechte nicht mehr möglich erschien.

Verharmlosend und beschönigend wird selbst bei massiven Übergriffen weiter von Datenpannen[167] oder Datensammlungen im juristischen Graubereich[168] gesprochen, und ab und an empören sich einige Politiker pflichtschuldig. Doch was in

Wirklichkeit geschieht, sind weder Pannen noch Ungeschicklichkeiten von Subalternen. Vielmehr entfaltet hier eine nicht mehr kontrollierbare Technik ihre Eigendynamik, die ebenso schwer aufzuhalten ist wie eine einmal in Gang gesetzte nukleare Kettenreaktion.

Die Zeit ist reif, dass jede Gesellschaft für sich und alle zusammen sorgfältig und kritisch prüfen, was ihnen diese Technik wert ist und wie weit sie sich auf sie einlassen wollen. Anderenfalls könnte es uns widerfahren, dass wir in einen Ozean weitgehend sinnentleerter Datenpartikelchen geraten, die mit zerstörerischer Wucht um uns herumwirbeln. Dann könnten die naive Genugtuung und kindliche Freude, die derzeit noch viele über jede weitere Innovation empfinden, eines nicht sehr fernen Tages in Ernüchterung, Enttäuschung und Wut umschlagen – es sei denn, die Menschen hätten bis dahin auf ihre Persönlichkeitsrechte samt Privatsphäre verzichtet und wären bereit, sich in den Dienst ihrer eigenen Schöpfung zu stellen.

Europa

Vereinigte Staaten

Die Vereinigten Staaten von Europa – noch so ein Turm, den sich Menschen zu bauen versuchen, damit sie nicht in alle Winde verstreut werden. Allerdings versuchen das nicht alle Menschen, ja noch nicht einmal die Mehrheit oder auch nur eine substantielle Minderheit. Im Grunde versucht nur ein kleines Grüppchen, sich einen Traum zu verwirklichen und alle anderen mitzureißen. Eine Vision für Europa? Wem nichts Besseres einfällt, vor dessen geistigem Auge entstehen dann eben »Vereinigte Staaten«.

Doch dieses Europa ist zu farbig, facettenreich und vielge-

119

staltig und wohl auch zu kleinteilig und verwinkelt, als dass es unter den bleiern-breiten Fuß von vereinigten Staaten passte. Vereinigte Staaten, das ist einem Kontinent wie Nordamerika gemäß. Endlose, dünnbesiedelte Weiten, nur an den Rändern dichter bevölkert, die meisten »Staatsgrenzen« am grünen Tisch mit dem Lineal gezogen. Und mit einer Geschichte, die oft nur einige Generationen zurückreicht.

Nordamerikas Staaten zu vereinen war einfach. Oder richtiger: Abgesehen von den allerersten Anfängen und dem allerdings einschneidenden Bürgerkrieg gab es da eigentlich nichts zu vereinen. Vielmehr wurde nach und nach eine politische Landkarte über einer physischen entrollt und hier und da ein wenig festgeklopft. Wo es ausnahmsweise hakte, wurde zugekauft oder geschossen.

Das Werden der Vereinigten Staaten von Amerika spiegelt sich in der immer gleichen politischen Grundausstattung ihrer Glieder: eine Verfassung, die, abgesehen von der Todesstrafe, große Ähnlichkeit mit den Verfassungen der anderen Staaten hat; ein Parlament, das in einem Kapitol tagt, welches wie alle übrigen Kapitole aussieht; Parteien, von denen über die Staatsgrenzen hinweg nur die Republikaner und Demokraten politisches Gewicht haben; eine Gouverneurin oder ein Gouverneur, der, alten römischen Traditionen entsprechend, Statthalter, Befehlshaber und oberster Regionalbeamter in einer Person ist; zwei Senatoren männlichen oder weiblichen Geschlechts, die allerdings viel Zeit in »The Nation's Capital«, also im fernen Washington, zubringen. Hinzu kommt eine riesige Zahl von Radio- und Fernsehstationen, die entweder äußerst enggefasste Lokalnachrichten oder bundesweit einheitliche Programme ausstrahlen und dadurch die Staaten zusätzlich vernetzen.

Im Übrigen: Überall die gleichen Supermärkte, die gleichen Speisen und Getränke, die gleiche Kleidung, die gleichen Sportarten, Vorlieben und Vergnügungen. Vor allem aber, alles überwölbend, zusammenhaltend und einebnend, dieselbe

Sprache, das Amerikanische, jenes bemerkenswerte Konglomerat aus vieler Völker Kehlen. Ohne das Amerikanische keine Vereinigten Staaten von Amerika! Das haben die Amerikaner frühzeitig begriffen. Deswegen treibt es heute nicht wenige um, wenn sie mit ansehen müssen, wie eine weitere Sprache, das Spanische, sich ausbreitet. Denn nicht ohne Grund befürchten sie, dass dies dem bundesstaatlichen Gefüge, soll heißen der Einheit der Nation, schaden könnte.

Die Einheit der Nation! Anders als den Amerikanern, die von ihrem Staatengefüge umstandslos und von Herzen kommend als von »our nation« sprechen und das auch leben, liegt es den Europäern fern, Europa als ihre Nation anzusehen. Vielmehr hat dieser Kontinent so viele Nationen, wie er Staaten hat, und höchstwahrscheinlich sogar noch einige mehr. Bereits über eine scheinbar so einfache Frage streiten die Gelehrten, und selbst bei der Zahl der Staaten sind sie sich nicht einig. Gehören Russland und die Türkei zu Europa? Wie steht es um die Staatlichkeit des Kosovo? Der Vatikan hat eine Sonderstellung – formal ein Staat, aber auch funktional? Oder Monaco, San Marino und Andorra? Staaten auf Abruf?

Und dann erst die Sprachen! Während die Amerikaner allesamt mehr oder minder interkommunikativ amerikanisch sprechen, sprechen die Europäer – je nach Zählweise – etwa hundert Haupt- und noch einmal so viele Nebensprachen,[169] mit denen sie sich über Sprachgrenzen hinweg nur mühsam und oft auch gar nicht verständigen können. Um das zu tun, benötigen sie Dolmetscher oder eine Lingua franca, einst Lateinisch, dann Französisch und derzeit Englisch, welches einige besser als andere und viele überhaupt nicht sprechen.

Diese große Sprachenvielfalt spiegelt eine ebenso große kulturelle Vielfalt wider, die nur aus der Ferne, etwa von Indien oder China aus, zu einer europäischen Kultur verschmilzt. Das vor allem auch deshalb, weil die Vielfalt der Europäer tiefe historische Wurzeln hat, die zum Teil Jahrtausende in der Geschichte zurückreichen.

Darüber hinaus haben die europäischen Völker und Volksgruppen im Laufe ihrer Entwicklung extrem unterschiedliche Erfahrungen gesammelt und in ihrem kollektiven Gedächtnis gespeichert. Für die einen sind es Mongolenstürme und die lange Fremdherrschaft der Goldenen Horde,[170] für die anderen die noch längere muslimische Fremdherrschaft.[171] Die einen, wie Briten oder Holländer, suchten schon früh ihr Glück in der Ferne, während andere, wie die deutschsprachigen Völker, weitgehend in ihren Tälern und Wäldern verblieben und dort ihre spezifischen Eigenschaften entwickelten. Wer also sind die Europäer? Sie sind schwer zu fassen, da sie mindestens so facettenreich und vielgestaltig sind wie ihr zerklüfteter Kontinent.

Für die meisten sind diese Unterschiede eine Kostbarkeit, auf die sie stolz sind, mitunter so stolz, dass sie sich nicht zuletzt ihretwegen bis in die Gegenwart die Schädel gespalten haben: Spanier und Briten, Franzosen und Deutsche oder Serben und Kroaten, und alle meinten (fast immer), mit diesem Schädelspalten einer guten und gerechten Sache zu dienen. »Mia san mia« – das sagen nicht nur die Bayern, das denken auch die Holsteiner und Sachsen, die Schotten und Bretonen, die Andalusier und Katalanen, die Sizilianer und Albaner. Zuerst kommt die »Heimat«, wie immer diese definiert sein mag, dann die Nation und erst in ziemlich weiter Ferne Europa. Das ist die Rangfolge – jedenfalls in zahlreichen Regionen des Kontinents.

Einigung

Umso achtungsgebietender ist das Projekt der europäischen Einigung, dessen vorrangigstes und vornehmstes Ziel es war und ist, diesem fortwährenden Schädelspalten der Europäer ein Ende zu setzen. Erste Anläufe hierzu wurden bereits nach dem Ersten Weltkrieg unternommen.[172] Sie blieben jedoch im Chaos des Zweiten Weltkrieges stecken. Dann allerdings nahm das Vorhaben unter dem Eindruck dieses abermaligen fürchterlichen Gemetzels Fahrt auf. Nie wieder Krieg – darin waren sich die Europäer nunmehr einig, ein Konsens, der bis heute im Großen und Ganzen Bestand hat.[173]

Allerdings wurde das große Friedenswerk schon bald überlagert von wirtschaftlichen Erwägungen, Interessen und Strukturen. Der Franzose Jean Monnet, einer der Ziehväter der europäischen Einigung, hat dies im Nachhinein bedauert. Nicht die Wirtschaft, sondern die Kultur hätte das Fundament des europäischen Hauses bilden müssen. Aber als er das erkannte, waren die Weichen bereits gestellt, und zwar so, wie wirtschaftsfokussierte Gesellschaften wohl nicht umhinkönnen, sie zu stellen: zunächst Vorfahrt, dann freie Fahrt für die Wirtschaft – Europäische Gemeinschaft für Kohle und Stahl (1951), Euratom und Europäische Wirtschaftsgemeinschaft (1957) und nach einigen Zwischenschritten die Europäische Union (1992).

Seit den Anfängen dieses Einigungswerkes hat sich in Europa und der Welt vieles verändert. Doch nach wie vor kreist es, und heute sogar mehr denn je, um Ökonomisches. Nichts beschäftigt die europäischen Instanzen so sehr wie die Frage, was kann, was muss unternommen werden, um Wirtschaft und Wachstum zu stärken? Selbst in einem historisch so einzigartigen Moment wie dem Fall des Eisernen Vorhangs war dies das erste und wichtigste Anliegen, das die Staatenlenker umtrieb: Wie lassen sich West und Ost schnell und effektiv zu einem einheitlichen Wirtschaftsraum zusammenfügen? Dem Erreichen dieses Ziels wurde manches geopfert, was zu bewahren und weiterzuentwickeln gelohnt hätte,[174] wie umgekehrt ohne langwierige Verhandlungen auch solche Staaten in die Europäische Union aufgenommen wurden, die noch Jahre demokratischer und rechtsstaatlicher Reifung bedurft hätten.[175]

Aber das war der Geist, der auch den Gedanken beflügelte, möglichst viele europäische Staaten in möglichst kurzer Zeit unter dem Dach einer gemeinsamen Währung zu versammeln.[176] Was könnte die Europäer, so das in die Öffentlichkeit getragene treuherzige Argument, unverbrüchlicher zusammenschweißen als ein einheitliches Zahlungsmittel? Zwar gab es noch einiges Geplänkel zwischen dem deutschen Bundeskanzler und dem französischen Staatspräsidenten um deutsche Wirtschaftskraft und französische Politikgestaltung. Aber im Kern ging es auch diesmal wieder um die Wirtschaft und deren Belange. Schon geraume Zeit vor ihrer Einführung hatten die Verfechter der Einheitswährung einem staunenden Publikum vorgerechnet, welche beträchtlichen Vorteile diese für die Wirtschaft (und die Urlauber) brächte.[177]

Vertrauen

Zumindest bei kurzfristiger und oberflächlicher Betrachtung gibt es diese Vorteile wirklich. Nur verkannten die Verfechter der Einheitswährung – und verkennen oftmals bis heute –, dass sich das Wesen des Geldes von Grund auf veränderte, als werthaltige Materialien durch phantasievoll bedrucktes Papier abgelöst wurden. Seitdem ist nämlich der einzige Geld-Wert das Vertrauen, das Menschen diesem bunten Papier schenken oder gegebenenfalls nicht schenken. Doch Vertrauen will erworben und gepflegt sein. Zerrinnt es, dann ist das Geld der Moderne ein Substrat mit extrem niedriger Haltbarkeitsdauer und einer fatalen Neigung zur Verflüchtigung. Wem aber sollen, wem dürfen Menschen in Geldangelegenheiten trauen?

Der erste Adressat ist naturgemäß der Staat, der als der Herausgeber des Geldes auftritt. Er gewährleistet – so hoffen zumindest viele – dessen Stabilität. Mit dieser ist es jedoch nirgendwo weit her. So sank die Kaufkraft des Geldes in den zurückliegenden fünfzig Jahren bei den weltweit härtesten Währungen, dem japanischen Yen, der deutschen Mark beziehungsweise dem Euro und dem Schweizer Franken um 75 beziehungsweise achtzig Prozent, dem US-Dollar um 85 Pro-

Schaubild 7
Entwicklung des Geldwerts in ausgewählten Ländern 1960–2012

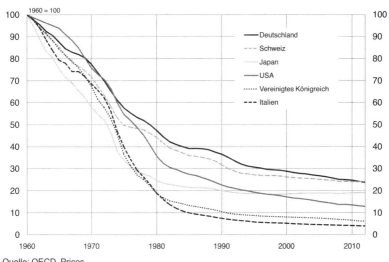

Quelle: OECD, Prices

zent, dem britischen Pfund um 95 Prozent und der italienischen Lira beziehungsweise dem Euro um 97 Prozent. Das britische Pfund und der amerikanische Dollar waren noch vor einigen Jahrzehnten richtiges, hochgeschätztes Geld. Heute ist es nur noch gehobenes Spielgeld, wie nicht zuletzt die alltäglich gewordenen Milliardentransaktionen erkennen lassen.

Während des zurückliegenden halben Jahrhunderts waren alle Stabilitätsschwüre der jeweiligen Regierungen und Zentralbanken Schall und Rauch, und das in monetär eher ruhigen Teilen der Welt und – trotz aller Turbulenzen – in monetär eher ruhigen Zeiten. In vielen anderen Ländern wurden die Hoffnungen und das Vertrauen der Menschen noch viel schmählicher betrogen. Dort haben die meisten oft kaum mehr als nichts von den ihnen gegebenen monetären Versprechen eingelöst bekommen.

Wunder

Wohin also sollen sich die Menschen wenden? Der beruhigende und zugleich beunruhigende Befund ist: Das Geld der Moderne funktioniert nur in halbwegs verlässlichen Vertrauensgemeinschaften und ist deshalb nicht etwas primär Staatliches, sondern etwas zutiefst Gesellschaftliches. Oder was sonst könnte Menschen veranlassen, für buntes Papier ein Tagewerk zu erbringen, eine Kuh vom Hof zu geben oder ein Haus zu übereignen, als das Vertrauen, dass sich ihr Gegenüber bei Gelegenheit und unter gleichen Bedingungen genauso verhält. Im Grunde vertrauen alle darauf, dass sich andere ebenso irrational verhalten wie sie selbst, und solange sie dies tun, ist das Verhalten aller wiederum rational. Diese Dialektik grenzt an ein Wunder, welches die Menschen seit der Zeit, in der sie mit dem bunten Papier in Berührung kamen, immer wieder in Erstaunen versetzt.

Doch wie verlässlich ist das Wunder? Am verlässlichsten ist es, wenn Menschen nur denen vertrauen, deren Verhalten ihrem eigenen Verhalten ähnelt. Das ist die Rationalität im Irrationalen! Und die Wahrscheinlichkeit ähnlichen Verhaltens wächst mit dem Gleichklang von Interessen, historischen Erfahrungen und insbesondere kulturellen Prägungen. Die aber divergieren unter den Völkern Europas beträchtlich, jedenfalls bis auf weiteres.

So sind Völker, die lange unter Fremdherrschaft oder staatlich sanktionierter Misswirtschaft litten, nicht nur dem Staat, sondern auch »seinem« Geld gegenüber kritisch eingestellt. Ihnen fehlt das Vertrauen, ohne das keine Währung Bestand hat. Wenn heute sorgenvoll die zum Teil frappante Ungleichzeitigkeit in der Entwicklung europäischer Staaten und Regionen konstatiert wird, dürften hierfür nicht zuletzt unterschiedliche Grade des Vertrauens ursächlich sein. Was schert uns Athen, Rom, Madrid oder Lissabon – so fragen oder fühlen offenbar viele Griechen, Italiener, Spanier oder Portugiesen.

Ihr Verhältnis zum Staat scheint noch gebrochener als das anderer Völker, weshalb sie bislang wenig dabei fanden, dem Kaiser nicht zu geben, was des Kaisers ist, und dieser umgekehrt zulangte, wo immer es ging. Das Verhältnis zwischen Staat und Bürger ist bis heute gestört, und das monetäre Universum einschließlich des Geldes dieser Länder zeigt das.

Geld ist der vermutlich empfindlichste Seismograph für gesellschaftliche Störungen. Mehr noch: Kein anderes Medium spiegelt so verlässlich die Kultur eines Gemeinwesens wider wie dessen Geld, wobei Kultur hier als die Gesamtheit spezifisch menschlicher Hervorbringungen verstanden sein will. Die Geldkultur eines Volkes ist integraler Bestandteil seiner Gesamtkultur und kann deshalb nicht grundlegend von dieser abweichen.

Wenn aber Geld, oder genauer die Kultur des Geldes, integraler Bestandteil der Gesamtkultur einer Gesellschaft ist, dann war es keine mutige und visionäre, sondern eine im Sinne des Aristoteles[178] tollkühne, sprich eine verrückte Idee, höchst unterschiedliche Kulturen, die sich in Europa während vieler Jahrhunderte formten, gewissermaßen im Handstreich in ein einheitliches Geldkorsett zu zwängen. Wäre dieses Vorhaben ohne Verwerfungen auf Anhieb gelungen, wäre dies ein weiteres Wunder gewesen, das dem Wunder des Geldes kaum nachgestanden hätte. Überraschend sind daher nicht die Schwierigkeiten, in denen sich die Euroländer heute befinden, sondern die Zeit, die es gedauert hat, bis sie allgemein sichtbar wurden.

Tollkühn

Das haben die Verfechter des Euro vermutlich nie bedacht, und wenn doch, dann nicht entsprechend gehandelt: Geld ist eine kulturelle Hervorbringung, ist Ausdruck sublimster Kunst! Und wie sehr Völker ihre Geschichte, Traditionen und künstlerischen Ambitionen in ihr Geld projizieren, zeigt ein Blick auf ihre Scheine und Münzen. Da sind sie alle fröhlich versammelt, die Heroen des Geistes, der Politik und der Wirtschaft, die bedeutenden Erfindungen, die ein Volk gemacht hat, seine schönsten Bauwerke. Was einen Schein oder eine Münze ziert, ist oft das Ergebnis langen Ringens. Und war es erfolgreich, identifizieren sich die Menschen nicht nur mit dem äußeren Erscheinungsbild ihres Geldes, sondern auch mit dessen Kaufkraft.

Das alles leichthin beiseitezuwischen und Finnen und Griechen, Niederländer und Italiener, Deutsche und Portugiesen mit imaginären Brücken und Bögen auf ihren Geldscheinen zu beglücken, so ästhetisch ansprechend diese auch sein mögen, zeugt nicht gerade von einem tieferen Verständnis für die kulturelle Dimension des Geldes. Alles spricht dafür, dass bei Einführung des Euro kein Gedanke an diesen Aspekt verschwendet wurde. Vordergründig ging es um Geldströme und Handelsflüsse, um den Abbau von Zahlungshemmnissen und aller möglichen technischen Barrieren. Und hintergründig? Hintergründig sollte durch das Korsett einer Einheitswährung ein noch immer recht heterogener Kontinent zusammengeschnürt und namentlich Deutschland bei dieser Gelegenheit noch fester eingebunden werden, als es dies ohnehin schon war. Wie gesagt: eine tollkühne, eine verrückte Idee. Und noch vermag niemand mit einiger Gewissheit zu sagen, wo sie Europa eines Tages hingebracht haben wird. Dass sie hohe Kosten verursacht, ist allerdings schon heute gewiss.

Um diese Kosten irgendwann wieder in den Griff zu bekommen, wird jetzt mit großem Aufwand an einem europäischen Uniformierungsprogramm gearbeitet, dessen vorrangige Ziele eine Annäherung der sehr unterschiedlichen wirtschaftlichen Ausgangsbedingungen der EU-Mitgliedsländer und eine europaweite Harmonisierung der Sozialpolitik sind, mit einem Fiskalpakt als Krönung des Ganzen.

Die Völker Europas, die die Welt und das Leben aus recht

unterschiedlichen Perspektiven betrachten, werden diese Vorhaben als Joch empfinden. Und zwar alle. Die einen werden darunter stöhnen, dass sie ständig geschubst, gestoßen und kontrolliert werden, und die anderen, dass sie fortwährend schieben und ziehen sollen. So etwas funktioniert schon in einer Familie nur bedingt. Unter Völkern dürfte es noch viel weniger funktionieren.

Wieder einmal wird Geld damit zum Lackmustest, der die kulturelle Vielfalt Europas offenbart. Dabei geht es nicht um Folklore. Die ist immer willkommen. Es geht um Fundamentales. Wie hoch beispielsweise wird in einer Kultur materieller Wohlstand geschätzt? Dass die meisten Menschen solchen Wohlstand gerne genießen, steht außer Frage. Doch sind sie auch bereit, ein Leben zu führen, das den materiellen Wohlstand mehrt? Das sollte nicht unhinterfragt vorausgesetzt werden. Denn der Stellenwert materiellen Wohlstands ist in verschiedenen Kulturen – auch innerhalb des europäischen Kulturkreises – keineswegs gleich. Wer die Annäherung materieller Lebensbedingungen postuliert, müsste deshalb im gleichen Atemzug auch die Angleichung der Wirtschafts-, Arbeits-, Freizeit-, Familien- und nicht zuletzt der Geldkultur postulieren. Das aber unterbleibt, und zwar aus einsichtigen und gewichtigen Gründen, weshalb die ganze Angleichungsdebatte wirklichkeitsfern und akademisch ist.

Oder das weite Feld des Sozialen. Wie der Begriff bereits signalisiert, geht es dabei um die Gesellschaft und ihre Institutionen bis hin zum Einzelnen. Was aber ist das kulturell geprägte Selbstbild einer Gesellschaft, die Funktion nachbarschaftlicher Beziehungen, die Stellung der Familie oder die Rolle des Individuums? Muslimische Bevölkerungsgruppen im westlichen Europa klagen mitunter darüber, dass dessen umfassende soziale Sicherungssysteme ihre Familienstrukturen beeinträchtigten, wenn nicht gar zerstörten. Ganz von der Hand zu weisen ist das nicht. Kann, darf und soll dann aber das skandinavische Sozialstaatsmodell den Südeuropäern übergestülpt werden? Das wäre jedoch eine weitere Bedingung für die Annäherung materieller Lebensbedingungen.

Und schließlich der Fiskalpakt. Wenn sich die Kultur eines Volkes, sein Wertesystem, seine Zu- und Abneigungen nicht zuletzt oder sogar ganz wesentlich in seinem Umgang mit Geld widerspiegeln, dann werden Schwüre gegenüber Dritten, so und nicht anders mit Geld umzugehen, fast unvermeidlich zu Meineiden. Denn – es sei ein letztes Mal gesagt – das Geld der Moderne ist nichts als ein Vertrauensbeweis, der hin und wieder durch ein wertloses Stück Papier oder eine geringwertige Münze symbolhaft zum Ausdruck gebracht wird.

Frühgeburt

Im Zeitalter der Dominanz des Ökonomischen haben wir uns daran gewöhnt, auch das Geld als eine (fast) ausschließlich ökonomische Größe zu sehen. Da Geld jedoch etwas wesentlich Umfassenderes ist, hat diese verengte Sichtweise zu einer Fülle von Fehleinschätzungen und in deren Folge zu Fehlern geführt. Gelegentlich ist zu hören, Geld sei nicht nur ein Schmiermittel, das die Wirtschaft reibungslos laufen lässt, es sei auch der Kitt, der eine Gesellschaft zusammenhält. Das ist richtig und falsch zugleich. Denn nicht das Geld hält die Gesellschaft zusammen, sondern das Vertrauen, das eine Imagination zu Geld hat werden lassen. Fehlt dieses Vertrauen, hält Geld rein gar nichts zusammen. Im Gegenteil: Es spaltet. Ohne Vertrauen werden diejenigen, die mit diesem Medium umgehen, leicht zu Betrügern. Schwindet das Vertrauen in einer Gesellschaft, dann schwinden nicht nur gesellschaftlicher Zusammenhalt und staatliche Stabilität. Auch das Geld verflüchtigt sich dorthin, wo es hergekommen ist – in das Reich des Imaginären. Vertrauen zu erhalten ist deshalb eine der wichtigsten Aufgaben individuellen, kollektiven und staatlichen Handelns.

Die Männer und Frauen, die mit der überhasteten Einfüh-

rung einer gemeinsamen europäischen Währung Geschichte
zu schreiben versuchten, haben diesem Kontinent einen Bären-
dienst erwiesen. Denn entweder es gelingt, in überschaubarer
Zeit administrative und ökonomische Strukturen der einzelnen
Länder so weit anzugleichen, dass sie diese gemeinsame Währung erfolgreich zu tragen vermögen. Dann wäre der Preis hierfür die weitgehende Einebnung kultureller Vielfalt, Europas
größter Kostbarkeit. Alle müssten sich an einem Modell ausrichten, nach Lage der Dinge dem ökonomisch effizientesten,
was unvermeidlich eine Fülle kultureller Eigenheiten in Mitlei-
denschaft ziehen würde.

Oder, was wahrscheinlicher ist, die Angleichung der administrativen und ökonomischen Strukturen gelingt nicht. Dann
zerfiele Europa dauerhaft in Geber- und Nehmerländer, was
früher oder später auf ein Ende der europäischen Einigungsbe-
mühungen hinauslaufen würde. Unter solchen Bedingungen an
die Großzügigkeit der Starken (und die Fügsamkeit der Schwachen) zu appellieren[179] ist apolitisch. So verhalten sich Völker
nicht.

Wie immer man es wendet: Der Euro hat Europa in ein Dilemma gestürzt. Für diese »kränkelnde Frühgeburt«[180] ist jetzt
ein Preis zu entrichten, der alle Vorteile einer gemeinsamen
Währung übersteigt. Deshalb bedarf es einer intelligenten,
sensiblen und visionären Reform, wenn das europäische Geld
den Völkern des Kontinents künftig mehr nützen als schaden
soll.[181]

Globalisierung

Caput Mundi

Schließlich der wohl höchste und zugleich ungestaltetste jener himmelstrebenden Türme: die Globalisierung. Wie ein Gespenst kommt sie daher. Überall hinterlässt sie Zeichen und Spuren. Aber richtig zu fassen, dingfest zu machen ist sie nicht. Was soll das sein: Globalisierung?

Der einschlägigen Literatur zufolge[182] geht es um internationale und übernationale Verflechtungen und wechselseitige Abhängigkeiten von Individuen, Institutionen, Gesellschaften, Staaten und Kulturen. Aber abgesehen von der staatlichen Komponente, die historisch neu ist, haben Verflechtungen und Abhängigkeiten von Individuen, Völkern und Kulturen eine lange Tradition. Wie zahlreiche Funde belegen,[183] gab es schon in frühesten Zeiten einen lebhaften, riesige Räume überwindenden Warenaustausch, und ebenso gab es rege kulturelle und sprachliche Befruchtungen sowie breite Migrationsströme. Offenbar bewegten sich Menschen schon immer so weit und so schnell sie ihre Füße und später ihre Rosse trugen.[184] Erst in historisch neuer Zeit traten hier durch mannigfaltige politische, wirtschaftliche und kulturell-sprachliche Grenzziehungen eine gewisse Verlangsamung und Beruhigung ein.

Gewissermaßen global zu fühlen, zu denken und zu handeln war auch den Hellenen und Römern während der Blütezeiten ihrer Kulturen keineswegs fremd. Auch wenn ihre Herrschaftsgebiete noch nicht wirklich weltumspannend sein konnten, umfassten sie einen Großteil der damals bekannten Welt und verflochten in ihr, ähnlich wie heute, Individuen, Institutionen und Gesellschaften. Wenn die Römer ihre Stadt als *Caput Mundi* ansahen, als das Haupt der Welt, dann entsprach dies durchaus den Realitäten.

Doch es sollte noch eine Weile dauern, bis Kaiser Karl V.

nach der Entdeckung der beiden Amerikas für sich in Anspruch nehmen konnte, dass in seinem Reiche die Sonne nicht untergehe.[185] Derweil waren auch seine Untertanen nicht müßig und hatten bemerkenswerte Vorarbeit geleistet. Die Fugger, Welser und andere in Deutschland sowie viele weitere in den übrigen europäischen Ländern hatten ein dichtes Netz von Handelsbeziehungen geknüpft, das weit über Europa hinausreichte und zum Teil uralte Stränge wie die maritime und die terrestrische Seidenstraße einbezog, die seit langem Asien mit Europa verbanden.

Weitergeführt wurden diese Traditionen durch die großen Kolonialreiche zunächst der Spanier und Portugiesen, dann der Niederländer, Briten und Franzosen und schließlich, wenn auch auf jeweils eigene Weise, der Deutschen und Russen. In diesen Imperien wurde angelegt, was auch bei der heutigen Globalisierung – in zeitgemäßer Form – wieder eine Rolle spielt, einschließlich der Frage: Cui bono? Wem nützt es? Ist also die Globalisierung wiederum »nichts Neues unter der Sonne«?

Kollaps

Einerseits liegen die Anfänge weltweiten Agierens lange zurück. Andererseits beschleunigten sich, wie in so vielen Bereichen – etwa der quantitativen Entwicklung der Bevölkerung, der Wirtschaft oder des Wissens – erst in jüngster Zeit jahrhunderte- und mitunter jahrtausendealte Trends so sehr, dass von einer neuen Qualität gesprochen werden muss. Ja, es ist noch immer das alte Globalisierungsstreben, das schon in der biblischen Weisung: »Macht euch die Erde untertan« anklingt. Und doch ist das, was große Teile der Weltbevölkerung seit rund einem halben Jahrhundert erleben, auch etwas Neues, bisher nie Dagewesenes, weitgehend Unerprobtes.

Der Begriff der Globalisierung, wie er heute verwendet wird, geht auf die frühen sechziger Jahre zurück, als im englischen

Sprachraum erstmals von »globalisation« und im Französischen von »mondialisation« im Sinne von Denationalisierung gesprochen wurde.[186] Diese Fokussierung auf De-Nationales legt nahe, dass die Globalisierung unserer Zeit in gewisser Weise ein Reflex, vielleicht auch eine Antwort auf die im 18. und 19. Jahrhundert erfolgte Nationen- und Nationalstaatsbildung ist. Der Nationalstaat war und ist das Widerlager heutiger Globalisierung. Ohne ihn hätte sie weder begrifflich noch faktisch stattfinden können.

Darin unterscheidet sich die Globalisierung unserer Zeit grundlegend von vorausgegangenen weltumspannenden Aktivitäten: Diese hatten entweder keinen Bezug zum Nationalstaat (weil es den noch gar nicht gab), oder sie waren, wie während des Kolonialismus, dessen Emanation. Das britische, französische oder jedes andere Kolonialreich war ohne feste Verankerung im Mutterland kaum denkbar. Die heutige Globalisierung kennt hingegen keine Mutter- oder Vaterländer. Vielmehr gründet sie – wenn auch nicht explizit und noch nicht einmal eingestandenermaßen – auf den Überresten des Nationalstaats, den sie so lange wie nötig als Handlanger nutzt, zunehmend aber zu glauben scheint, auf ihn verzichten zu können. Ihr eigentlicher Ankergrund sind zumeist supranationale Unternehmen.

Die zehn größten dieser Unternehmen, zu denen Schwergewichte wie Royal Dutch Shell, Exxon Mobile oder Walmart zählen, erzielten 2012 einen Jahresumsatz von 3,5 Billionen US-Dollar. Das war mehr als das Bruttosozialprodukt Deutschlands, der viertgrößten Volkswirtschaft der Welt. Ihren Gewinn bezifferten sie auf 188 Milliarden US-Dollar. Manche dieser Unternehmen, die jährlich zwischen 450 und knapp 500 Milliarden US-Dollar umsetzen, können es sogar individuell mit Volkswirtschaften mittelgroßer Länder wie Belgien, Schweden, Österreich oder Norwegen aufnehmen.

Es ist möglich, dass durch diese schleichende Überwindung des Nationalstaats ein neuer und vielleicht auch höherer zivili-

satorischer Entwicklungsstand erreicht wird, bei dem sich die
Menschheit eines fernen Tages auf der einen Welt zusammen-
findet, um gemeinsam an einem Strang zu ziehen. Möglich ist
aber auch, dass die jetzige Globalisierung die tradierten, nationalstaatlich geprägten rechtlichen und administrativen Strukturen überfordert und mangels tragfähiger globaler Optionen
zu deren Kollaps führt.[187] Welche der beiden Möglichkeiten
Wirklichkeit wird, lässt sich heute noch nicht sagen. Derzeit
spricht jedoch mehr für letztere – den Kollaps.

Mikrosekunden

Wie alles Epochale ließ sich auch die heutige Globalisierung
unscheinbar an. Die Wirtschaft sollte und wollte expandieren
und so den Wohlstand »ihrer« Völker mehren, allerdings im
nationalstaatlichen Rahmen. Dieser hatte ihr seit dem 18. Jahrhundert beträchtliche Handlungs- und Gestaltungsräume eröffnet und gesichert. Doch nun wurde ihr dieser Rahmen zu
eng. Die Wirtschaft forderte daher von der Politik, sie solle
für eine Liberalisierung des Welthandels sorgen, gegebenenfalls mit Gewalt.[188] Dass es dabei Gewinner und Verlierer geben würde, war absehbar, wurde aber in Kauf genommen. Denn
wie stets lag die Initiative bei den Starken, und die Interessen
der Schwachen zählten wie üblich wenig.
   Die Gelegenheiten waren allzu verlockend, zumal der technische Fortschritt namentlich im Kommunikations- und
Transportbereich globale Wirtschaftsaktivitäten außerordentlich erleichtert hatte. So sanken die Kosten der Telekommunikation in all ihren Erscheinungsformen binnen weniger Jahrzehnte auf vernachlässigbare Größenordnungen. In weiten
Teilen der Welt kann heute fast kostenlos elektronisch kom-
muniziert werden, was vor allem die Finanzbranche zu spott-
billigen, mikrosekundenschnellen, aber nicht zuletzt deshalb
unbeherrschbaren Transaktionen verleitet hat, unter deren

135

Folgen nicht nur sie, sondern mehr noch Staaten und Bürger bis heute zu leiden haben.

Nicht ganz so extrem waren die Preisrückgänge im Transportbereich. Aber auch hier sind die Kosten kein ernsthaftes Hindernis mehr, wenn es darum geht, Güter und Menschen über weite Strecken zu befördern. Und befördert wird alles, was sich bewegen lässt: australischer Wein, chinesische Fernsehgeräte und deutsche Automobile, aber auch Eisenerz aus dem Land A und Kohle aus dem Land B in ein Tausende Kilometer entferntes Land C, wo beides verhüttet wird. Auf diese Weise haben sich seit 1960 allein in Deutschland die Transportleistungen durch die Luft von rund 100 000 Tonnen auf etwa 2,8 Millionen annähernd verdreißigfacht und diejenigen über See immerhin noch auf das 2,5fache erhöht.[189]

Das ist das wohl sinnfälligste Symptom dieser Globalisierung: Alles Bewegliche wird ständig eingepackt und ausgepackt, beladen und entladen und von hier nach dort befördert. Auch das zeigen die Zahlen. Während die Warenproduktion in den zurückliegenden rund fünfzig Jahren auf das knapp 5,5fache gestiegen ist, hat der grenzüberschreitende Warenhandel um mehr als das 16fache zugenommen, ist also dreimal so schnell gewachsen. Damit wird heute ein Viertel aller weltweit bereitgestellten Güter grenzüberschreitend gehandelt, Tendenz steigend.[190]

Aber die Wirtschaft treibt nicht nur Handel, sie investiert auch in den für sie interessanten Märkten. Allein zwischen 1970 und 2010 stieg das Volumen der Direktinvestitionen im Geldwert von 2010 von bescheidenen 67 Milliarden US-Dollar im Jahr auf beeindruckende 1,3 Billionen und somit das rund Neunzehnfache.[191] Hinzu kommt eine Fülle von Kooperationen und Verflechtungen unterschiedlicher Dimension und Intensität. Und über allem schweben jene »Global Players«,[192] die über alle Nationalstaaten sowie Rechts- und Wirtschaftsordnungen hinweg ihr Spiel machen und an zwei Dritteln des gigantisch angeschwollenen Welthandels beteiligt sind.[193]

Schaubild 8
Entwicklung der realen Transport- und Kommunikationskosten
1930–2000

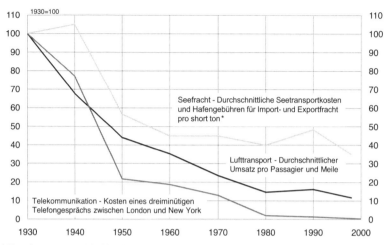

* Eine short ton entspricht 907,18 Kilogramm bzw. 2000 amerikanischen Pfund.
Quelle: Busse, Transaktionskosten, S. 14

Schaubild 9
Entwicklung von grenzüberschreitendem Warenhandel und
Warenproduktion 1960–2011

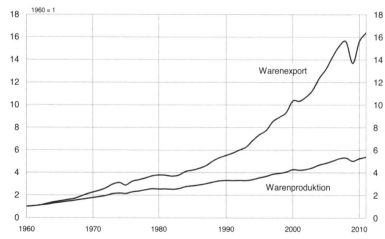

Quelle: WTO, International Trade Statistics, S. 204

Im Sog

Wieder war es die Wirtschaft, die, wie schon in früheren Epochen, globale Entwicklungen zunächst in Gang gesetzt, dann beschleunigt und schließlich alle von ihnen Betroffenen vor sich hergetrieben hat: die Arbeits- und Wissensmärkte, die Rechtssysteme und nicht zuletzt die Politik samt einer Vielzahl kultureller Bereiche. Warum ist Englisch die derzeitige Lingua franca? Weil Englisch die Sprache der Wirtschaft ist. Eines weiteren Grundes bedarf es nicht.

Wer sich in diese Entwicklungen – gewollt oder ungewollt – nicht einpasst, gerät schnell ins Abseits. Die anderen finden sich in den Diensten der Globalisierung und ihren weihevollen Zielen wieder, manche ganz unmittelbar, die meisten als mehr oder minder willige Erfüllungsgehilfen.

Besonders betroffen sind Politik und Nationalstaat. Sie befinden sich mittlerweile tief im Sog der Globalisierung und unternehmen nur noch müde Anstrengungen, sich diesem zu entziehen. Wozu auch? Die Globalisierung erscheint weithin nicht nur als logische Fortsetzung historischer Trends, sondern als alternativlos.[194] Zwar wird noch ab und an das Primat der Politik beschworen. Doch diese Beschwörungen bleiben folgenlos. Welche Folgen sollten sie auch haben? Für die Politik erscheint es ausreichend, wenn auf spektakulären internationalen Konferenzen über das Schicksal von Menschheit und Welt debattiert wird und im Übrigen etablierte weltumspannende Organisationen wie UNO, ILO, FAO, UNEP, IWF, WTO, OECD oder Weltbank[195] die Globalisierungsprozesse ein wenig kanalisieren und unerwünschte Begleiterscheinungen zurückdrängen.

Letztere treten vor allem im Umweltbereich und beim Ressourcenverbrauch auf. Aber auch hier können Politik und Nationalstaat, wie sich täglich aufs Neue zeigt, keineswegs so autonom und nach bestem Wissen und Gewissen handeln, wie das geboten wäre. Dazu fehlen ihnen Wille und Kraft. Zwar sind einige Regierungen ein wenig standfester als andere,[196] aber das reicht nicht, um den kaum gezügelten globalisierungsbedingten Umwelt- und Ressourcenverbrauch merklich einzudämmen. Unter dem Applaus großer Konsumentenmehrheiten aus vieler Herren Länder setzen sich wieder und wieder ökonomische Erwägungen und Rücksichtnahmen durch. Welche Regierung wagt es schon, leicht nachvollziehbare Maßnahmen zum Nutzen von Mensch und Natur zu ergreifen, wenn diese das Wachstum der Wirtschaft und die materielle Güterproduktion auch nur verlangsamen könnten? Damit brächte sie nicht nur Unternehmen und Wirtschaftsverbände, sondern ebenso Gewerkschaften und breite Schichten der Bevölkerung gegen sich auf. Gewählte Staatsführungen werden sich vor solchen Schritten hüten.

Also verschließen sie die Augen vor vielem, was einer dynamischen Wirtschaftsentwicklung daheim und in der Welt hinderlich sein könnte. Menschen- und Arbeitnehmerrechte, Umwelt- und Sozialstandards oder Datenschutz und Demokratie? Kein wackerer Politiker, der sie nicht hochhalten würde. Nur wenn sie in Konflikt mit wirtschaftlichen Interessen geraten, muss die Sache überdacht werden. Es ergibt doch keinen Sinn, mit dem Kopf durch die Wand zu wollen! Wegen eines chinesischen Dissidenten oder eines illegal abgehörten Handys ein lukratives Handelsabkommen gefährden? Das macht doch kein vernünftiger Mensch! Obwohl, sehr gelegentlich geschieht das schon.[197] Aber die Prioritäten bleiben davon unberührt. Und ganz oben stehen fast immer wirtschaftliche Interessen.

Cui bono?

Nochmals: Cui bono? Wem nützt es? Es gehört zu den feststehenden Ritualen aller Globalisierer, seien diese nun antike Römer, spanische Konquistadoren, die East India Company oder die Global Players unserer Tage, zwar fest die eigenen Vorteile im Blick zu behalten, zugleich aber zu behaupten, es gehe um etwas Höheres, das auch die Unterworfenen, Kolonialisierten und nunmehr Globalisierten, also die Bevölkerungen der Schwellen- und Entwicklungsländer zu Gewinnern mache. Die Tributpflicht der von Rom beherrschten Völker wurde durch den Zugang zur römischen Zivilisation versüßt, den indianischen Heiden wurde »das Licht des rechten Glaubens« sowie »Sitte und Anstand« versprochen. Und heute?

Auch heute, so werden die Befürworter der Globalisierung nicht müde zu betonen, seien wiederum alle Gewinner. Zwar profitiere der Kern der globalen Wirtschaft: die von den USA, Westeuropa und Japan gebildete Triade mit weniger als einem Zehntel der Weltbevölkerung, das aber mehr als die Hälfte der globalen Gütermenge erwirtschaftet, weit überproportional. Doch dank der Globalisierung gehe es Milliarden von Menschen auch außerhalb dieses Raumes heute viel besser als vor fünfzig Jahren. Und als Beweise werden angeführt: die sprunghafte Zunahme der Lebenserwartung, der Rückgang von Zahl und Anteil existentiell Armer und die abnehmende Zahl bewaffneter Konflikte.

Unbestreitbar ist die Lebenserwartung der Weltbevölkerung seit Mitte des 20. Jahrhunderts in einer beispiellosen Geschwindigkeit gestiegen. Betrug sie für die 1950 Geborenen im weltweiten Durchschnitt 47 Jahre, so hatte sie sich bis 2010 auf 69 Jahre erhöht. Besonders bemerkenswert ist dabei, dass, abgesehen von einigen aidsgeplagten Regionen im südlichen Afrika, die ganze Welt Anteil an diesem Anstieg hatte.[198] Selbst in wenig entwickelten Ländern wuchs die Lebenserwartung seit 1950 von etwa 37 auf 58 Jahre. Obgleich sie damit noch immer 22 Jahre niedriger ist als die Lebenserwartung in Ländern wie Deutschland, sind die Verbesserungen enorm, und dies umso mehr, als sie sich bislang unvermindert fortsetzen. Doch ist dies tatsächlich eine Folge ökonomiegetriebener Globalisierung, oder gibt es hierfür vielleicht andere Ursachen wie höhere Hygienestandards oder eine bessere medizinische Versorgung?

Unbestreitbar ist ferner, dass sich seit Mitte des 20. Jahrhunderts die Weltwirtschaft sehr dynamisch entwickelte und weiterhin entwickelt, auch wenn sich im Zuge der Globalisierung – entgegen weitverbreiteter Erwartungen – deren Wachstum nicht weiter beschleunigt, sondern eher verlangsamt hat. Trotzdem: Wurden im Geldwert von 2010 im globalen Durchschnitt des Jahres 1950 erst rund 2750 US-Dollar pro Kopf und Jahr erwirtschaftet, waren es 25 Jahre später mit 5500 US-Dollar bereits doppelt so viele. Seitdem hat sich der Betrag noch einmal auf nunmehr 11 000 US-Dollar verdoppelt, so dass sich binnen sechs Jahrzehnten die pro Kopf erwirtschaftete Gütermenge recht genau vervierfacht hat.[199] Doch was heißt das für die Armen?

Arme

Als existentiell arm gilt nach einer Definition der Weltbank aus dem Jahr 2008 ein Mensch, dem nicht mindestens 1,25 US-Dollar oder knapp ein Euro pro Tag zur Verfügung stehen. Anfang der achtziger Jahre war das bei rund zwei Milliarden Menschen, also reichlich der Hälfte der damaligen Weltbevölkerung der Fall. 2008 galt dies noch für 1,3 Milliarden, was aufgrund der zwischenzeitlich starken Bevölkerungszunahme nur noch etwa einem Fünftel entsprach. Der Anteil existentiell Armer war damit binnen dreier Jahrzehnte um mehr als sechzig Prozent zurückgegangen.

Allerdings weist dieser Rückgang mehr als nur ein paar Schönheitsfehler auf. Afrika beispielsweise ist von dieser Entwicklung weitgehend ausgeschlossen. Hier befindet sich immer noch fast die Hälfte der Bevölkerung unterhalb der Grenze von 1,25 US-Dollar pro Tag. Nicht viel anders ist die Lage in Ostasien, wo substantielle Verbesserungen nur in China zu verzeichnen sind. Außerhalb dieses Landes sank zwar der Anteil existentiell Armer, ihre absolute Zahl veränderte sich jedoch seit den achtziger Jahren kaum. Und auch wenn die fiktive Armutsgrenze von 1,25 auf 2 US-Dollar pro Tag angehoben wird, geht zwar der Anteil so definierter Armer von 57 Prozent im Jahre 1981 auf 36 Prozent im Jahre 2008 zurück. Ihre absolute Zahl verharrt aber hartnäckig bei rund 2,5 Milliarden.[200] Hinzu kommt, dass mit einem Tagessatz von 1,25 US-Dollar beziehungsweise knapp einem Euro Milliarden von Menschen noch nicht einmal ein Zwölftel dessen zuerkannt bekommen, was in entwickelten Ländern als die allergeringste, oft als menschenunwürdig apostrophierte Versorgung angesehen wird. Das Gefälle ist extrem. Hunderte von Millionen Menschen, viele von ihnen Kinder, leisten heute weltweit mitunter schwerste körperliche Arbeit, für die sie in einer ganzen Woche weniger erhalten als ein deutscher Mindestlohnempfänger in einer Stunde.

Problematisch ist ferner, dass die Grenze existentieller Armut nur selten der globalen Wirtschaftsentwicklung angepasst wird. Während in den entwickelten Ländern »Armut« fast jedes Jahr neu bestimmt wird, findet die breitere Öffentlichkeit offenbar wenig dabei, wenn im Weltmaßstab »Armut« viele Jahre bei einem Tagessatz von weniger als 1,25 US-Dollar festgemacht wird. Hätte sich diese Grenze in den zurückliegenden dreißig Jahren entsprechend dem globalen Wirtschaftswachstum verschoben, läge sie preisbereinigt heute bei etwa 2,50 US-Dollar. Doch diese Verschiebung unterblieb, wohl nicht zuletzt deshalb, weil dann deutlich geworden wäre, dass sich die Armutsproblematik seit Jahrzehnten nicht wirklich entschärft hat.

Schlimmer noch: Die weltweite Verteilung der globalen Gütermenge ist immer ungleicher geworden. 1960 flossen an das wohlhabendste Fünftel der Menschheit 70,2 Prozent und an das ärmste 2,3 Prozent des Weltsozialproduktes.[201] Das dazwischenliegende Segment teilte sich die verbleibenden 27,5 Prozent. Rund fünfzig Jahre später standen dem wohlhabendsten Fünftel 83 Prozent und dem ärmsten ein Prozent des Weltsozialprodukts zur Verfügung. Für die restlichen drei Fünftel der Bevölkerung verblieb gerade noch ein knappes Sechstel vom Kuchen. Diese Zahlen dürften für oder richtiger gegen sich sprechen.[202] Sollte zu den Globalisierungszielen neben der Mehrung auch die etwas gleichere Verteilung der globalen Gütermenge gehört haben, dann wurde es krachend verfehlt. Bewirkt wurde das Gegenteil, wie nachfolgendes Schaubild verdeutlicht.

Schaubild 10
Globale Einkommensverteilung nach Bevölkerungsperzentilen 2007 in Kaufkraftparitäten und internationalen Dollar von 2005

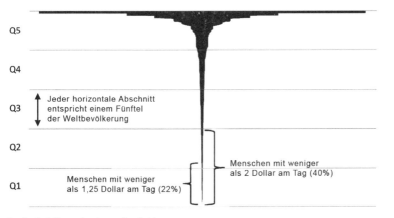

Quelle: Ortiz/Cummins, Inequality, S. 21

Noch ernüchternder ist, dass es die ökonomiegetriebene Globalisierung und die globalisierte Ökonomie bisher nicht vermocht haben, ihre Effizienz so weit zu steigern, dass sie innerhalb der ökologischen Tragfähigkeitsgrenzen der Erde agieren würden. Diese Grenzen wurden letztmals Anfang der siebziger Jahre eingehalten. Damals zählte die Weltbevölkerung 3,7 Milliarden Menschen, die das gesamte globale Versorgungs- und Entsorgungspotential beanspruchten.

Seitdem ist die Bevölkerungszahl auf etwa 7,2 Milliarden gestiegen, die trotz des extrem niedrigen Lebensstandards von Milliarden von Menschen die Kapazitäten von 1,5 Globen benötigen. Dass es mit Blick auf die annähernde Verdopplung der Weltbevölkerung nicht zwei sind, kann als positive Folge des technischen Fortschritts gewertet werden. Aber schon bald, um das Jahr 2030, werden es zwei sein, und nach dem derzeitigen Wissens- und Könnensstand wird es voraussichtlich so weitergehen – drei Globen um 2050.[203]

Schaubild 11
Ökologischer Fußabdruck der Menschheit in Prozent der global verfügbaren Biokapazität 1961–2050*

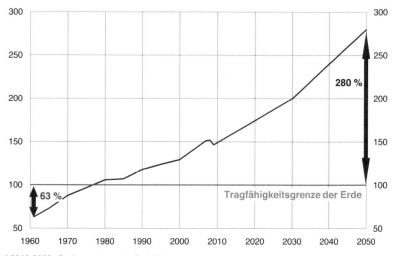

* 2010-2050 »Business as usual« Projektion
Quellen: Global Footprint Network, Accounts sowie WWF, Living

Zukunftsfrohe Perspektiven sind das nicht, und von der Globalisierung ist ihre Verbesserung nicht zu erwarten, im Gegenteil. Das Wirtschaften der Menschen hat während der zurückliegenden Jahrzehnte die ökologischen Bedingungen auf diesem Planeten dramatisch verschlechtert, woran nicht zuletzt die Globalisierung erheblichen Anteil hat. Sie hat eine Art des

Wirtschaftens universalisiert, die nicht ohne Raubbau an Umwelt und natürlichen Ressourcen auskommt.[204]

Frieden

Bleibt die Friedenssicherung. Globalisierung hilft den Frieden auf der Welt zu sichern, so die frohe Botschaft. Träfe dies zu, wäre das viel. Aber ist dem auch so? Die Fakten sind dürftig und nicht widerspruchsfrei.

Die ganz große Mehrheit der Europäer blickt dankbar zurück auf die längste Friedensperiode ihrer neueren Geschichte oder vermutlich ihrer Geschichte überhaupt. Allerdings übersieht sie dabei häufig, dass in mehr als vierzig dieser annähernd siebzig Friedensjahre ein kalter Krieg herrschte, der sie mehr als einmal in größte Gefahr brachte. Dennoch können sie heute erleichtert sagen: Ende gut, alles gut – und dies umso zuversichtlicher, als kriegerische Konflikte derzeit in Europa unwahrscheinlich sind.

Anders sieht es in weiten Bereichen der übrigen Welt aus. Hier gelten immer größere und immer neue Gebiete als Krisen- oder sogar Kriegsregionen. 2011 wurden weltweit 388 Konflikte gezählt, von denen 38 als hochgewaltsam und von diesen wiederum zwanzig als reguläre Kriege höchster Intensitätsstufe klassifiziert wurden. Das war die höchste Anzahl von Kriegen und kriegsähnlichen Konflikten seit dem Ende des Zweiten Weltkriegs.[205] Besonders stark zugenommen haben dabei Konflikte, die innerhalb von Staaten ausgetragen wurden. Allerdings machte sie diese Internalisierung nicht weniger blutig und zerstörerisch.

Eine eigene Art gewaltsamen Konflikts ist der Terror, dem die westliche Welt mit den USA an der Spitze den Krieg erklärt hat.[206] Dass Globalisierung und Terror miteinander zu tun haben, ja Terror geradezu in der Globalisierung wurzelt, ist weder eine neue noch eine originelle Einsicht. Dann aber stellt sich die Frage der Friedenssicherung durch Globalisierung anders und vielleicht so: Die Erscheinungsformen gewaltsamer Konflikte haben sich verändert, aber ihre Zahl hat sich nicht verringert. Zugleich hat sich Terror global ausgebreitet. Seine Eindämmung kostet viele Menschenleben, Unsummen an Geld und abermals eine Fülle zivilisatorischer und kultureller Errungenschaften: Freiheitsrechte, Selbstbestimmung, Menschenwürde. Jede Sicherheitskontrolle auf einem beliebigen Flughafen der Welt ist ein Tribut an die Terrorgefahr, der täglich ungezählte Male entrichtet wird.

Die Welt ein friedlicherer Platz dank Globalisierung? Das sollte nicht zuletzt in den Rüstungsausgaben zum Ausdruck kommen. Doch nichts dergleichen ist zu sehen. Vielmehr betragen diese, bei expandierender Weltwirtschaft, seit Jahren etwa 2,5 Prozent der globalen Wirtschaftsleistung, das sind derzeit etwa 1,7 Billionen US-Dollar. Ein Zehntel hiervon würde genügen, um die Hunderte von Millionen Menschen, die noch nicht einmal jene 1,25 US-Dollar pro Tag haben, an diese Schwelle heranzuführen.

Das aber unterbleibt, denn die Rüstung hat Vorrang. Allein die USA als wichtigster Treiber der Globalisierung sehen sich veranlasst, wenn nicht sogar gezwungen, etwa 680 Milliarden US-Dollar im Jahr, das sind vierzig Prozent der globalen Gesamtsumme, für Rüstungszwecke aufzuwenden. Nicht ohne Grund sehen sie sich als der wichtigste Adressat des internationalen Terrorismus. Globalisierung als Instrument der Friedenssicherung? Bisher jedenfalls ist dieses Kalkül nicht aufgegangen. Die Welt oder vielmehr die Großen, Reichen und Mächtigen rüsten wie eh und je.

Win-Win

Was also bringt Globalisierung? Ein letztes Mal: Wem nützt sie? An sich ist es zu spät, diese Frage zu stellen. Die Menschen in den frühindustrialisierten Ländern wollten ihrem Konsumrausch frönen. Denn der gibt ihrem Leben ja vermeintlich Sinn. Die Wirtschaft wollte ihre Gewinne steigern. Denn das gehört zu ihrem Daseinszweck. Deshalb wurde irgendwo in Asien billigst eingekauft und hierzulande billig verkauft. Die Gewinnspanne konnte sich sehen lassen.

Zunächst wurde mit Strohmatten und Gummilatschen, mit poppigen T-Shirts und niedlichen Plüschtierchen gehandelt. Doch mit der Zeit wurde die Produktpalette größer und attraktiver, und dies umso schneller, je mehr Wissen und Kapital aus den frühindustrialisierten Ländern in die Entwicklungsländer floss. Das sei gut für beide Seiten, hieß es. In den frühindustrialisierten Ländern würden viele Waren billiger, und zugleich würden Wirtschaftspotentiale einschließlich Arbeitskräften für Lohnenderes frei. Und die Entwicklungsländer würden auf diese Weise früher oder später zu begierigen Abnehmern westlicher Produkte. Eine mustergültige Win-Win-Situation – die beste aller Welten.

Dass die Wirklichkeit um einiges unebener und komplizierter sein würde, als sie sich auf den Reißbrettern von Unternehmens- und Wirtschaftsstrategen dargestellt hatte, braucht nicht zu überraschen und ist letztlich auch wenig bedeutsam. Ungleich bedeutsamer ist, dass die Globalisierung nicht bei der Wirtschaft stehenblieb und bei ihr nicht stehenbleiben konnte. Der Wirtschaft folgte die Politik, diese leitete gesellschaftliche Verflechtungen ein, aus denen wiederum kulturelle hervorgingen. Und schließlich waren die wechselseitigen Abhängigkeiten von Individuen, Institutionen, Gesellschaften und Staaten so eng und zugleich die Welt so klein geworden, dass es kein realistisches Zurück mehr gab.

Selbst die überschaubarsten Volkswirtschaften kommen

heute kaum noch ohne Vorleistungen anderer Länder aus, und ihre Aktivitäten beeinträchtigen fast unvermeidlich die Lebensbedingungen ihrer Nachbarn und der ganzen Welt. Alles wirkt auf alle zurück, im Guten wie im Schlechten. Jeder kann jedem, im übertragenen und beinahe schon im wörtlichen Sinne, in den Kochtopf gucken. Wie ist das Gebärverhalten von Indern und Chinesen? Das hat auch Europäer zu interessieren. Welche wirtschaftliche Entwicklung nimmt Afrika? Die Antwort geben gegebenenfalls Flüchtlingsboote, die auf Lampedusa oder Pantelleria stranden. Oder Hunderte, vielleicht Tausende von Männern, Frauen und Kindern, die beim Versuch, Europas Küsten zu erreichen, ertrinken.

Fachkräftemangel

Die Globalisierung der Moderne ist ebenso wenig unvermittelt über die Welt gekommen wie ihre historischen Vorläufer. Ungezählte Hebel mussten umgelegt, ungezählte Trossen gelockert werden, ehe der Riesentanker vom Stapel lief. Doch jetzt liegt er im Wasser, breit und tief, und es ist beinahe unmöglich, diesen Stapellauf wieder rückgängig zu machen. Und wer will das schon?

Das Missliche ist nur: Es gibt niemanden, der dieses Riesenschiff bedienen oder gar fahren könnte – keinen Navigator, keinen Steuermann und gewiss keinen Kapitän. Das Fachpersonal ist lediglich für vergleichsweise handliche Feederschiffe ausgebildet: nationale, sprachlich abgegrenzte Administrationen, Rechtsordnungen, Währungen, Ausbildungs- und Arbeitsmärkte, Sozial- und nicht zuletzt Kommunikationssysteme. Vielleicht noch die eine oder andere inter- oder übernationale Vereinbarung. Aber für Globales? Für die Beherrschung oder wenigstens einigermaßen sachgerechte Handhabung von Globalem, von weltweiten Finanz-, Wirtschafts- und Schuldenkrisen, Abhörpraktiken, Klimaveränderungen oder Migrationsströmen fehlen Wissen, Können und Erfahrung. Da dilettieren selbst die Tüchtigsten. Das gehört nicht zu ihrem erlernten und eingeübten Regierungshandwerk.

Es mag ja sein, dass irgendwann Männer und Frauen herangewachsen sein werden, die willens und in der Lage sind, diesen Globalisierungstanker zu fahren, und denen auch die dazu nötigen Instrumente, sprich Institutionen zur Verfügung stehen. Doch bis das so weit ist – und vielleicht wird es ja nie so weit sein – geht die Menschheit einen gefährlichen Weg. Es wird nämlich dauern, ehe sich Russen und Chinesen, Amerikaner und Mexikaner oder Europäer und Afrikaner partnerschaftlich zusammensetzen und zu gemeinsamem Nutz und Frommen die globalen Herausforderungen zu bewältigen suchen. Bislang jedenfalls sind sie hiervon weit entfernt. Und solange das so ist, ist auch die Globalisierung Hybris, die die Menschen und ihre Institutionen überfordert.

Himmel auf Erden

*»Die Hybris, die uns versuchen lässt, das
Himmelreich auf Erden zu verwirklichen,
verführt uns dazu, unsere gute Erde in eine
Hölle zu verwandeln.«*

Karl Popper[207]

Die »Natur des Menschen«

Sinnfragen

Im Grunde genommen sind Menschen tragische Wesen. Jedenfalls die meisten. Denn irgendwie und irgendwann stellen
sie sich die Frage nach dem Sinn ihrer Existenz, ihres Lebens.
Wozu bin ich da? Was mache ich eigentlich? Und die wenigsten können hierauf eine Antwort geben, die zumindest sie
selbst über den Tag hinaus zufriedenstellt. Die anderen lassen
die Frage auf sich beruhen und gehen ihrem Tagewerk nach:
Speis und Trank für sich selbst und die nächsten Angehörigen,
ein Dach über dem Kopf, ein Mindestmaß an sozialer Sicherheit, häufig, aber keineswegs immer, ein Partner beziehungsweise eine Partnerin, ein paar Vertraute und vielleicht Nachkommen. Im Übrigen verschwenden sie nur wenige Gedanken
an so »Philosophisches« wie den Sinn ihres Lebens. Wird es zu
eng, gibt es noch immer den Fluchtweg mentaler Betäubung.
Können es Menschen ohne Drogen auf Dauer überhaupt aus-
halten? Experten bezweifeln das.[208] Denn die Frage, was das
Ganze soll, steigt immer wieder einmal an die Oberfläche und
muss von dort in tiefere Schichten zurückgedrängt werden.

Möglicherweise ist dies ihre größte kulturelle Errungenschaft: Menschen können sich die Frage nach dem Sinn ihres Lebens stellen, ohne an ihrer Unfähigkeit, sie schlüssig beantworten zu können, zu verzagen. Allerdings benötigen sie hierfür ein ausgefeiltes Instrumentarium an Täuschung und Selbsttäuschung, an Fabeln, Märchen und Legenden. Dabei tun sich diejenigen, die ganz im Alltäglichen aufgehen und das Leben nehmen, wie es kommt, bis sie eines Tages von seinem Ende überrascht werden, am leichtesten – die munter Zupackenden, in den Tag hinein Lebenden. Schwerer haben es die Zaudernden, Nachdenklichen, die nach dem Woher und Wohin fragen und leicht auf den schmalen Grad zwischen Depression und Zynismus geraten.[209]

Sie sind die Gefährdeten und für ihre Mitmenschen die Gefährlichen. Denn während diese sich in ihrer kleinen Welt einrichten und ihren Tag zu meistern suchen, rufen jene in dem rastlosen Bemühen, ihrem Leben einen höheren Sinn zu geben: »Auf! Lasst uns eine Stadt und einen Turm bauen, dessen Spitze bis in den Himmel reicht! Wir wollen uns einen Namen machen, damit wir nicht in alle Welt zerstreut werden!«[210] Solcher Art ist ihre Therapie, mit der sie das nagende Gefühl von Sinnleere zu überdecken suchen. Die große Mehrheit käme nie auf den Gedanken, solche Türme zu bauen. Dazu ist sie zu sehr mit den Mühen des Alltags beschäftigt. Aber manche müssen dies tun, um die Frage nach dem Sinn ihrer Existenz beantworten zu können.

Die Fähigkeit des Menschen, Sinnfragen zu stellen, und das angestrengte Bemühen mancher, sie auch zu beantworten, sind die wohl stärksten Schubkräfte hinter der langen Transformation des Menschen vom Natur- zum Kulturwesen. Die menschliche Kultur! Ob überhaupt und wie sie sich entwickelt hätte, wenn Menschen nicht immer wieder bestrebt gewesen wären, Dinge zu tun, die über sie hinausweisen – und damit nicht immer wieder gescheitert wären? Was haben sie im Laufe von Jahrzehntausenden nicht alles gemacht? Gefährliche Erkundungszüge unternommen, riesige Steinblöcke durch die Gegend gewälzt, staunenerregende Bauwerke errichtet. Wie viele endlose Jahre haben sie Wind und Wellen, Sonne, Mond und Sterne beobachtet und dahinterstehende Gesetzmäßigkeiten zu ergründen versucht? Vor allem aber: Welche Zeit und Kraft haben sie der Suche nach dem gewidmet, das ihre Sinnfrage ein für alle Mal beantwortet hätte? Und dann die immer wiederkehrende Enttäuschung. Keine der jeweils gefundenen Antworten bleibt länger als einige Generationen, allenfalls Jahrhunderte gültig. Dann beginnen die Menschen, sich von ihr abzuwenden, über sie zu spotten und peinlich berührt zu sein, wenn sie an sie erinnert werden.

Glaubenswelten

Schaut der Mensch von heute auf die teils grandiosen Hinterlassenschaften von Ägyptern und Griechen, Azteken und Inkas oder den Völkern Asiens und der Inselwelt des Pazifiks und unternimmt es, die Vorstellungs- und Gedankenwelt, die all das hervorgebracht hat, so gut es geht zu entschlüsseln, wird er sich widerstreitender Empfindungen kaum erwehren können. Einerseits: großartig, eindrucksvoll, künstlerisch vollkommen. Andererseits: verstiegen, unverständlich, beklemmend. Warum haben Menschen das gemacht? Was war der Sinn ihres Tuns? Wozu diese nicht selten unsäglichen Opfer, das Leid von Getöteten, Verstümmelten und deren Angehörigen?

Doch was uns heute nicht selten erschaudern lässt, war für die Menschen der jeweiligen Zeit nicht nur normal, sondern geboten, weil sinnstiftend. Es diente einem höheren Zweck! Wer heute mit den Augen eines Menschen aus der westlichen Welt in eine indische oder afrikanische Geisterbeschwörung gerät, wird, falls er nicht hartgesotten ist, erstarren angesichts der trance- und schmerzverzerrten Gesichter der Menschen, der ihr Blut verspritzenden Tieren, der dumpfen Klänge von

Instrumenten. Aber diejenigen, die in diese Welt hineingeboren und in ihr aufgewachsen sind, unterziehen sich alledem zumeist willig und erhoffen sich spirituelle Reinigung, Seelenfrieden, Geborgenheit in der Gemeinschaft und nicht zuletzt Lebenssinn. Dafür ist ihnen kaum ein Opfer zu groß.

Sie empfinden und handeln damit nicht anders, als die Europäer vor einigen Hundert Jahren empfanden und handelten, als viele um des Himmelreiches willen qualvolle Bußübungen auf sich nahmen und Geißler, sich blutig peitschend, durch mittelalterliche Gassen zogen. Oder die arme Bauersfrau, die sich Scherflein um Scherflein vom Munde absparte, um mit dem Ersparten ihrem verstorbenen Mann ein wenig Erleichterung im Fegefeuer zu verschaffen. Oder der Ritter, der Frau, Kinder, Burg und Gesinde nicht selten auf Nimmerwiedersehen zurückließ, um den »gottlosen Muselmanen« das Heilige Grab zu entreißen. Gewiss mögen hier gelegentlich auch recht schnöde Motive eine Rolle gespielt haben. Aber ohne eine bestimmte Geistes- und Glaubenswelt wäre dies alles nicht möglich gewesen.

Aber das war doch das finstere Mittelalter!, so die ignorante und arrogante Betrachtungsweise der Nachgeborenen. Die Menschen, die damals in Europa lebten, dürften sich nämlich kaum einem finsteren Zeitalter zugehörig gefühlt haben. Im Gegenteil. Sie waren davon überzeugt, dass sich der Allerhöchste gerade ihnen in nie da gewesener Weise offenbart, sie durch seinen Sohn erlöst und ihnen den Heiligen Geist gesandt hatte. Sie hatten mit der Aussicht auf leiblich erfahrbare, ewige Glückseligkeit ein Ziel vor Augen, das schlechterdings nicht überbietbar war. Und sie wussten darüber hinaus eine Kirche an ihrer Seite, die ihnen unfehlbar den Weg zu diesem Ziel wies. Mochten die Ungetauften und Verstockten in Finsternis dahinvegetieren, sie gehörten nicht dazu. Sie standen im Licht. Wohl nie zuvor und nie danach hatten Europäer eine so klare Bestimmung, wussten sie so genau, wofür sie lebten, wie während des »finsteren Mittelalters«.

153

Vielleicht muss das so sein. Menschen, gleichgültig in welcher Epoche sie leben und wie viel sie jammern und klagen, fühlen sich anderen Epochen so lange überlegen, bis sie in unüberbrückbare Widersprüche zur Wirklichkeit geraten. Dann lenken sie ein. Oder auch nicht. Das gilt sowohl im Zeitablauf als auch im räumlichen Nebeneinander. Generationen und Jahrhunderte schauen auf die Vorangegangenen herab, selbst wenn die Menschen singen »damals, damals, war's besser als heute«[211]. Nur, zurück will kaum einer. Und im räumlichen Nebeneinander? Würden die Franzosen lieber Deutsche, die Deutschen lieber Briten und die Briten lieber Spanier sein? Schwerlich. Was man ist und was man hat, ist doch zumeist das Beste!

Sichtweisen

Die meisten Menschen sind auf ihrer Suche nach Lebenssinn genügsam. Andere wollen Gehaltvolleres. Einige wenige streben jedoch nach mehr, sehr viel mehr, nach Neuem. Sie sind es, die in vorgeschichtlicher Zeit Observatorien und Bewässerungssysteme, Rechtsordnungen und Götter erdachten. Sie kamen von heiligen Bergen mit Gesetzestafeln in den Händen und sagten dem Volk, was es zu tun und zu lassen habe. Für eine Weile murrten die so Gelenkten, einige begehrten sogar auf. Doch nach und nach fügten sich die meisten den Ideengebern, und diejenigen, die dies nicht taten, verließen die Gruppe oder wurden von dieser verstoßen.

Wie Eisenfeilspäne im Kraftfeld eines Magneten richten sich Menschen an vorgegebenen Denkstrukturen aus und verleihen ihnen so zunächst Verbindlichkeit und später Universalität. So lebt der Mensch! Im Laufe der Zeit können sich immer weniger daran erinnern, dass früher anders gefühlt, gedacht, gehandelt und anderen Göttern geopfert wurde. Dann schwinden auch diese Erinnerungen, und die wenigen mit dem sehr guten

Gedächtnis werden als vorgestrig und hinterwäldlerisch abgestempelt. Denn bis zum Beweis des Gegenteils – und dieser Beweis muss zerschmetternd sein – gilt zumindest im abendländischen Kulturkreis das gegenwärtig Gültige als das Bessere und das Alte als das Schlechtere. Dass das gegenwärtig Gültige oft nur anders, nicht aber besser ist als das Alte, beirrt die Menge kaum.[212]

Sind die veränderten Denkweisen erst in den Köpfen der Menschen verankert, entfalten sie eine ungeheure Wirkung. Alles wird mit anderen Augen gesehen: die gesellschaftliche Ordnung, die Rolle von Gesetz und Obrigkeit, Innovationen, Werte. Nicht zuletzt sehen sich die Menschen auch selbst anders. Und weil sie sich anders sehen, werden sie zu anderen. Das Bemerkenswerteste an dieser Verwandlung ist jedoch, dass sie schon bald nicht mehr als solche empfunden wird. Eine historisch bedingte Denk- und Sichtweise mit einem zeitlich bestimmbaren Anfang und einem zeitlich bestimmbaren Ende wird zur »Natur des Menschen« umgemünzt. So fühlt, denkt und handelt er! Nur das ist natürlich! Anderes widerspricht seiner Natur und ist deshalb zu ächten!

So entsprach es für Azteken der Natur des Menschen, Ströme von Blut fließen zu lassen, damit am nächsten Tag die Sonne wieder aufgeht.[213] Die alten Ägypter hielten es für natürlich, einen Großteil ihrer wirtschaftlichen Kräfte in die Errichtung königlicher Grabmäler zu stecken. Ebenso war es für Griechen und Römer natürlich, andere Völker zu versklaven und Menschen oft wie Tiere zu behandeln. Und den Europäern des Mittelalters war es der Natur des Menschen gemäß, das diesseitige Leben gering zu achten und dessen Sinn in der Vorbereitung auf das eigentliche Leben im Jenseits zu sehen. Der Sinn menschlichen Lebens war, Gott zu loben und zu preisen und dadurch in den Himmel zu kommen. Mehr bedurfte es nicht. Der Natur des Menschen war entsprochen.

155

Lebenssinn

Was hier gelang, ist eine weitere kulturelle Höchstleistung, ohne die die neuere Menschheitsgeschichte nicht denkbar ist. Sie ist ohne Parallele, Maßstäbe fehlen. Da wird eine große, mittellose und versklavte Mehrheit zusammen mit einer kleinen, im Überfluss schwelgenden, sinnenfrohen Minderheit mit der völlig irrationalen und durch nichts zu begründenden Hoffnung auf ein unbeschreiblich glückseliges ewiges Leben nach dem Tod auf einen neuen historischen Pfad gelockt, gelenkt, gedrängt. Mensch! Das ist der Sinn deiner Existenz! Das irdische Leben ist nur eine Probe. Bestehst du sie, eröffnen sich dir Welten, wie sie noch nie eines Menschen Auge gesehen und noch nie eines Menschen Ohr gehört hat.

Hierfür gibt es nicht einmal den Hauch eines Beweises. Es ist auch gänzlich unwahrscheinlich. Aber wie zuvor in der Menschheitsgeschichte ereignet sich abermals das Wunder des Glaubens. Gerade weil das Versprechen so unwahrscheinlich ist, glauben die Menschen umso fester. Zwar nicht sofort. Aber nach einigem Zögern und Widerstreben möchten mehr und mehr dem Neuen zugehören. Und wer das nicht mag, wird zum Glauben gezwungen.

Das Leid der Christianisierung ist nicht geringer als das Leid der Islamisierung oder jeder anderen Missionierung. Aber missioniert werden muss. Denn um Lebenssinn zu vermitteln, müssen neue Denkweisen von den Massen verinnerlicht werden. Wenige vermögen die Antwort auf die Sinnfrage aus sich selbst zu schöpfen. Die Masse braucht hierfür die Masse. Sie stabilisiert, bestätigt und feit vor Zweifeln und Anfechtungen. Wenn alle denken und handeln wie ich und darin ihren Lebenssinn sehen, muss mein Denken und Handeln doch wohl richtig sein.

Kein Neuerer, kein Ideengeber, der seine Zweifel am Sinn des Lebens wirksam bekämpfen will, kommt umhin, in einem ersten Schritt zu missionieren und in einem zweiten Andersdenkende auszuschalten. Zu unterschiedlichen Graden haben alle großen Religionen diese Strategie verfolgt, und auch neuere Ideologien, ob Kommunismus oder Faschismus, wussten keine bessere. Und es gibt auch keine. Was menschlichem Leben Sinn geben soll, ist in der Regel umso wirkungsvoller, je mehr daran teilhaben. Was wäre ein päpstliches Angelusgebet an einem Sonntagmittag auf einem menschenleeren Petersplatz? Nichts. So aber geht ein gespanntes Raunen durch die Menge, wenn sich hinter einem fernen Fenster der Vorhang bewegt. Das Raunen steigert sich zu freudiger Erregung, wenn über der Balustrade ein Tuch entrollt wird. Und es wird zu lautem Jubel, wenn schließlich nach langem Warten eine kleine weiße Gestalt sichtbar wird, die etwas sagt, was kaum einer versteht. Aber sie braucht auch nicht verstanden zu werden. Vielmehr ist sie das Medium, durch das sich die Menge für kurze Frist untereinander Lebenssinn spendet. Das ist viel!

Glückseligkeit

Das Monumentale, Lineare und Finale der christlichen Heilsbotschaft dürfte einiges von dem Furor erklären, der das Abendland bei ihrer Verkündung erfasste. Andere Religionen und philosophische Systeme nähren zwar auch hochgesteckte Erwartungen, und alle drängen in der einen oder anderen Form Menschen zu bestimmten Verhaltensweisen. Auch Hinduisten und Buddhisten, Schintoisten und Taoisten, Juden und Muslime müssen, um vollendet und erlöst zu werden, ihnen vorgegebene Wege gehen. Doch von Juden und später auch Muslimen vielleicht abgesehen überbieten die Christen alle. Mit ihrer an Radikalität kaum noch zu steigernden Lehre erklimmen sie schwindelerregende und deshalb für viele beängstigende Höhen. Ähnliches hatte es bis dahin nicht gegeben. Diese Religion war neu.

Hier der kleine, schwache, unvollkommene Mensch. Doch ihm gegenüber nicht etwa der große, starke, vollkommene

Gott. Das wäre ein zwar steiles, aber immer noch irgendwie fassliches Gefälle gewesen. Das Christentum will es steiler. Deshalb konfrontiert es den in jeder Hinsicht begrenzten Menschen ganz unmittelbar mit dem in jeder Hinsicht Unbegrenzten und mithin gänzlich Unvorstellbaren, dem ohne Anfang, ohne Ende und ohne räumliche Verortung, dem ewigen, allgegenwärtigen, allwissenden und allmächtigen Gott. Jedes einzelne dieser Attribute übersteigt die menschliche Fassungskraft. Niemand kann eine Vorstellung davon haben, was ewig oder allgegenwärtig ist oder auch nur sein könnte. Aber das ist beabsichtigt. Könnte der Mensch, so die Lehre, dieses Wesen, das streng genommen ja noch nicht einmal ein Wesen ist, erfassen, dann wäre es nicht Gott.[214]

Doch damit nicht genug. Dem kleinen, schwachen, unvollkommenen Menschen ist es bestimmt, von diesem Gott so glücklich gemacht zu werden, dass auch das sein Fassungsvermögen übersteigt. Selbst ein Dante ist mit der Beschreibung dieses Glücks überfordert. Ist in seiner Göttlichen Komödie[215] die Hölle fast körperlich erlebbar und hinterlässt auch das Fegefeuer beim Leser tiefe Spuren, so bleibt der Himmel seltsam blass und fade. Ihn kann der Dichter nicht mehr fassen, weshalb er sich in seiner Not in schwer deutbare Licht- und Klangerscheinungen flüchtet.

Aber auch das ist noch nicht alles. Um des Glücks teilhaftig zu werden, das Gott dem Menschen zugedacht hat, hat dieser, salopp gesprochen, nur einen Schuss – dieses eine nicht wiederholbare irdische Leben, wie kurz oder lang auch immer. Eine einzige unbereute Todsünde[216], und es ist für ewig vorbei. Es gibt keine Berufung, keine Revision, allenfalls einen Gnadenerlass. Doch bleibt dieser aus, ist die Alternative zu ewiger Glückseligkeit ewige Verdammnis, ewige Gottesferne ohne jede Chance auf Rehabilitation.

Dass bei einem solchen religiösen Kanon die Menschen nicht müde wurden, ihn ihren Vorstellungs- und Erfahrungswelten ein- und anzupassen, ist nur allzu verständlich. Gott

wird Mensch und hat als solcher eine Mutter. Er hört auch auf
Fürsprache und lässt sich durch Gebete, Bußübungen und gute
Werke vielleicht – die Theologen streiten noch[217] – erweichen.
Der buchstäblich unendliche Abstand zwischen seiner Größe
und der Geringfügigkeit des Menschen wird dadurch ein wenig
verkürzt, oder genauer: segmentiert durch Engelsscharen unterschiedlicher Klassen sowie – aber auch hierüber streiten die
Theologen noch – Heilige unterschiedlicher Prominenz. Dem
Gläubigen dürfte der Umgang mit dem Unfasslichen hierdurch leichter fallen, was aber nichts daran ändert, dass es ob
seiner Unbegrenztheit unfasslich bleibt. Wenn das Christentum etwas geschafft hat, dann dieses: Es hat Grenzen beseitigt.
Klugerweise allerdings nur im Jenseits. Im Diesseits blieb alles
beim Alten, blieb alles begrenzt.

Transformation

Vom Jenseits zum Diesseits

Was wird aus einem so gewaltigen Erbe, wenn diejenigen, die
es erdacht, aufgebaut und mit Leben erfüllt haben, dahinschei-
den und die Nachgeborenen immer weniger von seiner Wert-
haltigkeit überzeugt sind? Wenn sie auf das Heil nicht bis nach
ihrem Tode warten, sondern schon hier und jetzt von ihm kosten wollen? Anders gewendet: Was geschieht, wenn ein so rie-
siges Lehr- und Glaubensgebäude wie das des Christentums
seine jenseitige Verankerung verliert und nach und nach ins
Diesseits driftet?

Mit dem Ende des Mittelalters, dem Verklingen des Zeital-
ters des Glaubens und dem Anbruch der Moderne werden Fragen wie diese virulent. Zwar bezweifeln die Menschen zunächst
noch nicht die Richtigkeit der Lehre, aber sie wirkt auf sie nicht

mehr im gleichen Maße sinnstiftend. Viele sind sehender und wissender und dadurch auch kritischer und anspruchsvoller geworden. Gott zu loben und zu preisen ist für sie immer noch gut und recht. Aber den Sinn ihres Lebens können sie darin nicht mehr erkennen. Vieles muss dafür zusammenkommen. Doch im Ergebnis ist die bis dahin dominante Jenseitsorientierung weitgehend geschwunden, und die Aufmerksamkeit gilt dem Diesseits. Das gelingende diesseitige Leben wird zur neuen, großen, die Menschen in Beschlag nehmenden Aufgabe.

Eine lange Entwicklung wird hier extrem gerafft. Wie alle derartigen Transformationen war auch diese mühsam und konfliktträchtig, sie hinterließ Tränen und Tote, im wörtlichen wie im übertragenen Sinne. Bis heute beeindruckt, wie sich die Menschen während dieser historischen Phase bemühten, die neue diesseitige mit der alten jenseitigen Blickrichtung zu versöhnen. Arbeit zum Beispiel – in einer auf Jenseitiges gerichteten Lebens- und Glaubenswelt nur von nachrangiger Bedeutung – muss bei diesseitiger Fokussierung beträchtlich aufgewertet werden. Aber wie? Ein Luther weist den Weg. Seine Lebensgeschichte liest sich ein wenig wie die Geschichte der Um- und Aufwertung der Arbeit im Zuge der Diesseitswendung.[218] Oder irdischer Besitz. Für Menschen, die sich auf dem Weg ins Jenseits befinden, ist er nichts als Ballast. Doch für ein im Diesseits wurzelndes Leben ist er von großem Nutzen. Ein Calvin weiß Rat. Besitz als solcher ist, ganz der alten Tradition gemäß, kein Wert. Er kann aber, dem neuen Geiste Rechnung tragend, Gunstbeweis Gottes sein. Dann ist er gut.[219]

Die Verrenkungen, die oftmals erforderlich sind, um das große alte, vom Jenseits ins Diesseits gedriftete Haus zu nutzen, sind beträchtlich. Aber irgendwie scheint es zu gelingen. Die Menschen haben es nicht mehr eilig, zu ewiger Glückseligkeit zu gelangen. Stattdessen hängen sie nun mit allen Fasern am Diesseits. Das soll ihrem Leben Sinn geben. Dabei ist den meisten gar nicht bewusst, wie sehr sie alten Denkmustern verhaftet bleiben. Sie wollen modern und aufgeklärt sein und leben doch weiter in ihren tradierten Vorstellungen. Die Folgen sind dramatisch. Doch bis das manifest wird, muss einige Zeit vergehen. Genau genommen hat es bis heute gedauert. Jetzt aber ist es so weit.

Ziellos

Der begrenzte Mensch in seiner begrenzten Welt hatte sich für tausend und mehr Jahre dem gänzlich Unbegrenzten geöffnet. Solange das im Transzendenten verblieb, ließ sich gut damit leben. Doch in die immanente Welt verbracht, warf es Probleme auf. Von nun an fühlt sich der Mensch bemüßigt, unentwegt Grenzen zu überwinden. Das Ideal, das er viele Jahrhunderte lang vor Augen hatte, war die Unbegrenztheit. Warum dieses Ideal nicht hienieden verwirklichen? Dass Unbegrenztheit kein irdisches Ideal ist, nicht sein kann, wird lange nicht gesehen. Vorerst gilt es, jeden Gipfel zu bezwingen, jede Meerestiefe auszuloten. Rekorde über Rekorde werden aufgestellt, und seien sie noch so absurd. Allein wichtig ist es, Grenzen zu durchbrechen. Dann winkt ein Eintrag im Guinness-Buch der Rekorde.

Dass sich der Mensch mit all diesen Grenzdurchbrüchen nicht einen Millimeter dem Unbegrenzten nähert, wird ihm erst langsam bewusst. Noch kann er sein Streben als Abenteuer- und Entdeckerlust, Tüftlergeist und Fortschrittsglauben ausgeben. Doch ihm dämmert, dass hinter jeder Wegbiegung eine neue Grenze sichtbar wird, die durchbrochen werden will. Ziele gibt es dabei nicht und kann es auch nicht geben, weil sie sich im Unbegrenzten nicht verorten lassen. Also geht es ziellos weiter.

Dem modernen, namentlich dem abendländischen Menschen ist dieses Vorwärtsstreben, Ziele verfolgen, Grenzen durchbrechen so in Fleisch und Blut übergegangen, dass er dies nicht nur für einen kulturell bedingten Habitus, sondern für die Natur des Menschen schlechthin hält. Dass er jedoch mit seinem Dahinstürmen lediglich einem linearen Geschichtsverständnis verfallen ist, das irgendwann im Mittelalter als Wegstrecke von der Kreuzigung des Jesus von Nazareth bis zum jüngsten Gericht festgeklopft wurde, verdrängt er ebenso wie alle alternativen Sichtweisen. Das ist menschlich verständlich. Denn sein Dahinstürmen wäre eine Farce, sollte – wie große Kulturen lehren[220] – Geschichte in Zyklen verlaufen, die immer wieder enden, wo sie beginnen.

Der Westen hat einen anderen, einen linearen Pfad eingeschlagen, was keiner weiteren Beachtung bedürfte, wenn er nicht so felsenfest davon überzeugt wäre, dass dies sowohl der einzige als auch der richtige Pfad sei. Das macht es ihm ungemein schwer, ab und an innezuhalten und zu prüfen, wohin ihn denn sein vorwärtsstürmendes, lineares Denken und Tun gebracht hat und voraussichtlich noch bringen wird. Vermutlich wäre ihm dann auch nicht entgangen, dass sein Lebensentwurf eine fundamentale Schwäche hat: Solange das Unbegrenzte transzendentes Ziel war, konnte es Lebenssinn vermitteln. In die immanente Welt verbracht, kann es Lebenssinn allenfalls simulieren. Denn welchen Sinn kann es für Menschen haben, im Grenzenlosen Ziele zu verfolgen, die sich bei jeder vermeintlichen Annäherung weiter entfernen? Wann darf ein Unternehmer sagen: »Genug produziert!«, oder ein Wissenschaftler: »Genug geforscht!«? Hinter den nächsten Vorhang wollen wir nicht schauen. Was spricht denn dafür, dass wir, wenn auch dieser Vorhang beiseitegeschoben sein wird, wissender, zufriedener oder gar glücklicher sein werden?

Fortschritt

Stillstand ist Rückschritt. Das Leben, so heißt es im westlichen Kulturkreis und bei denen, die sich mittlerweile vom ihm haben gefangen nehmen lassen, sei wie eine Fahrradfahrt. Wer nicht in die Pedale tritt, bleibt stehen und fällt um. Wer denkt sich eigentlich solche Spruchweisheiten aus, wer verbreitet und wer lebt sie? Ist das der Sinn des Lebens im säkularen Zeitalter: immer voranzuschreiten, immer weiterzuhasten, auch wenn niemand ein Ziel anzugeben weiß?

Das nämlich ist eine der Folgen der Diesseitswendung. Mit ihr gingen die Menschen ihres Lebensziels verlustig. Seitdem versuchen sie, Ersatz zu schaffen. Dann heißt es: Das Ziel unserer Mühen ist die Aufrechterhaltung und besser noch die Steigerung unserer Wettbewerbsfähigkeit! Wohl gesprochen. Was aber ist, wenn andere – womöglich alle anderen – das gleiche Ziel verfolgen? Hasten dann nicht alle nebeneinanderher, um schließlich nirgendwo anzukommen? Oder: Das Ziel ist die Mehrung des materiellen oder auch des Wohlstands überhaupt. Doch wie lange kann ein solches Ziel verfolgt werden? Bis die ganze Welt zu einem Produkt der Menschen umgewandelt worden ist?

Viele erwarten gar keine Antwort auf diese Fragen. Für sie ist der Wettlauf, das Streben nach mehr und weiter und höher wenn nicht Selbstzweck, so doch Mittel zur Beförderung des Fortschritts. Der Fortschritt. Er ist das wahrscheinlich wichtigste Substitut, das die Gesellschaft nach dem Verlust transzendenter Ziele anzubieten hat. Nur fällt es ihr schwer zu sagen, was damit gemeint ist. Dazu müsste sie zumindest wissen, was vorne und was hinten ist. Denn nur dann wäre ein Voranschreiten möglich. Doch das weiß sie nicht. Dafür brauchte sie ein Ziel. Das aber gibt es nicht.

Dies festzustellen wird von weiten Kreisen der Gesellschaft als Bedrohung empfunden. Zu Recht. Fortschritt ist nämlich eine ihrer tragenden Säulen, schon beinahe ihr Seinsgrund. Wer in den Verdacht von Fortschrittsfeindlichkeit oder auch nur -skepsis gerät, wird deshalb schnell mit dem heftigsten Bannstrahl belegt, den eine auf Fortschritt getrimmte Gesellschaft schleudern kann. Was ist Fortschritt? Zumeist kaum mehr als eine fast beliebige Veränderung, und manchmal noch nicht einmal das. Dann muss mit einem Etikett vorliebgenommen werden. Nicht selten ist Fortschritt jedoch auch mehr. Da aber eine Richtungsbestimmung nicht möglich ist, ist oft unklar, ob er den Menschen zum Heil oder Unheil gereicht.

Siechtum

Die Diesseitswendung transzendenter Unbegrenztheit ist für die Menschen existenzbedrohend. Bei dem Versuch, sich ihrem Ideal anzunähern, trifft sie nämlich auf zwei Hürden, die sich bislang als unüberwindbar erwiesen haben und sehr wahrscheinlich auch unüberwindbar bleiben werden: die Tragfähigkeitsgrenzen der Erde und die Grenzen des menschlichen Verstandes. Zwischen beiden besteht ein Zusammenhang, da der Mensch dank seiner Verstandeskräfte die Tragfähigkeitsgrenzen der Erde zu seinen Gunsten verschieben kann. Allerdings ebenfalls nicht unbegrenzt, wobei ein Blick zurück zeigt: Seinen bisherigen Bemühungen war allenfalls mäßiger Erfolg beschieden.

Gewiss werden heute mehr Menschen satt als noch vor einigen Jahrzehnten, haben ein Dach über dem Kopf und Zugang zu schulischen und medizinischen Einrichtungen. Diese keineswegs gering zu achtenden Errungenschaften gehen jedoch nicht einher mit einer entsprechenden Verschiebung der globalen ökologischen Tragfähigkeitsgrenzen – dann bestünde kein Anlass zur Besorgnis! –, sondern mit deren Überschreitung. Zu unterschiedlichen Graden wirtschaften heute große Teile der Menschheit weit außerhalb dessen, was die Erde zu geben vermag, haben also nicht genug Wissen und Können, um ohne nachhaltige Schäden der Erde so viel abzuverlangen, wie sie es tun. Dabei treiben es die entwickelten Länder am tollsten, soll heißen: Nirgendwo ist der Abstand zwischen Wissen und Können auf der einen und der Beanspruchung irdischer Ressourcen und Ökosysteme auf der anderen Seite so groß wie hier. Wirtschaftete die Weltbevölkerung so wie die Nordamerikaner, aber auch einige europäische Völker, bräuchte sie hierfür vier Globen. Doch selbst wenn sie so wie die angeblich so umweltbewussten Deutschen wirtschaftete, benötigte sie immer noch 2,6 Globen. So sind es »nur« 1,5.

Die Menschheit, mit den entwickelten, frühindustrialisierten Ländern an der Spitze, überfordert aber nicht nur das Ökosystem der Erde. Darüber hinaus verbraucht sie auch zügig nichtregenerierbare Ressourcen wie Kohle, Öl, Gas, Phosphat, Erz, Seltene Erden und vieles andere, ohne dass es einigermaßen realistische Vorstellungen darüber gibt, was künftig an ihre Stelle treten könnte. Diese Gedanken sollen sich andere machen! Die heute Lebenden wirtschaften vorerst munter weiter wie bisher.

Die Folge: Der Ressourcenverbrauch steigt trotz aller technischen Neuerungen nicht nur global – das wäre bei einer wachsenden Weltbevölkerung einsichtig, wenn auch nicht langfristig hinnehmbar –, sondern auch pro Kopf. Seit 1970 erhöhte sich der Pro-Kopf-Verbrauch bei fossilen Energieträgern um elf Prozent, bei Erzen um vierzig Prozent und, um nur die bedeutendsten Bereiche zu nennen, bei Baustoffen um 120 Prozent. Über alle wichtigen Ressourcen gerechnet, stieg damit der Pro-Kopf-Verbrauch um 35 Prozent. Und da sich die Weltbevölkerung seit 1970 annähernd verdoppelte, ist ihr Ressourcenverbrauch gegenwärtig rund 170 Prozent höher als damals.[221]

Die weitere Entwicklung ist offen, aber nicht mehr lange. Die Überbeanspruchung des Globus zeigt nämlich schon jetzt fatale Wirkungen: die Erwärmung der Erdatmosphäre einschließlich klimatischer Veränderungen, überdüngte und zugleich ausgelaugte Böden, schrumpfende und weithin kränkelnde Wälder, gestörte Phosphathaushalte, übersäuerte Flüsse, Seen und Ozeane, dezimierte Fischbestände, ein rapider Artenschwund, kurz: die ganze Litanei, die seit geraumer Zeit alle jene auf den Lippen haben, die mit offenen Augen und Ohren durch die Welt gehen und deren Beschädigung, ja Zerstörung nicht verdrängen. Die Erde kann sich nicht mehr in der erforderlichen Geschwindigkeit von den Zumutungen der Menschen erholen. Sie fängt an zu siechen und die Menschen mit ihr.²²²

Schaubild 12
Ökologischer Fußabdruck ausgewählter Länder im Verhältnis zur global verfügbaren Biokapazität pro Kopf 2008

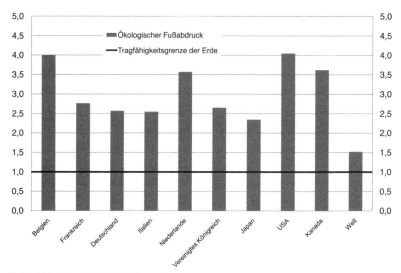

Quelle: Global Footprint Network, Accounts

Guter Wille

Vermutlich ist es nur noch eine Minderheit, die sich diesem Dilemma weitgehend verschließt und trotzig darauf besteht, weiterzumachen wie bisher. Ein paar Wissenschaftler stehen ihr zur Seite, und kein Einwand gegen das Offensichtliche ist ihnen zu weit hergeholt, als dass sie ihn nicht geltend machten. Klimaerwärmung, Artenschwund, Übersäuerung von Gewässern – alles maßlos übertrieben, wenn nicht gar Hirngespinste! Ein wenig erinnert die Debatte an Debatten, wie sie zu Zeiten von Kopernikus oder Galilei geführt wurden. Was, die Erde soll sich um die Sonne drehen? Was für ein Unsinn! Jedes Kind kann doch sehen, dass es umgekehrt ist!

Diese Leute gibt es noch immer, und sie sind auch keineswegs Leisetreter. Vielmehr nutzen sie jede Gelegenheit, um sich in Szene zu setzen.[223] Aber ihre Zahl wird kleiner. Die Fakten sind zu eindeutig. Die Mehrheit sieht mittlerweile, was um sie herum geschieht, und manche leiden auch darunter. Für die Umwelt muss etwas getan werden!, darin ist sie sich einig. Umweltverträglich denken und handeln ist das Gebot der Stunde! Umweltsünder müssen geächtet und bestraft werden! Und wer steht schon gerne am Pranger? An aufgeklärt-ökologischer Rhetorik ist kein Mangel. Aber gemessen an dem, was eigentlich geschehen müsste, um den Kollaps der Erde zu vermeiden, geschieht zum Verzweifeln wenig. Eine kleine gute Tat reiht sich an die andere, aber sie bilden noch längst nicht die Kette, die dem ins Trudeln geratenen Planeten wieder festen Halt geben könnte.

Doch darüber wird besser nicht gesprochen. Es könnte diejenigen, die den guten Willen haben und oft Bewundernswertes leisten, demotivieren, entmutigen. Es ist tragikomisch: Guter Wille allerorten, und täglich wird es mehr. Und trotzdem verschlechtert sich der Zustand der Erde gerade auch in ihren wirtschaftlich entwickeltsten und anscheinend zunehmend umweltbewussten Teilen. Einhaltung des im Dezember 2010 auf der UN-Klimakonferenz in Cancún postulierten Zwei-Grad-Ziels?[224] – Vergesst es. Es ist nicht zu halten! Zwar wissen die Experten, was erforderlich ist, um dieses Ziel zu erreichen. Das Erforderliche ist auch machbar. Aber, so der ernüchternde Befund: Es fehlt der politische Wille.[225] So schreitet die Menschheit weiter voran bei der Zerstörung ihrer Lebensgrundlagen, und die wenigsten können von sich sagen, sie trügen nicht dazu bei. Wenn überhaupt von einer Wende gesprochen werden kann, dann nur von dieser: Die anhaltende Verschlechterung des Zustands der Erde setzt sich lediglich fort. Für eine Beschleunigung oder Verstärkung der Negativtrends gibt es hingegen keine verlässlichen Anhaltspunkte. Wohl dem, der hier über die seltene Gabe des Galgenhumors verfügt.

Paradoxien

Strukturen und Prägungen

Was für ein Paradox: Das Umweltbewusstsein verbessert und die Lebensgrundlagen verschlechtern sich. Wie ist das möglich? Der banale Grund: Zwischen Bewusstseins- und Handlungsebene liegen Welten. Das eine zu denken und etwas anderes zu tun ist menschlich. Ja, wie gerne möchten wir uns umweltverträglich, nachhaltig und zukunftsfähig verhalten! Aber leider stehen dem die vorherrschenden kapitalistischen Strukturen sowie seit Generationen verinnerlichte und liebgewonnene Prägungen entgegen.

Dabei ist die öffentliche Debatte weitgehend auf »die kapitalistischen Strukturen«, »das kapitalistische System« fokussiert. Darüber spricht es sich leichter, lässt sich ausgiebiger disputieren als über den Menschen mit seinen Neigungen, Fehlern und Schwächen. Wie soll sich der Mensch, so die Systemfrage, umweltverträglich und zukunftsfähig verhalten, wenn ihm im nächstgelegenen Supermarkt – preiswert, frisch und appetitlich – immer mehr Produkte angeboten werden, die nicht nur dick in Plastik verpackt, sondern auch noch über Hunderte, mitunter Tausende von Kilometern herangekarrt worden sind und vor denen die zwei, drei Einzelhändler, die einst Obst, Gemüse, Eier und Butter vor den Augen der Kunden verpackten, längst die Segel gestrichen haben; wenn die

Entfernung zwischen Wohnung und Arbeitsplatz so groß geworden ist, dass sie sich nicht länger zu Fuß oder mit dem Fahrrad bewältigen lässt; wenn Eltern, erwachsen gewordene Kinder und Enkel nicht zuletzt aus beruflichen Gründen so verstreut leben, dass jedes Wiedersehen einen hohen wirtschaftlichen und ökologischen Aufwand erfordert; wenn berufliche Pflichten nur mit langen Reisen und Hotelaufenthalten zu erfüllen sind? Jeder kennt diese Konstellationen und kann Dutzende hinzufügen. Das Fazit lautet stets: Ich würde mich ja gerne anders verhalten, aber wie soll das gehen?

Hinzu kommen jene von klein auf verinnerlichten Prägungen, die nur sehr schwer überwindbar sind: die fröhliche Fahrt ins Wochenende, ein paar Tage an der Küste, der wohlverdiente Urlaub auf Mallorca oder auch weiter weg, das sicherere, damit aber auch größere und schwerere Auto, die kleine Zweitwohnung, das leckere Steak zu Mittag und die Aufschnittplatte am Abend, dazu eine gute Flasche Wein aus Südafrika oder Australien … Im Übrigen: Was sollen all die Einwände? Das ist doch schließlich der Sinn harter Arbeit, dass man sich auch etwas gönnen kann! Wie heißt es so schön: Saure Wochen, frohe Feste![226]

Das Dilemma, das hier aufscheint, ist gleichermaßen zum Lachen und zum Weinen. Aufgrund unserer Prägung produzieren und konsumieren wir nach Kräften, was an sich eine ganz befriedigende und auch vergnügliche Sache sein könnte, wenn sie nicht weit außerhalb der globalen Tragfähigkeitsgrenzen angesiedelt wäre. So aber beschädigen Produktion und Konsum namentlich in den frühindustrialisierten Ländern die Lebensgrundlagen von Menschen, Tieren und Pflanzen. Das ist schon verrückt: Die Völker der frühindustrialisierten Ländern konsumieren nicht nur zu viel[227] – das wird mittlerweile oft und ausgiebig thematisiert –, sie produzieren auch zu viel, jedenfalls mehr, als die Erde schadlos ertragen kann. Das taucht die gesamte Wachstumsthematik nicht nur in ein verändertes Licht. Sie wird geradezu ad absurdum geführt.

169

Wachstum

Ist heute von Wachstum die Rede, geht es fast ausschließlich um Investitionen, Arbeitsplätze, steigende Einkommen, solide Staatseinnahmen oder Hilfe für die Armen. Und in der Tat: Das Wachstum der Wirtschaft ist für das Verfolgen all dieser Ziele hilfreich. Nur entspricht diese Argumentation den Bedingungen des 19. und allenfalls der ersten Hälfte des 20. Jahrhunderts. Im 21. Jahrhundert ist sie in den frühindustrialisierten Ländern überholt, und zwar nicht deshalb, weil nunmehr Wachstum keine Arbeitsplätze schaffen oder die Hilfe für die Armen nicht länger erleichtern würde, sondern weil es beim derzeitigen Wissens- und Könnensstand der Menschen nicht mehr innerhalb der globalen Tragfähigkeitsgrenzen möglich ist. Eine halbwegs rational geführte Wachstumsdebatte wird deshalb nicht die Frage in den Mittelpunkt stellen, wozu Wachstum gut ist, sondern ab wann es schlecht ist. Doch so zu fragen fällt in Volkswirtschaften, die sich schon jetzt außerhalb aller ökologischen Grenzen befinden, allem Anschein nach schwer.

Was kann und soll denn in Ländern wie Deutschland, den USA oder Japan wachsen, ohne dass das globale Ökosystem weiter beeinträchtigt und Ressourcen ohne Aussicht auf Ersatz final verbraucht werden? Mehr Häuser, Straßen oder Fahrzeuge, mehr Nahrungsmittel, Kleidung oder Möbel, mehr Energie? Nein, heißt es dann beschwichtigend, doch nicht immer mehr vom Gleichen. Das war einmal. Jetzt geht es in entwickelten Ländern darum, Besseres, Nützlicheres und nicht zuletzt Umwelt- und Ressourcenschonenderes zu schaffen. Und schaut, wie erfolgreich wir sind: Ist nicht vor allem in den entwickelten Ländern der Ressourcenverbrauch pro Wertschöpfungseinheit seit 1970 um ein Drittel gesunken, und wird nicht auch messbar umweltverträglicher produziert?[228]

Beides ist richtig, doch ohne jeden Belang. Denn im gleichen Zeitraum stieg die Zahl jener Wertschöpfungseinheiten so stark an, dass jeder Minderverbrauch weit überkompensiert wurde.[229]

Schaubild 13
Human Development Index* 2012 und ökologischer Fußabdruck** 2008

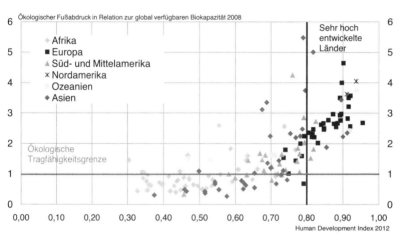

* Der Human Development Index (HDI) setzt sich aus Indikatoren für Gesundheit, Bildung und Lebensstandard zusammen. 0 zeigt einen sehr niedrigen, 1 einen sehr hohen Entwicklungsstand an.
** Der ökologische Fußabdruck zeigt, welche produktive Land- und Wasserfläche (die Biokapazität) eine Bevölkerung pro Jahr benötigt, um die von ihr konsumierten Güter und Dienste zu produzieren und die dabei anfallenden Reststoffe (Abfälle, Emissionen) zu absorbieren.
Quellen: Global Footprint Network, Accounts sowie UNDP, Bericht

Abgesehen davon ist die Behauptung, in den entwickelten Ländern werde weitgehend Besseres und nicht vorrangig immer mehr vom Gleichen produziert, sehr kühn. Die Wirklichkeit sieht anders aus. Wenn nationale Regierungen, internationale Ministerrunden oder Europäische Kommission und Zentralbank das Wachstum der Wirtschaft beschwören, mögen ganz sacht auch Hoffnungen auf ein innovativeres, nachhaltigeres und zukunftsfähigeres Wirtschaften mitschwingen. Die eigentlichen Ziele sind jedoch Aktivitäten – und seien diese auch noch so altbacken –, die Arbeitsplätze schaffen und Geld in die öffentlichen Kassen spülen. Das alles ist sehr ehrenwert. Nur mit dem weit übergeordneten Ziel, innerhalb der globalen Tragfähigkeitsgrenzen zu agieren, haben sie, wenn überhaupt, allenfalls zufällig zu tun.

Weichenstellungen

Krisen, Krisen und kein Ende. Eine Krise jagt die andere. Krisen der Unternehmen, der Finanzmärkte, der Banken, der Staaten. Sind sie womöglich Erscheinungsformen einer viel umfassenderen Krise, der Krise des Kapitalismus? Viele können sich darauf verständigen: Ja, der Kapitalismus steckt in der Krise.[230] Das ist wahrscheinlich richtig. Aber die Krise des Kapitalismus ist nicht die Mutter dieser Krisen. Vielmehr ist auch sie Teil einer noch umfassenderen, fundamentaleren Krise, der Krise des westlich-säkularen Denkens.

Da dessen Wesenskern immerwährende Expansion und die Überwindung von Grenzen ist, der Mensch aber nur über begrenzte Steuerungsfähigkeiten verfügt, war es nur eine Frage der Zeit, bis die von ihm geschaffenen Zustände aus dem Ruder laufen würden: Unternehmen, Finanzmärkte, Banken, Staaten und schließlich eben auch deren Fundament und Klammer: der Kapitalismus. Jetzt ist es so weit. Die gigantischen Türme von Babel wanken. Sie überfordern menschliche Gestaltungsmöglichkeiten.

Doch ebenso wenig wie jene Eisenfeilspäne das Kraftfeld eines Magneten aus eigener Kraft verlassen können, vermögen die wenigsten das Kraftfeld tradierter Denkmuster aus eigener Kraft zu überwinden. Das vermochten weder die Ägypter noch die Griechen, weder die Römer noch die mittelalterlichen Europäer. Wieder und wieder dachten und handelten sie entlang der vorgegebenen Bahnen, bis irgendwann das Kraftfeld ihres Denkens mit der Folge allgemeiner Orientierungslosigkeit zusammenbrach.

Ein solcher Zusammenbruch tradierten Denkens dürfte abermals bevorstehen. Aber bis dieser manifest wird und die Mehrheit nicht mehr weiterkann und -will wie bisher, wird den alten Mustern gefolgt. Wie sollen die sich häufenden Krisen überwunden werden? Natürlich durch noch mehr Expansion! Dass das forcierte Wachstum der jüngeren Vergangenheit nicht nur keine Wohlstandsgewinne mehr brachte, sondern die Lage in zahlreichen Ländern deutlich verschlechtert hat, wird beharrlich ignoriert.

Wo stünden denn die sogenannten Problemländer von Irland über Spanien bis Griechenland heute, wenn sie nicht den Wachstumsschalmeien wirtschaftsorientierter Länder gelauscht hätten und stattdessen ihrem eigenen Kurs und ihrer eigenen Geschwindigkeit gefolgt wären? Ganz sicher auf festerem Grund. So unrecht haben jene nämlich nicht, die in Griechenland und andernorts den wirtschaftlich prosperierenden Ländern wie Deutschland jetzt vorhalten, diese hätten sie mit ihrem Wachstums- und Wohlstandsdenken sowie billigem Geld dazu verführt, über ihre Verhältnisse zu leben und ihre jeweiligen Grenzen zu missachten.

Nun steht Europa vor dem Scherbenhaufen seiner Hast und Maßlosigkeit, und wieder fällt ihm, gefangen in seinen alten Denkmustern, nichts Besseres ein, als die bisherigen Fehler – ein wenig aufgehübscht und mit modischem Jargon verziert – zu wiederholen. Zwar sollen die wildesten Auswüchse ein wenig zurückgeschnitten und die hemmungslosesten Akteure besser kontrolliert werden. Wer damit aber ernst machen will, hat einen schweren Stand. Denn das nach Entgrenzung strebende westliche Denken weist in die entgegengesetzte Richtung. Bloß nicht zu Tode sparen! Viel besser ist es doch, forciert zu wachsen!

Die Wachstumsmessen, die tagtäglich in Brüssel und vielen anderen Orten gelesen werden, sind beinahe gespenstisch. Das sind spiritistische Séancen, in denen Geister beschworen werden. Ihr guten Mächte, schafft uns Wachstum, das haben wir uns doch in die Hand versprochen! Wie sollen wir denn ohne Wachstum unsere Defizitgrenzen einhalten oder gewährte Kredite zurückzahlen? Wie sollen wir denn ohne Wachstum den Jugendlichen Perspektiven geben und soziale Unruhen vermeiden? Fast scheint es, als sei die Nadel auf der Wachstumsplatte hängen geblieben. Ohne zusätzliche Wachstumsimpulse, ohne weitere Expansion gehe es nicht – das ist weiterhin Konsens, wobei in einigen Ländern aus Gründen der Gesichtswahrung noch hinzugefügt werden darf: in Verbindung mit Restrukturierungs- und Konsolidierungsmaßnahmen. In anderen Ländern wird auf derartige Petitessen gepfiffen. Da zählt nur Wachstum pur.

Wird in Europa eigentlich auch über Alternativen zu diesem primitiven Wachstumsdenken nachgedacht, nachdem dieser Kontinent seine Expansionsgelüste in früheren historischen Phasen weidlich ausgelebt[231] und sich in späteren mit sublimeren Formen lächerlich gemacht hat?[232] Wie wäre es zum Beispiel, wenn jene Unruhigen, Nachdenklichen auf ihrer Suche nach einem Lebenssinn – gewissermaßen zur Einübung – über Formen des Wirtschaftens und Expandierens nachdächten, die einem Land, seiner Bevölkerung mit ihren Fähigkeiten, Neigungen und Interessen, seiner Geographie und Topographie und, nicht zu vergessen, seiner Kultur gemäß sind?

Es ist doch aberwitzig, beispielsweise Niederländer mit ihrer spezifischen Geschichte, ihren kulturellen Eigenheiten oder ihrem Arbeits- und Solidaritätsverständnis zusammen mit beispielsweise Portugiesen mit deren ebenso spezifischer Geschichte, kulturellen Eigenheiten und so weiter vor ein und denselben wirtschaftlichen Karren zu spannen. Doch genau das geschieht in Europa und lähmt seine Kräfte. Für alle, gleichgültig wo sie herkommen und wo sie hinwollen, gilt derselbe Weckruf: Lasst die Wecker klingeln, legt euch ins Zeug, beseitigt Wachstumshemmnisse, wo immer ihr auf sie trefft! Denkt daran, eure Wirtschaft muss wachsen. Ihr müsst euch entgrenzen (denn das ist die ideelle Vorgabe diesseits gewende-

174

ter transzendenter Unbegrenztheit). – Mit der Diesseitswendung dieser Unbegrenztheit und deren Übertragung auf die Wirtschaft – die Bedürfnisse der Menschen sind unendlich![233] – sind in einer bestimmten historischen Phase die Weichen falsch gestellt worden. Die Folgen können jetzt besichtigt werden.

Dass diese Weichenstellung so lange unbemerkt bleiben konnte, dürfte darauf zurückzuführen sein, dass sie im religiös-philosophischen Bereich der Gesellschaft erfolgte, einem Bereich also, der für die meisten etwas abgelegen ist. Deshalb werden sie von dem, was dort geschieht, in der Regel überrascht. Doch was dort geschieht, ist für jede Gesellschaft von größter Tragweite, zum Guten wie zum Schlechten.

Ob sie sich dessen bewusst sind oder nicht: Gesellschaften folgen den Pfaden, die ihnen die Unruhigen, Nachdenklichen weisen. Deren Antworten auf die Sinnfrage bestimmen nämlich früher oder später ihren Alltag. Dann bauen sie Pyramiden oder Kathedralen, Hochöfen oder Panzer. Dann hüten sie Vieh oder beackern Felder. Dann beten oder arbeiten sie. »Die Wirtschaft ist unser Schicksal«[234]? »Ohne Wachstum ist alles nichts«[235]? Das gilt nur so lange, wie es den Sinnsuchern Lebenssinn verspricht. Wenn das endet – und alle historischen Erfahrungen zeigen, dass die Wirkungen solcher Antworten stets irgendwann enden –, kommt etwas anderes. Vielleicht sogar etwas Lohnenderes.

Glück

Auch wenn das Erbe, das die Europäer beim Verklingen der großen geschichtlichen Glaubensepoche antraten, schon erheblich an Substanz und Glanz eingebüßt hatte, war es immer noch gewaltig. Und noch einmal die Frage: Was wird aus einem solchen Erbe? Der Philosoph Georg Wilhelm Friedrich Hegel lässt die nachfolgende Epoche es »aufheben«, und zwar in des Wortes dreifacher Bedeutung: Es wird aufgehoben, indem es eliminiert, beseitigt wird; es wird aufgehoben, indem es konserviert, bewahrt wird; und es wird aufgehoben, indem es eleviert, auf eine neue, höhere Ebene gehoben wird.[236]

Kein Zweifel: Reformation, Naturwissenschaften, Aufklärung, Rationalismus und weitere philosophische Strömungen sowie manche anderen Kräfte haben das Erbe aufgehoben, indem sie es beseitigt und auf dem Müllhaufen der Geschichte entsorgt haben: Ablasshandel, Hexenwahn, Inquisition, Denkverbote. Zweifelsfrei wurde es auch aufgehoben, indem es bewahrt wurde: Menschenwürde, Freiheitsrechte, Individualität, Gerechtigkeit, Solidarität. Wie aber soll etwas auf eine höhere Ebene gehoben werden, dessen Quintessenz bereits im Himmel angesiedelt ist? Weiter hinauf als die höchste Ebene geht schließlich nicht. Was bleibt, ist nicht viel mehr als verlegenes Stammeln, Ironisieren oder Persiflieren und, für den Alltagsbedarf, Karikieren und Nachäffen.[237] Oder wie sonst sollen Menschen mit einer Heilsbotschaft vollkommener transzendenter Glückseligkeit umgehen, nachdem sie diese diesseitig gewendet haben?

Denn diesseitig gewendet bleibt von ihr nur ein armseliger Abklatsch. Die Väter der amerikanischen Verfassung führen das vor. Unter ihren Händen gerät der unüberbietbare Zustand immerwährender vollkommener Glückseligkeit, die Gott denen schenkt (!), die ihn lieben, zu einem Recht des Menschen, nach Glück zu streben (!).[238] Viel drastischer kann ein Abstieg kaum sein. An die Stelle eines in jeder Hinsicht unendlichen Glücks als Lohn für ein kurzes, gottgefälliges Leben tritt quasi die Erlaubnis, sich für ein zweifelhaftes und flüchtiges Glück plagen zu dürfen. Das war ohne Zweifel ein schlechter Tausch, den die von transzendenten Glücksversprechen verwöhnten Menschen des christlich-abendländischen Kulturkreises bis heute nicht so recht verwunden zu haben scheinen. Kein Wunder. Denn in gewisser Weise wurden sie damit ein zweites Mal aus dem Paradies vertrieben, diesmal aus dem von ihnen selbst erdachten.

Aber möglicherweise bemühen sie sich gerade deshalb so verzweifelt, das ihnen verbliebene Glück zu zwingen und hier auf Erden etwas für ein Jenseits Gedachtes Wirklichkeit werden zu lassen. Mit diesem Ziel vor Augen suchen sie unablässig nach »dem Glück«, und wenn sie meinen, es gefunden zu haben, versuchen sie, es mit aller Kraft festzuhalten. Und weil dies niemals gelingt, sind sie immer wieder »un-glücklich«, ein Befund, der mittels einer unüberschaubar gewordenen Glücksliteratur und mit Hilfe einer sich zügig entwickelnden Glücksforschung schnellstmöglich behoben werden soll. Zumeist ohne Erfolg.

Nicht zuletzt aufgrund ihres unablässigen Glücksstrebens sind viele zwar heute satter, behauster, gesünder und langlebiger als Menschen früherer Epochen. Aber sind sie deshalb auch glücklicher? Die Ergebnisse emsigen Forschens sind zwiespältig, zum Teil auch widersprüchlich. Glück, so viel dürfte jedoch klar sein, ist ein flüchtiger Gast, der bei nicht wenigen kaum jemals einkehrt. Aber vielleicht ist der Mensch ja auch gar nicht zum Glück geschaffen.[239]

Zufriedenheit

Dänen und Schweizer, Mexikaner und Costa-Ricaner

Verlässlicher als Glück ist Zufriedenheit. Menschen sind selten glücklich, und wenn sie es sind, dann nur für kurze Zeit. Recht oft sind sie hingegen mit sich und der Welt zufrieden, und das über lange Zeit. Das gilt zumindest für Länder, in denen existentielle Bedürfnisse hinreichend befriedigt sind: ausreichende Ernährung, Behausung, Gesundheitsversorgung und ein Einkommen, mit dem sich alles Lebensnotwendige und gelegentlich vielleicht auch ein bisschen mehr bestreiten lässt. Herrscht hieran Mangel, sind Menschen mit ihrem Los kaum jemals einverstanden.

Ist jedoch dieses materielle Fundament gelegt, sind die meisten bemerkenswert rasch und umfassend zufrieden, vorausgesetzt, sie sind gesund und sozial eingebunden. Entsprechend weit oben stehen auf der Liste der Zufriedenheitsfaktoren: körperliches Wohlbefinden, gute Freunde und eine harmonische Partnerschaft. Ein hohes Einkommen oder gar ein großer Besitz spielen hingegen für die Zufriedenheit der Mehrheit nur eine untergeordnete Rolle. Ungleich wichtiger sind finanzielle Sicherheit, wobei die Betonung auf Sicherheit liegt, ein erfülltes Familienleben, Zugang zur Natur, Selbstbestimmung, Erfolg im Beruf, Freizeit und eine sinnvolle Lebensaufgabe. Auch ein Sicherheit verleihender Glaube spendet mehr Menschen Zufriedenheit als Gut und Geld.[240] Damit erklärt sich auch umstandslos, warum im internationalen Vergleich die materiell besonders wohlhabenden Dänen und Schweizer sowie die wirtschaftlich eher schwachen Costa-Ricaner und Mexikaner etwa den gleichen Grad subjektiver Zufriedenheit aufweisen.[241]

Einige mögen bei der ständigen Mehrung ihrer materiellen Güter so etwas wie Zufriedenheit empfinden und manche hierin sogar einen Lebenssinn sehen. Für die große Mehrheit gilt das nicht. Die Unterstellung nicht weniger Ökonomen, die Bedürfnisse der Menschen seien grenzenlos, beruht auf einem Trugschluss. Grenzenlos sind sie nämlich nur, wenn Menschen meinen, anderen nacheifern zu müssen, die mehr haben als sie. Fehlen diese anderen, diese Stachel des Neides, geben sie sich im Allgemeinen recht schnell zufrieden. Daher sind Gesellschaften, in denen die sozialen Unterschiede nicht allzu groß sind, fast ausnahmslos die zufriedeneren und zugleich friedlicheren.[242]

Ohne den Stachel des Neides akzeptiert der Mensch Grenzen und lässt sich davon auch dann nicht abbringen, wenn seine

Träume nicht in Erfüllung gehen. Ein hohes Einkommen, ein größerer Besitz? In dieser Hinsicht hatten sich reichlich zwei Drittel der Bevölkerung im Blick zurück mehr erhofft. Ihrer Zufriedenheit tut dies jedoch keinen größeren Abbruch. Wichtiger sind eben Partner, Freunde, Familie, Beruf. Und hier verwirklichen die Menschen ihre Träume zu siebzig, achtzig und mehr Prozent.[243]

Nun heißt das nicht, dass alle diese Zufriedenen ganz und gar und ohne jede Einschränkung zufrieden wären und deshalb ihre Zufriedenheit nicht weiter gesteigert werden könnte. Sie kann, allerdings eher theoretisch. Der Mensch ist ein Mängelwesen – auch hinsichtlich seiner Zufriedenheit. Niemand führt auf Dauer eine perfekte Ehe, hat Freunde ohne Fehl und Tadel, eine Familie, die immer nur Freude bereitet, oder einen Beruf, der Tag für Tag erfüllend ist. Doch das erwarten die meisten auch gar nicht. Sie wissen sehr wohl, dass sie von ihren Idealvorstellungen Abstriche machen und ihre Erwartungen den Gegebenheiten anpassen müssen. Sind die Grundlagen ihrer Zufriedenheit solide, sehen sie zwar, dass hier und da noch etwas fehlt, aber da immer und bei allen etwas fehlt und unter jedem Dach ein anderes Ach wohnt, leiden sie nicht sonderlich darunter.

So verorten sich die Befragten in einem Land wie Deutschland auf einer Skala zwischen 10 (sehr zufrieden) und 1 (sehr unzufrieden) in ihrer großen Mehrheit bei etwa 7, wobei es zwar regionale Unterschiede gibt – die Bevölkerung am Nord- und Südrand gibt höhere Werte an als die im Osten –, aber der Abstand zwischen höchster und geringster Zufriedenheit ist nicht größer als zehn Prozent.[244] Dabei lässt die etwas geringere Zufriedenheit vieler Ostdeutscher einen Zusammenhang zwischen Zufriedenheit und materiellen Lebensbedingungen vermuten. Doch wie mittlerweile eine Vielzahl einschlägiger Untersuchungen zeigt, ist dieser Zusammenhang nur schwach, sobald eine gewisse Ausstattung mit materiellen Gütern erreicht ist.[245] In Westdeutschland wie in anderen frühindustrialisierten Ländern wurde diese Ausstattung im Laufe der siebziger Jahre erreicht. Seitdem hat sich die Zufriedenheit der Bevölkerung nur noch wenig verändert, und zwar keineswegs immer zum Besseren, obwohl sich die Güter- und Dienstleistungsmenge seitdem reichlich verdoppelt hat.

Schaubild 14

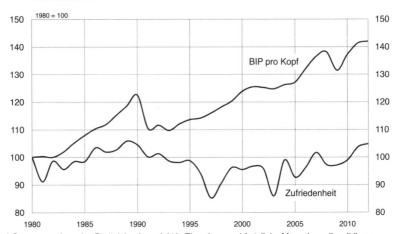

* Gemessen als reales Bruttoinlandsprodukt je Einwohner und Anteil der Menschen, die mit ihrem Leben sehr oder ziemlich zufrieden sind. Bis 1991 Westdeutschland.
Quellen: Ameco, Product, SIMon, Satisfaction, Europäische Kommission, Eurobarometer 73, S. 1, Eurobarometer 75, S. 2, Eurobarometer 77, S. 1

Entwicklung von subjektiv empfundener Zufriedenheit und materiellem Wohlstand* in Deutschland 1980–2012

Nützliche Glieder

Die Hoffnung, bereits auf Erden himmlische Ziele, wenn auch nicht in ihrer ganzen Fülle, so doch in großen Teilen erreichen zu können, war von Beginn an gewagt, oder treffender: irreal. Doch die Menschen auf der Suche nach einem neuen Lebenssinn gingen dieses Risiko ein und unternahmen alles, um ihre Hoffnung Wirklichkeit werden zu lassen. Dabei standen ihnen drei Wege offen: die vollkommene Entfaltung physischer Ressourcen, die vollkommene Entfaltung psychischer Ressourcen und die Verbindung beider.

Zunächst versuchten sie es mit Letzterem. Nicht nur die Wirtschaft entwickelte sich kraftvoller als in den Jahrhunderten zuvor, auch Wissenschaft und Künste blühten. Europa war aus dem Schatten seiner mittelalterlichen Geschichte getreten und begann, die Welt zu dominieren, physisch und psychisch. Allerdings war schon im 19. Jahrhundert der Höhepunkt dieser Entwicklung erreicht und möglicherweise sogar überschritten. Von da an zehrte der Kontinent von Kräften, welche vorangegangene Generationen gesammelt hatten. Dann stieg er ab.[246]

Das dürfte dazu beigetragen haben, dass sich die Europäer bei der Wahl ihrer Mittel immer weiter verengten. Sie hatten keine großen Visionen mehr, weder für sich noch die Welt, und auch nicht die Kraft, physische und psychische Ressourcen gleichzeitig zu pflegen. Deshalb taten sie das Nächstliegende: Sie fokussierten ihre verbliebenen Energien auf das Handfeste und am leichtesten Sicht- und Messbare: die Entfaltung physischer Ressourcen, die Steigerung all dessen, was mit der Welt des Materiellen zusammenhängt, oder kurz: das Wachstum der Wirtschaft. Weitgehend im Alleingang sollte die Wirtschaft von nun an die Instrumente bereitstellen, mit denen sich die Menschen ihren diesseitig gewendeten Zielen der Entgrenzung und des Glücks zu nähern versuchten. Die Handlungsanweisung lautete: Grenzenlosigkeit und Glück durch die fortwährende Mehrung materieller Güter.[247]

Dabei versteht sich von selbst, dass solche Verschiebungen im Wert- und Handlungsgefüge von Völkern in den seltensten Fällen bewusst herbeigeführt werden. Das geschieht allenfalls in Revolutionen. Unübersehbar ist jedoch, wie sich Schritt für Schritt der Kaufmann vor den Künstler schiebt, der Unternehmer vor den Wissenschaftler, der Ökonom vor den Literaten und Wirtschafts- und Sozialbelange andere Bereiche der Politik überlagern. Das große Projekt der »Veredelung« oder gar »Vergeistigung« des Menschen, das geraume Zeit verfolgt wurde, findet sein Ende. Der Mensch, edel, hilfreich und gut,[248] ist kein Leitbild mehr. An seine Stelle tritt das »nützliche Glied« der Gesellschaft, das sich darauf versteht, deren materiell definierte Vorgaben zu erfüllen.

Die Folge dieser Fokussierung ist eine historisch einzigartige Bereicherung und Verarmung zugleich. Nie zuvor konnten Menschen so sehr in materiellen Gütern schwelgen wie die Bewohner frühindustrialisierter Länder, und wohl nie zuvor waren sie so sehr auf ein Produzenten- und Konsumentendasein reduziert. Der Mensch wird zu einem Torso, dessen vordringliche Aufgabe darin besteht, wirtschaftliche Wettbewerbsfähigkeit und Binnennachfrage hochzuhalten.

Zwar werden auch weiterhin Museen und Theater, Universitäten und Bibliotheken, Schulen und Stadien errichtet und betrieben. Nur hat sich ihre gesellschaftliche Funktion verändert. Dienten sie bislang der Bewahrung kultureller Errungenschaften und deren Weiterentwicklung, so sind sie jetzt der Ertüchtigung für die und der Entspannung von der Erwerbsarbeit gewidmet. Die Wertehierarchie ist unmissverständlich und transparent. Treffen sich heute Politiker auf internationalen Foren, geht es nie um den Stellenwert von Kunst in ihren Ländern oder die Bedeutung von Sprachkultur, sondern – wenn nicht gerade Kriege oder Naturkatastrophen toben – immer nur um Spielarten von Produktion und Konsum.

Spagat

Die Diskrepanz zwischen gesteckten Zielen und den für ihre Erreichung gewählten Mitteln könnte größer nicht sein. Die Menschen des christlich-abendländischen Kulturkreises haben nach den Sternen gegriffen und wollen davon bis heute nicht lassen. Und zugleich versinken sie im plattesten Materialismus. Andere Kulturen waren bei der Wahl ihrer Ziele zurückhaltender, bei der Wahl ihrer Mittel jedoch anspruchsvoller.[249] Die

Europäer und alle, die ihnen folgen, üben sich hingegen in einem Spagat, der sie schon nach den Gesetzen der Logik zerreißen wird: Sie wollen mit den begrenzten Möglichkeiten dieser Erde Grenzenloses erreichen.

Mit religiöser Inbrunst tragen sie die Monstranz der Expansion vor sich her. Macht Wachstum nicht das Leben angenehmer? Ermöglicht es nicht höhere Einkommen und Steuereinnahmen? Vermindert es nicht die weltweite Armut? Vor allem aber: Gebietet nicht der Respekt vor den Wünschen der Menschen, das Wachstum der Wirtschaft weiter voranzutreiben? Soll nicht jeder seinen ureigensten Traum vom Glück verwirklichen können, auch wenn dies ein hubraumstarkes Auto ist? Es ist doch vernünftig und verantwortungsvoll, solche Autos zu fahren, weil sie zumeist sicherer sind.[250]

Also muss weiter in einer begrenzten Welt das Grenzenlose erstrebt werden. Die Einsicht, dass bei der Verfolgung dieses Ziels längst irdische Grenzen überschritten worden sind, hat in dieser Ideologie keinen Raum. Für sie ist das weitgehend ungehemmte Produzieren und Konsumieren Ausdruck menschlicher Freiheit und deshalb schützenswert. Dass mit der Ausübung dieser Freiheit nicht nur Freiheits-, sondern sogar Lebensrechte anderer empfindlich beeinträchtigt werden, bleibt unerwähnt. Das ist ein Grundkonflikt, der noch seiner Auflösung harrt: die Freiheitsrechte weniger gegen die Lebensrechte vieler.

Gesellschaften, die zumindest über ein Grundgerüst ethischer Normen verfügen, können diesen Konflikt leicht lösen. Den westlichen Gesellschaften fällt dies jedoch schwer. Auch hier klaffen bei ihnen Reden und Handeln weit auseinander. Dabei dürfte ihnen doch kaum entgangen sein, dass es verdreht, verkehrt oder auf gut Lateinisch »pervers« ist, in Volkswirtschaften, die längst die Tragfähigkeitgrenzen der Erde überschritten haben, weiter Formen von Wachstum zu propagieren und bisherige Trends fortzusetzen. Wer das tut, gleicht

183

einem Onkologen, der seinen Lungenkrebspatienten – um der Freiheit willen! – das Rauchen empfiehlt.

Fragen

Was werden die heutigen Kinder und Jugendlichen denken, wenn sie, dereinst alt geworden, auf die Jetztzeit zurückschauen? Was werden die Menschen in 100 oder 150 Jahren denken? Werden sie sie ähnlich bewundernd-fasziniert, erschrocken-angewidert oder verständnislos-kopfschüttelnd betrachten, wie wir heute auf frühere Epochen der Menschheitsgeschichte blicken? Werden sie denken: Das war eine große Zeit, ein wirklicher Meilenstein in der Entwicklung menschlicher Kultur und Zivilisation? Oder werden sie denken: Was für ein Niedergang, welche geistige Leere bei materieller Fülle?

Dies vorherzusagen ist unmöglich. Aber es darf spekuliert und Wahrscheinlicheres von Unwahrscheinlicherem geschieden werden. Wahrscheinlich werden sie denken: Noch so eine Ideologie, so ein Denk- und Handlungsmuster, aus dem die Menschen Lebenssinn zu ziehen suchten – und abermals vergeblich. Auf den Gedanken, dass dieses Muster der »Natur des Menschen« gemäß gewesen sei, dürften sie indes kaum kommen. Denn dazu ist dieses Muster zu irrational und bizarr, zu lebens- und menschenfeindlich. Das können die Damaligen, so werden sie hoffentlich denken, doch nicht wirklich gemeint und gewollt haben. Der Mensch ist doch ein vernunftbegabtes Wesen. Aber sie werden – sollten sie sich für die Jetztzeit überhaupt interessieren – zweifeln und fragen:

Warum haben Menschen, die mit materiellen Gütern reich gesegnet waren, diese immer weiter zu mehren versucht, obwohl sie dadurch weder glücklicher noch zufriedener wurden? Warum unternahmen sie alles, um ihren Anteil an der Weltgütermenge noch zu erhöhen, obwohl ihnen das meiste ohnehin

184

bereits zufloss? Warum beschädigten sie ihre und die Lebensgrundlagen aller anderen Menschen, um ein Wachstum der Wirtschaft zu ermöglichen, das sie gar nicht mehr benötigten? Warum verteilten sie die Früchte gemeinsamer Arbeit global und binnengesellschaftlich so ungleich, dass Verteilungskonflikte fast zwangsläufig waren?

Warum gaben sie sich mit Mobilitäts- und Siedlungsformen zufrieden, die weit unterhalb ihrer technischen, ökonomischen und ästhetischen Möglichkeiten lagen und ihre Lebensqualität empfindlich beeinträchtigten? Warum unterhielten sie ein Bildungssystem, das nur ein recht schmales Segment ihrer mentalen und emotionalen Fähigkeiten entfaltete, und vernachlässigten den Menschen als Ganzes? Warum nutzten sie nicht die Möglichkeiten technischen Fortschritts, um ihre Arbeitslast zu mindern, sondern steigerten diese bis hin zu Stress und Erschöpfung? Warum pressten sie darüber hinaus alle halbwegs Erwerbsfähigen in Erwerbsarbeit?

Warum taten sie sich so schwer mit ihrem demographischen Wandel, der doch nicht nur unvermeidlich, sondern auch überaus chancenreich war? Warum fürchteten sie sich davor, Lebensrisiken zu schultern, die die Menschen vor ihnen mit größter Selbstverständlichkeit getragen hatten? Warum lieferten sie sich so bedingungslos einem Staat aus, dem sie misstrauten und verachteten? Warum verinnerlichten sie Kommunikationstechniken, durch die sie lange erstrittene Freiheits- und Schutzrechte verloren?

Warum häuften sie immer höhere Schuldenberge auf, obwohl sie es bereits zu einem menschheitsgeschichtlich beispiellosen Wohlstand gebracht hatten? Warum waren sie bereit, die einzigartige kulturelle Vielfalt und Schönheit ihres Kontinents ökonomischer Effizienz und Uniformität zu opfern? Warum strebten sie eine Globalisierung an, die sie weder beherrschen noch steuern konnten? Warum waren sie so unfähig, das, was sie hatten, besser zu nutzen und mehr zu genießen? Oder kurz: Warum waren sie so wenig weise?

So oder ähnlich könnten die Nachgeborenen auf die Jetztzeit zurückblicken und sich wundern, was für ganz und gar wunderliche Menschen in ihr lebten. Vermutlich wäre das die wohlwollendste und liebenswürdigste Rückschau. Sie könnten uns aber auch für die Fülle von Problemen verfluchen, die wir verursacht und ungelöst an sie weitergereicht haben werden: eine überforderte Erde mit einer überforderten Menschheit. Und sie könnten sagen: Was für ein Wahnwitz!

Doch es könnte alles auch ganz anders kommen.

Die Kunst der Beschränkung

»In der Beschränkung zeigt sich erst der Meister«
Johann Wolfgang von Goethe[251]

Horizonte

Zweifel

Herz, Leber oder Nieren – bei chronischer Überforderung stellen sie ihre Funktionen ein. Auch überforderte Menschen versagen, erkranken und zerbrechen schließlich. Überforderte Familien, Gruppen und Gesellschaften verlieren zunächst ihre Handlungsfähigkeit und lösen sich dann auf. Und eine überforderte Erde? Hier häufen sich Wetteranomalien, das Klima wird ein anderes, die Bodenqualität nimmt ab, die Wüstenbildung schreitet voran, die Gewässer versauern, die Artenvielfalt schwindet, kurz: Es verschlechtern sich die Lebensbedingungen für Pflanzen, Tiere und Menschen.

Die Folgen anhaltender Überforderung sind allgemein bekannt. Dennoch bewegen sich große Teile der Menschheit, allen voran die Völker der frühindustrialisierten Länder, zügig auf sie zu – individuell, kollektiv und global. Überforderung ist weithin zu einem Dauerzustand geworden, den viele ertragen und manche erleiden, gegen den aber auch immer mehr aufbegehren. Warum tun wir uns und anderen das an? Und da es keine überzeugende Antwort auf diese Frage gibt, wächst die Zahl derer, die den Mut haben, sich ihres eigenen Verstandes zu bedienen und sich nicht länger wie Eisenfeilspäne am Kraftfeld von Zeitgeist und Massenmeinung auszurichten.

Was sich vor gar nicht so langer Zeit erst zaghaft andeutete, hat Momentum bekommen. Ökologisch verantwortungsbewusstes Verhalten ist mittlerweile zur gesellschaftlichen Norm geworden, auch wenn sich dieses Verhalten oft im Verbalen erschöpft. Immerhin: Die Entsorgung von Müll und Altöl auf Waldlichtungen und an Bachläufen, vor wenigen Jahrzehnten durchaus nicht unüblich, ist wohl nicht nur aufgrund verschärfter Sanktionen selten geworden.

Die Wirtschaft will da nicht zurückstehen. Breit plakatiert sie ihr Engagement für die Umwelt und kann dabei gewiss sein, dass dies verkaufsfördernd wirkt. Die meisten Unternehmen, die dafür irgendwie in Betracht kommen, wollen mitmachen beim Schutz der Bienen, nachhaltigem Fischfang, Vermeiden von Schadstoffen und Ähnlichem. Das gehört zu einer erfolgreichen Werbung heute einfach dazu. Wäre alles, was da zu lesen und auf bewegenden Bildern anzuschauen ist, Widerschein einer veränderten Wirklichkeit – Mensch und Erde könnten beginnen aufzuatmen. Doch dass es dafür noch zu früh ist, ist offenkundig. Trotzdem sollte die neue Tonlage aufhorchen lassen. Sie könnte Anlass zu vorsichtiger Hoffnung sein.

Menschen, wenn auch vorerst nur eine Minderheit, haben begonnen, die Welt mit anderen Augen zu sehen, und dabei Dinge entdeckt, die ihnen bislang verborgen geblieben waren. Nach und nach erkennen sie, dass die Art zu leben namentlich in den frühindustrialisierten Ländern zerstörerisch und daher weder verallgemeinerungs- noch zukunftsfähig ist.

An sich sind diese Erkenntnisse nicht neu. Manches wurde schon vor Jahrzehnten debattiert. Neu ist jedoch der Widerhall, den sie heute finden. Nicht, dass breitere Bevölkerungsschichten ihre über Generationen hinweg erworbenen Denk- und Handlungsmuster bereits aufgegeben hätten oder dabei seien, dies in absehbarer Zeit zu tun. Aber sie haben zunehmend Zweifel, ob das, was sie bislang als gut und richtig angesehen haben, auch gut und richtig ist.

Zweifel am Bestehenden! Das ist der Anfang aller bedeutsamen und erst recht aller epochalen Veränderungen in der Menschheitsgeschichte. Fangen Menschen an zu zweifeln, ist dies vorerst kaum wahrnehmbar. Zunächst entwickeln sich Zweifel im Verborgenen. Aber irgendwann nehmen sie Gestalt an und werden öffentlich. Dies ist der Moment, vor dem allen Ideologen graut – Menschen fangen an zu fragen: Kann das denn überhaupt sein?

Kann es sein, dass Menschen durch immer monströsere Bauwerke, immer mehr Verkehr, immer längere Beschulung oder ganz allgemein durch immer größere Güter- und Dienstleistungsmengen glücklicher oder auch nur zufriedener werden? Kann es sein, dass die Umwandlung immer größerer Teile der natürlichen Umwelt in menschliche Produkte Lebenssinn stiftet? Kann es sein, dass der Mensch vorrangig zum Produzieren und Konsumieren von Waren bestimmt ist?

Fragen wie diese kamen der großen Mehrheit vor noch gar nicht langer Zeit kaum in den Sinn. Sie war in dieser Glaubens- und Ideenwelt aufgewachsen und dachte nicht daran, sie zu hinterfragen. Jetzt fragt sie, wenn auch bislang ohne größere Folgen. Die meisten verhalten sich, wie sie sich immer verhalten haben. Aber sie tun es zweifelnd und mit zunehmend schlechtem Gewissen. Eigentlich sollte ich weniger Fleisch essen, weniger Auto fahren, weniger reisen, weniger Energie verbrauchen, weniger dies und mehr das tun. Eigentlich.

Mit einem solchen Bewusstseinsstand scheint noch nicht viel gewonnen zu sein, und doch ist er verglichen mit jenem vor zwei oder drei Dekaden ein beachtlicher Schritt nach vorn. Der Zeitgeist beginnt aus einer anderen Richtung zu wehen. Ausschweifende Feste, opulente Buffets, große Automobile, protziges Auftreten – vieles von dem, was einst das Ansehen mehrte und den gesellschaftlichen Status erhöhte, wird heute als eher peinlich empfunden. Es passt nicht mehr in die Zeit. Das ist nicht unbedingt Ausdruck einer neuen Bescheidenheit, obgleich es auch für sie zunehmend Anzeichen gibt.[252] Aber es dürfte Ausdruck zunehmenden Unbehagens sein.

189

Was aber wird aus einem Lebensmuster, das um Wachstum und materielle Wohlstandsmehrung gewoben ist, wenn der Genuss seiner saftigsten Früchte vielen obszön erscheint? Gewiss gibt es noch einige, die ihren Mitbürgern »jetzt erst recht« vor Augen führen wollen, dass sich für sie nichts geändert hat. Sie feiern weiter ihre Feste, als sei die Zeit vor Generationen stehengeblieben. Nur, Bewunderung lösen sie damit nicht mehr aus. Eher eine gewisse gesellschaftliche Ächtung. Um dieser zu entgehen, tauchen sie bei »ihresgleichen« unter. Manche verstecken sich ganz. Doch damit berauben sie sich ihrer letzten verbliebenen Rolle: Aufmerksamkeit zu erheischen. Die wird anderen zuteil.

Widersprüche

Wenn Menschen am jeweils Bestehenden zweifeln, entsteht der Humus für neue Ideen und das Substrat, auf dem Lehrmeinungen und Glaubenssätze, Ideologien und Systeme und selbst Staaten und Kulturen schlussendlich zu Geschichte werden. Bei der aktuell dominanten Kultur der Entgrenzung, der unaufhörlichen Expansion wird dies nicht anders sein, und zwar nicht nur, weil diese unvermeidlich an physische Grenzen stößt, sondern auch, weil dies der Gang alles Bestehenden ist. Hierauf ist unbedingt Verlass: Das, was ist, wird nicht sein. Es wird abgelöst von etwas anderem, Neuem, wobei sich solche Transformationen in Schüben vollziehen. Und wir, die Völker der frühindustrialisierten Länder, befinden uns soeben inmitten eines solchen Schubs.

Anzeichen hierfür sind die sich häufenden Widersprüche. So erklärt in Deutschland die große Bevölkerungsmehrheit (75 Prozent), dass sie zu viel verbraucht, und eine fast gleichgroße Mehrheit ist auch bereit, sich einzuschränken (72 Prozent), indem sie beispielsweise weniger Strom konsumiert (76 Prozent), sparsamer heizt (61 Prozent) oder vermehrt regionale Produkte kauft (60 Prozent).[253] Darüber hinaus fühlen sich viele von ihren derzeitigen Lebensformen überfordert: den Belastungen ihrer beruflichen Tätigkeit, dem Spagat zwischen Kindern und Erwerbsarbeit, dem Schul- und Hochschulbetrieb, dem Gesundheitswesen, dem Verkehr, dem Lärm … Doch zugleich sind sie ihren tradierten Denk- und Handlungsmustern unverändert verhaftet und von verallgemeinerungs- und zukunftsfähigen Lebensformen weit entfernt. Richtig gerechnet ist die Bilanz ihres Wirtschaftens weiterhin negativ, zerstören sie mehr, als sie aufbauen.

Der Befund ist lähmend: Da strengen sich Individuen und Gesellschaft seit Jahrzehnten an, Absichten und Wirklichkeit zur Deckung zu bringen. Doch es gelingt nicht. Die Kluft scheint sich sogar fortwährend zu weiten. Und sie muss sich in einer Kultur weiten, die keine Grenzen kennt und jedwede Beschränkung ablehnt.

Da plakatiert eine Partei, die in der Regel ernst genommen werden will, im Sommer 2013 eine freundlich dreinschauende alte Dame, die treuherzig fordert: »Für faire Miete statt Rendite«[254]. Was mag da wohl in den Köpfen der Initiatoren dieser Kampagne vorgegangen sein? Nachdem ein Gemeinwesen enorme private wie öffentliche Mittel für die Bereitstellung von Wohnraum aufgebracht hat und viele Investoren, wenn überhaupt, schon längst keine nennenswerten Renditen mehr erwirtschaften, drehen sie die Anspruchsschraube weiter. Renditen? Mittel für Wohnungen sollen gefälligst renditelos, das heißt ohne Gegenleistung, zur Verfügung gestellt werden. Und von wem? Von den Mitbürgern. Sie sollen der alten Dame und vielen weiteren Haushalten die Wohnung ganz oder teilweise finanzieren.

In einem so wohlhabenden und sozial gesonnenen Gemeinwesen wie dem deutschen ließe sich das hören, wenn es buchstäblich um das Dach über dem Kopf ginge. In einem solchen Gemeinwesen soll niemand und braucht niemand unter Brücken zu schlafen, weil es keinen Wohnraum für ihn gibt. Wohnraum gibt es ausreichend, auch bezahlbaren. Das Problem sind die Ansprüche, die an Ort, Lage und Ausstattung gestellt werden, und die Fähigkeit, aber auch die Bereitschaft der Nachfragenden, die Mittel aufzubringen, die diesen Ansprüchen angemessen sind. Hier klafft nicht selten und offenbar immer öfter eine Lücke, die nach Meinung vieler die steuerzahlenden Mitbürger, genannt Staat, schließen sollen. Die Formel lautet: Der Einzelne, assistiert von wohlmeinenden Organisationen, definiert seine Ansprüche, und die Gemeinschaft sorgt für deren Erfüllung.

Ähnliches bahnt sich bei der Betreuung von Kleinkindern an. Dass für diese ein steuerfinanzierter Betreuungsplatz bereitzustehen hat, gilt mittlerweile fast als ein Menschenrecht, und folglich bringt die Gemeinschaft der Steuerzahler über Bund, Länder und Gemeinden abermals enorme Summen auf, um diesem Rechtsanspruch durch die Schaffung vieler Hunderttausend Krippen-, Hort- und Kitaplätze zu genügen.[255] Doch wie stets zeigt sich: Es ist nicht genug. Quantitativ würden ja, so die artikulierte öffentliche Meinung, die Anforderungen mehr oder minder erfüllt. Aber nicht qualitativ! Qualitativ könnten allenfalls 10 bis 15 Prozent der bereitgestellten Plätze als gut bezeichnet werden. Ebenso viele seien jedoch schlecht.[256] Alles dazwischen sei grauer Durchschnitt – zu wenige Betreuerinnen oder Betreuer, die dann auch noch unzulänglich ausgebildet seien, fehlende altersgerechte Spielmöglichkeiten im Freien, keine fußläufige Erreichbarkeit, keine befriedigenden Auswahlmöglichkeiten hinsichtlich religiöser oder nichtreligiöser Orientierungen und Ähnliches mehr. Das alles erlaubt nur einen Schluss: Für Kitas und vergleichbare Einrichtungen müssen noch erheblich größere Mittel bereitgestellt werden![257] Schließlich geht es um unsere Kinder! Und wer soll diese Mittel bereitstellen? Selbstredend auch diesmal der steuerzahlende Bürger im Gewand des Staates.

Und so geht es weiter. Schulen und Hochschulen? Völlig unterfinanziert! Theater und Museen? Eine Schande für eine

Kulturnation! Schwimmbäder und Sportstätten? Ein Armuts-
zeugnis! Öffentlich subventionierte Wohnungen? Ein ganz
trauriges Kapitel! Und wo sind die Mittel für mehr Polizisten
und Pflegekräfte, bessere Verkehrsanbindungen, wirksameren
Lärmschutz, Tiere in Not? Wer will, kann jeden Tag seine
Stimme für eine andere wichtige und gerechte Sache erheben.
Vielleicht haben er oder sie ja dann auch noch die Kraft, nach
ihrem Tagewerk die Frage zu beantworten: Warum fühlen wir
uns eigentlich so überfordert?

Irrsinn

Das bringen zur Entgrenzung drängende Kulturen unvermeidlich mit sich. Da es ohne Grenzen keine Ziele gibt, lassen
sich auch keine erreichen. Ziellos geht es immer weiter. Der
menschlichen Natur entsprechen solche Entgrenzungen nicht.
Die meisten wollen wenigstens gelegentlich sagen können: geschafft. Hier soll meine Hütte stehen. Lasst uns fröhlich feiern
und für einen Moment nicht danach fragen, was morgen sein
wird. Naturnähere Völker leben das noch vor: Sie arbeiten, ras-
ten und feiern in kurzen Sequenzen und in der Gewissheit, Teil
eines größeren Ganzen zu sein, das mit ihnen und ohne sie Bestand hat.[258]
Menschen im westlichen Kulturkreis haben diese Fähigkeiten und Gewissheiten weitgehend verloren. Ihnen wurde ein
Stachel der Rastlosigkeit und des Ungenügens implantiert, der
sie zu ständigem Weitermachen antreibt. Selbst wenn sie nicht
ihrer Erwerbsarbeit nachgehen, sind sie von Unruhe erfüllt:
irgendwo hinfahren, etwas erleben, Kräfte sammeln für den
Beruf. »Fitnesstraining« oder »gezielt relaxen« – schon die Be-
grifflichkeiten signalisieren: Hier wird nicht losgelassen, innere
Einkehr gehalten, sondern hier geht es weiter mit Anspannung
und nicht selten Stress.
Hybris ist die Grunddisposition dieser Gesellschaft, im ei-

gentlichen Wortsinne Irr-Sinniges ihre Zielvorgabe. Die unausbleiblichen Folgen: massenhaft akute individuelle und kollektive Neurosen. Niemals innehalten oder zurückschauen! Denn die Zukunft liegt voraus. Wo aber ist das? Dort, wo alles größer, schöner und besser erscheint. Doch sobald dieses Vorausliegende erreicht ist, beginnt alles aufs Neue. Verglichen mit dem heutigen Menschen im westlichen Kulturkreis war Sisyphos ein zielgeleiteter Erfolgstyp.[259] Seine Nachfahren in Frankfurt, London oder New York haben das ungleich schwerere Los, Irdisches immer vollkommener machen zu sollen – eine aufgrund fehlender Zieldefinition gänzlich unlösbare Aufgabe. Dieses Streben nach fortwährender Vervollkommnung hat nichts mehr gemein mit dem humanistischen Ideal der allseits entfalteten und gebildeten Persönlichkeit. Vielmehr ist es Ausdruck von Kontrollverlust und dem Verlust der Fähigkeit, Dinge einzuordnen, zwischen wichtig und unwichtig zu unterscheiden und das Leben zu leben.

Zur Erinnerung: Die Völker der frühindustrialisierten Länder haben jahrhundertelang weltweit an sich gerafft, was sich an irdischen Gütern raffen ließ. Sie haben riesige Güterberge aufgehäuft und genießen jetzt einen materiellen Lebensstandard, der um ein Mehrfaches höher ist als der durchschnittliche Lebensstandard der Weltbevölkerung.[260] Nie war die Verteilung irdischer Güter so ungleich wie heute, und noch nie haben die Völker der frühindustrialisierten Länder hiervon so profitiert. Selbst ihren wirtschaftlich schwächsten Gliedern ermöglichen sie einen Lebensstandard, der höher ist als der Lebensstandard der hart arbeitenden Mehrheit der Menschheit. Wie immer man es wendet: Die Völker der frühindustrialisierten Länder sind sowohl im historischen als auch im internationalen Vergleich reich, so reich, wie Völker noch nie waren, und zwar nicht nur Minderheiten innerhalb derselben, sondern die breite Mehrheit und aus globaler Sicht sogar alle.

Und was haben wir mit diesem Reichtum gemacht? Nüchtern betrachtet: verzweiflungsvoll wenig. Weder individuell noch kollektiv ist es uns gelungen, uns Lohnenderem zuzuwenden[261] als der fortgesetzten Mehrung materieller Güter, und das, obwohl wir längst wissen oder wissen müssten, dass wir mit dieser Gütermehrung immense Schäden an unseren Lebensgrundlagen verursachen. Irr-sinniger als in dieser Kultur haben Menschen vermutlich noch nie gehandelt.

Die Völker der frühindustrialisierten Länder haben alles, und wenn sie mit ihrem materiellen Wohlstand ein wenig gemeinwohlverträglicher umgingen, könnten sie unschwer an die wirklich Armen dieser Welt abgeben. Von ein paar Almosen abgesehen, liegt ihnen das jedoch fern. Sie glucken auf dem, was sie haben, und wie recht oft bei Reichen ist ihres Lamentierens kein Ende. Nichts genügt ihnen: keine Kitamöblierung, kein Mensaessen, keine Straßenpflasterung, kein Festspielhaus, obwohl das alles, quantitativ und qualitativ, schon jetzt nur hervorgebracht werden kann, wenn die Welt dafür ausgeplündert wird. Kein Zweifel: Die Völker der frühindustrialisierten Länder haben kein Empfinden mehr für »das rechte Maß«[262], und woher sollten sie es in einer Kultur der Entgrenzung auch haben?

Standortbestimmung

Im Nebel oder in Schnee- und Sandstürmen wissen Menschen oft nicht mehr, wo vorne oder hinten ist. Befinden sie sich in der Luft, können sie ohne technische Hilfsmittel[263] mitunter noch nicht einmal mehr sagen, wo oben oder unten ist. Mangels sichtbarer Horizonte haben sie die Orientierung verloren. Das kann sie schlimmstenfalls das Leben kosten.

Menschen brauchen zu ihrer Orientierung Wegmarken, Fixpunkte, Horizonte. Nur dann wissen sie, wo sie sich befinden und in welche Richtung sie sich bewegen müssen. Wo bin ich, und wo will ich hin? Diese elementaren Fragen werden in westlichen Gesellschaften viel zu selten gestellt. Denn die Antwort scheint sich zu erübrigen. Wir brauchen nicht zu wissen, wo wir sind, denn wir wissen ja, wohin wir wollen: vorwärts, weiter.

Doch Standortbestimmungen können lebensverändernd sein. So wurde Anfang der achtziger Jahre eine wissenschaftliche Untersuchung über die Einkommens- und Vermögensverhältnisse der Westdeutschen veröffentlicht,[264] die, damals noch ungewohnt und neu, teils auf ungläubiges Staunen, teils auf energischen Widerspruch stieß. Ihr Fazit lautete nämlich: Die große Mehrheit der Deutschen ist im Laufe der sechziger und siebziger Jahre zu beträchtlichem Wohlstand gelangt. Widerlegen ließ sich diese Aussage nicht. Aber sie lag quer zum individuellen und kollektiven Selbstverständnis jener Zeit. Die Mehrheit der Bürger im historischen und internationalen Vergleich wohlhabend? Niemals! Die Mehrheit ist arm, und es muss noch viel geschehen, um sie dieser Armut zu entreißen.

Eine weitverbreitete deutsche Tageszeitung[265] nahm diese Debatte zum Anlass, ihre Millionen von Lesern aufzufordern, in einer stillen Stunde aufzulisten, was sie alles haben, vom Häuschen bis zum Rentenanspruch, und sich zu überlegen, was das alles wert ist. Die Resonanz war überwältigend. Ihr Tenor: Wir hatten keine Vorstellung, was auf unseren Versicherungs- und Sparkonten, in unseren Schränken und Truhen schlummert. Einer der Redakteure dieser Zeitung berichtete später, sein eigener Vater, ein Tankstellenbetreiber, den er immer für eine arme Kirchenmaus gehalten hatte, habe eines Abends die Hand auf seinen Arm gelegt und gesagt: Junge, das war eine tolle Idee. Ich habe auch einmal nachgerechnet. Ich bin ein vermögender Mann. Von da an, so der Redakteur, sei sein Vater ein anderer gewesen.

Vielleicht sollten die Völker der frühindustrialisierten Länder, anstatt besinnungslos immer weiterzuhasten, ebenfalls einmal nachrechnen, um festzustellen, wie weit sie es bislang gebracht haben. Das voraussichtliche Ergebnis: Im Laufe von Jahrhunderten haben sie Kunstschätze und Kulturgüter von unermesslichem Wert geschaffen und es darüber hinaus zu einem menschheitsgeschichtlich beispiellosen materiellen Wohlstand gebracht. Der Preis: eine abermals menschheitsgeschichtlich beispiellos geschundene Erde sowie chronisch überforderte Individuen und Völker. Auch haben sie sich mit diesem Verhalten keine Freunde gemacht. Sie haben zu viel für sich beansprucht und den anderen zu wenig gelassen. Jetzt fühlen sie sich nicht ohne Grund von Gegnern umringt, denen sie mit einem gigantischen Aufwand an Material und Menschen – in dieser Reihenfolge – zu begegnen suchen.[266] Dass dabei auch ihre eigenen Freiheits- und Bürgerrechte zu Bruch gehen, nehmen sie in Kauf.

Ist das ein Ergebnis, von dem sich sagen ließe: Die Richtung stimmt? Aufwand und Ertrag stehen in einem angemessenen Verhältnis zueinander? Wohlan, weiter so? Wohl eher nicht. Die Zeit dürfte reif sein, sich mit grundlegenden Alternativen zum Bisherigen zu befassen. Ginge es auch anders, schonender, erdverträglicher, menschenfreundlicher?

Genießen

Bisweilen gibt schon die Sprache hilfreiche Hinweise, zum Beispiel die Genesis der Wörter Genuss und genießen. Bereits im Althochdeutschen waren sie im Gebrauch in Form von (gi)niozan und im Mittelhochdeutschen in Form von (ge)niezen.[267] Der Bedeutungszusammenhang ist gut erkennbar und hat sich bis heute erhalten. Etwas genießen, das bedeutet, es zu nutzen, zu gebrauchen. Und genossen, also genutzt werden können Sachen, Landschaften, die Gesellschaft anderer Menschen, Zeit. Wer über einen wachen Geist und ein wenig Phantasie verfügt, kann unendlich viel genießen, nutzen, gebrauchen.

Im westlichen Kulturkreis haben viele diese Fähigkeit verloren. Sie können nicht mehr richtig genießen, oder genauer: In diesem Kulturkreis ist das Genießen auf einen engen Lebensbereich zusammengedrängt und dann auch noch mit dem Unterton einer gewissen Missbilligung unterlegt worden. Genussmenschen, Genussmittel – Begriffe, die zumindest ein wenig schillern. Der gesellschaftlich akzeptable Genuss ist für besondere Anlässe reserviert. Außerhalb dieser Einhegungen ist er eher verdächtig. Wer ist schon bereit, bei einem Geschäftsessen oder auch im privaten Bereich zu erklären, er möchte das Gespräch für eine Weile ruhen lassen, weil es den Genuss der Speisen und Getränke störe?

Die Menschen des westlichen Kulturkreises müssen wieder lernen, was ihre Vorfahren in hohen Graden beherrschten: zu genießen – den Duft einer Blume, den Geschmack einer Frucht, den Wohllaut von Tönen. Sie müssen wieder lernen, ihre Sinne zu öffnen und zugleich zu schärfen. Das erfordert nach Generationen der Entwöhnung ein wenig Übung und Zeit. Doch mit ein wenig Übung und Zeit wird das Leben auch ohne ständig neue Reize reich und farbig. Wenige Impulse, intensiv genutzt, genügen oft für einen erfüllten Tag.

Besser nutzen, was vorhanden ist, anstatt ständig nach mehr zu gieren. Auch hierauf verstanden sich frühere Geschlechter meisterlich. Bis zum Beginn industrieller Massenproduktion war das meiste, was sie anfassten, auf lange, intensive Nutzung ausgelegt. Die Häuser, die sie bauten, stehen zum Teil heute noch, und einige werden noch stehen, wenn jetzt Gebautes schon längst wieder der Abrissbirne anheimgefallen sein wird. Die Möbel, die sie schreinerten, waren nicht nur für sie, sondern auch für ihre Kinder und Kindeskinder bestimmt, und manches, von der kunstvoll geschwungenen Rokoko-Kommode bis hin zum handbemalten Bauernschrank, ist in einigen Haushalten bis heute ein Blickfang.

Gegenstände wurden genutzt, bis sie irreparabel waren: landwirtschaftliches Gerät, Handwerkszeug, Kleidung, Geschirr, Besteck und selbstverständlich der Familienschmuck, so bescheiden und geringwertig er auch sein mochte. Ähnlich wie heute in Entwicklungsländern wurde bis zur Industrialisierung auch in Ländern wie Deutschland alles gedreht und gewendet und auf seinen jeweiligen Gebrauchswert sowie möglichen Zweit- und Drittnutzen taxiert.

Die industrielle Massenproduktion ließ diesen sorgsamen Umgang mit Gütern obsolet erscheinen, und zweifellos wirkte dies nicht nur, aber auch wohlstandsmehrend. Ständige technische Verbesserungen und deren zügige Umsetzung in der Landwirtschaft sowie im gewerblichen und hauswirtschaftlichen Bereich trugen maßgeblich dazu bei, dass eine rasch wachsende Zahl von Menschen satt wurde, sich kleiden konnte, behaust war und darüber hinaus über so manches verfügte, was das Leben leichter und angenehmer machte.

Nur wurde auch diesmal zum Schaden von Mensch und Erde weit über das Ziel hinausgeschossen. Durch die scheinbar grenzenlose und immer weiter anschwellende Fülle des Güterangebots verlernten die Menschen, die Früchte ihrer Arbeit zu genießen, sprich intensiv zu nutzen. Diese Früchte wurden durch ihre schiere Masse entwertet. Zugleich wurden die Menschen angehalten und veranlasst, in immer kürzerer Zeit immer mehr zu produzieren. Der technische Fortschritt machte es möglich.

Was soll daran bedenklich sein? Warum nicht jedes Jahr ein neues Smartphone, ein neuer Mantel, ein neuer Elektrogrill? Warum nicht alle drei Jahre ein neues Auto und alle zehn Jahre eine neue Wohnungseinrichtung? Die Wirtschaft gibt es doch her und die Einkommen vieler Haushalte auch. Die schlichte, aber doch existentielle Antwort: Weil die Produktion, Nutzung und Entsorgung all dieser Dinge die Lebensgrundlagen überflüssigerweise beeinträchtigen. Hätten es die Menschen seit Beginn der Industrialisierung vermocht, umweltneutral zu wirtschaften, müssten sie sich heute, wo sie es sichtlich weit gebracht haben, nur fragen lassen, ob sie nicht mittlerweile Besseres mit ihrem Leben anzufangen wüssten. So müssen sie sich jedoch fragen lassen, welcher Ungeist sie in all diesen Jahrzehnten geritten hat.

Übernutzung – Unternutzung

Das ist eine weitere der großen Paradoxien westlicher Kultur: die krasse Überbeanspruchung von Natur, Umwelt und Mensch auf der einen und die nicht minder krasse Unternutzung der erzeugten Gütermenge auf der anderen Seite. Ein rascher Blick auf das Geschaffene, vielleicht ein Moment der Zufriedenheit, und schon wird ein Produkt – im besten Fall – recycelt oder – im wahrscheinlicheren Fall – entsorgt. Im Grunde ist dieses Prozedere noch absurder als das Schürfen von Gold, das mit unsäglichen Mühen dem Dunkel der Erde entrissen wird, um, kaum gestempelt, sogleich wieder im Dunkel von Tresoren zu verschwinden. Immerhin, anders als bei der übrigen Güterproduktion wird beim Gold gelegentlich nachgeschaut, ob es noch da ist.

So zu wirtschaften: zu produzieren, kurz zu genießen und unverzüglich wieder zu entsorgen mache, so heißt es, den Menschen Freude. Wer wolle schon drei Winter lang denselben Mantel tragen oder gar jahrzehntelang von denselben Möbeln umgeben sein? Öfter mal was Neues! Das sei die Geisteshaltung vieler. Vielleicht. Aber kennen sie überhaupt die Alternative? Wissen sie, dass sie – ohne Abstriche an ihrem materiellen Lebensstandard – viel Zeit für anderes und wahrscheinlich Lohnenderes als hektisches Produzieren, Konsumieren und Entsorgen hätten, wenn sie möglichst haltbare und zeitlos ansprechende Produkte herstellten und diese dann möglichst lange nutzten? Und wissen sie, dass dadurch zugleich die Überbeanspruchung von Erde und Mensch beträchtlich vermindert und viele Probleme überforderter Menschen in einer überforderten Welt gelöst würden? Und wenn sie es wüssten, würden sie danach handeln?

Zwei hohe mentale Hürden müssten sie hierfür überwinden. Die erste ist der im westlichen Kulturkreis extrem hohe Stellenwert von Neuem. Neues gilt ganz generell Altem überlegen. Das ist zwar nicht unbedingt richtig und auch nicht Ausdruck menschlicher Natur, wie alle jene Kulturen zeigen, in denen Neues eher skeptisch betrachtet und Altes hochgeschätzt wird.[268] Aber eine nach Entgrenzung strebende Kultur wie die westliche muss die Menschen auf Neues hin konditionieren, ist doch der Sinn ihres Lebens, fortwährend Neues zu erproben und in Unbekanntes vorzustoßen. Doch noch einmal: So folgenlos dieser Habitus war, als die Entgrenzung noch im Transzendenten angesiedelt war, so ambivalent wurde er mit deren Diesseitswendung. Nunmehr wirkt er, wie die zurückliegenden 250 Jahre beklemmend zeigen, schöpferisch und zerstörerisch zugleich. Kräfte, die der unablässige Drang nach Neuem freisetzt, werden auch wieder verschlungen, wobei mittlerweile mehr Kräfte verschlungen als freigesetzt werden.

Die zweite, vielleicht noch höhere Hürde ist die große Attraktion, die Besitz und Eigentum im westlichen Kulturkreis haben, und zwar Besitz und Eigentum mit exklusivem Nutzungsrecht. Dabei geht es nicht um höchstpersönliche Gegenstände, die nicht selten schon in prähistorischer Zeit, etwa in Form von Waffen oder Schmuck, eine Art Individualeigentum darstellten. Vielmehr geht es um Besitz und Eigentum zum Beispiel an Häusern in Geisterstädten, die zwei Monate im Jahr belebt und während der übrigen Zeit verwaist sind; es geht um Fünfzimmerwohnungen mit Küche und zwei Bädern, in denen nur noch zwei Räume genutzt werden, weil eine einst große Familie auf eine Person geschrumpft ist; es geht um Millionen von Kraftfahrzeugen, die in einem Land wie Deutschland oft tage- und mitunter wochen- oder monatelang nicht bewegt werden[269] und als »ruhender Verkehr« (!) Straßen und Plätze verstopfen und denen den Weg versperren, die sich bewegen wollen; es geht um eine unüberschaubare Menge an Elektrobohrern, Hochdruckreinigern, Rasenmähern oder elektrischen Heckenscheren, deren Produktion und Vertrieb Menschen und Umwelt beansprucht haben und die jetzt – kaum genutzt – in irgendwelchen Schuppen vor sich hin rosten.

Teilen

Zuerst die gute Nachricht, der keine schlechte folgt: Nicht nur löst protziges Auftreten und allzu große Opulenz bei vielen zunehmend Unbehagen aus, auch bei den weithin unternutzten Güterbergen setzt allmählich ein Umdenken ein. Auch hier weht der Zeitgeist mittlerweile aus einer anderen Richtung. So tauchen im Straßenbild Schränke auf, denen Interessierte von anderen hinterlassene Bücher kostenfrei entnehmen können. In manchen Publikationen werden die Nutzer ermuntert, nach der Lektüre das Buch für einen anderen in Bus oder Bahn liegenzulassen. Gebrauchtkleiderläden sind längst keine verkappten Wärmestuben für Obdachlose mehr, sondern machen bisweilen regulären Geschäften und selbst Edelboutiquen Konkurrenz. Und das Sharing, also die multiple Nutzung von (Ferien-)Wohnungen, Kraftfahrzeugen, Fahrrädern, Sportgeräten und vielem anderen ist keineswegs mehr experimentell. Es hat sich etabliert.[270]

In den meisten Fällen ist dies nicht Ausdruck zunehmend bedrängter wirtschaftlicher Verhältnisse, sondern Ausdruck des Bedürfnisses nach einem effizienteren und schonenderen Umgang mit Dingen. In zeitgemäßen Formen wird hier an bewährte Verhaltensmuster früherer Zeiten angeknüpft. Als im 19. Jahrhundert im Zuge der Industrialisierung in der Landwirtschaft immer aufwendigeres und teureres Gerät zum Einsatz kam, lag es nahe, dass dies von mehreren Bauern und nicht selten einem ganzen Dorf gemeinschaftlich genutzt wurde. Warum etwas Aufwendiges und Teures, das nur hin und wieder benötigt wird, kaufen, wenn es auch gemietet werden kann? Wozu das Eigentum an einer Sache erwerben, wenn es ausreicht, sie nutzen zu können? Vornehmlich jüngere Menschen vertreten immer häufiger diesen Standpunkt. Der Erfolg gibt ihnen recht.

Was im gewerblichen Bereich von jeher selbstverständlich war: die intensive Nutzung von Gebäuden, Maschinen oder kurz des Kapitalstocks, hält langsam im nichtgewerblichen, hauswirtschaftlichen Bereich Einzug. Hilfreich ist hierbei der traditionsreiche Genossenschaftsgedanke, der nicht zuletzt mit der Ausbreitung der industriellen Massenproduktion und der durch sie geförderten Vereinzelung der Privathaushalte auf ein Nebengleis zu geraten drohte. Die jüngsten Entwicklungen haben ihm neue Attraktivität und neuen Glanz verliehen. Sich mit anderen zur Erreichung eines gemeinsamen Ziels zusammenzuschließen und dabei auch sächliche Mittel im größtmöglichen Umfang gemeinsam zu nutzen, ist heute unmittelbarer einsichtig und fällt daher vielen leichter als während der Hochphase der Individualisierung, in der jeder seinen eigenen Weg zu gehen suchte und größten Wert auf Eigenes legte.[271]

Um dieser Entwicklung wirkliche Breitenwirkung zu verleihen, sind allerdings wiederum einige Hürden zu überwinden. Und die wahrscheinlich höchste befindet sich wie fast immer in den Köpfen der Menschen. Es geht um die Revitalisierung des weithin ausgedörrten gemeinwohlverträglichen Denkens und Handelns, des Bewusstseins jedes Einzelnen, von anderen abhängig zu sein, so wie diese auch von ihm abhängen. Diese wechselseitige Abhängigkeit zu negieren, zurückzudrängen oder zumindest unkenntlich zu machen, war und ist erklärtes Ziel aller individualistischen Gesellschaften und folglich auch der westlichen. Jeder war zum Einzelkämpfer bestimmt, doch da die wenigsten dazu taugen, wurde allen ein staatlicher Vormund und Betreuer zur Seite gestellt.

Dass diese Verbindung individualistischer Ideologie mit staatlicher Vormundschaft ein auf Dauer nicht lebensfähiger Homunkulus ist, dürfte inzwischen hinreichend manifest sein. Das heißt aber noch nicht, dass damit schon alternative Konzepte bereitstünden. Um sie geht es jetzt. Wie können und sollen sich Menschen enger vernetzen, damit beispielsweise – höchst banal – fünf Nachbarn nicht fünf Rasenmäher benötigen, sondern problemlos mit einem auskommen? Das erfordert neuartige Kommunikation – das Internet leistet hier bereits wertvolle

Dienste –, mehr noch aber ein Maß an Rücksichtnahme, Einfühlungsvermögen und nicht zuletzt Vertrauen, wie dies seit Generationen nicht mehr gepflegt worden ist.[272] Da müssen viele wieder lernen, über den eigenen Schatten zu springen, ihr Ego zu zähmen und Kompromisse einzugehen. Einfach ist das alles nicht. Aber auf diese Weise würden höchst wirksam Menschen und Erde entlastet und vielleicht sogar die Beziehungen unter Menschen wieder enger und persönlicher werden, als sie heute sind.

Überfluss

In materiell so überaus wohlhabenden Ländern wie den frühindustrialisierten ist die nächstliegende Maßnahme zur Verminderung permanenter Überforderung von Mensch und Erde die Rückführung kräfte- und zeitzehrenden Überflusses. Wie jeder für sich und die Gesellschaft als Ganzes gelegentlich prüfen sollten, wo sie stehen und was sie im Laufe der Zeit zusammengetragen haben, sollten sie auch prüfen, was von dem Zusammengetragenen notwendig, bloß angenehm oder schlicht überflüssig ist.

Eine solche Prüfung wird auf individueller Ebene nur selten und auf gesellschaftlicher so gut wie nie durchgeführt. Wenn diese Zurückhaltung überhaupt begründet wird, dann in der Regel mit dem Argument, dass eine solche Klassifizierung nicht möglich oder zumindest nicht praktikabel sei. Was der eine als notwendig ansähe, läge für einen anderen vielleicht schon im Bereich des Angenehmen und für einen Dritten in dem des Überflusses. Alles sei eben relativ.

Ein früher noch häufiger als heute zu hörendes Argument ist ferner, dass es überhaupt nur Notwendiges gebe, da die Bedürfnisse des Menschen ja grenzenlos seien,[273] er also alles benötige. Auf den ersten Blick erscheint das einleuchtend. Empirisch ist es jedoch unhaltbar. Denn der Mensch ist von Natur aus kein nimmersatter Moloch, der keine Grenzen kennt.[274]

Und selbst wenn dem so wäre, hätte dieses Argument in einer begrenzten Welt keine Relevanz.

Was also ist notwendig, was überflüssig? Fällt es schon schwer, die Extreme zu bestimmen, so fällt es noch schwerer, Pflöcke in dem weiten Feld dazwischen einzuschlagen. Recht lautstarke Gruppen erklären deshalb: Lasst das! Es hat keinen Sinn! Jeder soll leben, wie er kann und mag. Das sei nicht nur sein gutes Recht, sondern auch Ausdruck von Freiheit, die nicht ohne Not eingeschränkt oder auch nur bedroht werden dürfe. Einschränkungen und Bedrohungen gebe es schon genug, und derzeit besonders gefährlich sei die Ökodiktatur.

Das weckt Gefühle. Denn wer will schon eine Diktatur, und sei es eine Ökodiktatur? Trotzdem ist die Frage nach dem Notwendigen, Angenehmen und Überflüssigen damit nicht aus der Welt. Sie könnte nämlich nur dann auf sich beruhen bleiben, wenn sich die Menschheit mit ihren wirtschaftlichen Aktivitäten innerhalb der Tragfähigkeitsgrenzen der Erde tummelte. Doch nachdem sie diese Grenzen schon vor annähernd einem halben Jahrhundert hinter sich gelassen hat und jedes Jahr weiter hinter sich lässt,[275] ist die Suche nach einer Antwort auf die Frage nach Notwendigem, Angenehmem und Überflüssigem keineswegs nur eine akademisch-philosophische Spielerei, sondern von existentieller Bedeutung. Das aber heißt, sie ist auch nicht mehr nur und noch nicht einmal vorrangig eine Angelegenheit, die jeder Einzelne nach Gutdünken individuell regeln könnte. Vielmehr betrifft sie alle und ist deshalb auch von allen zu behandeln – im Prinzip vom Nachbarschaftsverband bis hin zur Weltbevölkerung. Wo also beginnen?

600 Euro

Am ehesten dürfte Konsens darüber herbeizuführen sein, dass beim gegenwärtigen Entwicklungsstand der Menschheit jene annähernd vierzig Prozent der Weltbevölkerung, denen höchstens 1,50 Euro pro Kopf und Tag zur Verfügung stehen,[276] nicht das materiell Notwendige haben. Das gilt sogar, wenn unterstellt wird, dass jene knapp zwei Fünftel ihren Lebensunterhalt in erheblichem Umfang aus Subsistenzwirtschaft[277] bestreiten. Denn selbst dann reichen, wie der bloße Augenschein zeigt, die Mittel nicht für ausreichend Nahrung, Kleidung und Behausung sowie einen elementaren Zugang zu schulischen, kulturellen und medizinischen Einrichtungen. Faktisch gehört damit derzeit mehr als jeder dritte Erdenbürger nur sehr bedingt der Kulturgemeinschaft der Menschheit an. Viele von ihnen sind sogar ganz ausgeschlossen. Sie vegetieren.

Konsens sollte auch über das folgende Zahlenwerk herbeizuführen sein: Über den Markt, ausgedrückt im Weltsozialprodukt, erwirtschaftet die Menschheit derzeit Güter und Dienste im Wert von reichlich 72 Billionen US-Dollar oder rund 55 Billionen Euro.[278] Das entspricht bei knapp 7,2 Milliarden Erdenbürgern einer durchschnittlichen Pro-Kopf-Leistung von 10 000 US-Dollar oder knapp 7700 Euro pro Jahr. Zur freien Verfügung stehen diese Beträge den Bürgern allerdings nicht. Vielmehr müssen für Investitionen sowie verschiedene staatliche und nichtstaatliche Aufgaben mindestens dreißig Prozent abgezogen werden. Dann verbleiben für sie etwa 7000 US-Dollar oder knapp 5400 Euro pro Kopf und Jahr beziehungsweise rund 580 US-Dollar oder 450 Euro pro Monat.

Da jedoch ein erheblicher Teil der Wertschöpfung außerhalb des Marktes durch hauswirtschaftliche Tätigkeiten und Eigenarbeit stattfindet, erscheint es im globalen Maßstab angemessen, jene 580 US-Dollar oder 450 Euro auf 1160 US-Dollar oder 900 Euro pro Kopf und Monat zu verdoppeln.[279] Solche Beträge können sich sehen lassen, zumal wenn sie in größeren Haushalten mit der entsprechenden Personenzahl multipliziert werden.

Kann damit Entwarnung gegeben werden? Nicht ganz. Denn um innerhalb und außerhalb des Marktes, also durch Erwerbs- und Eigenarbeit Werte in einer Größenordnung von 900 Euro pro Kopf und Monat zu erwirtschaften, wird ja beim gegenwärtigen Wissens- und Könnensstand der Menschheit die Biokapazität von eineinhalb Globen beansprucht. Anders gewendet: Diese 900 Euro lassen sich nur erwirtschaften, wenn an den Lebensgrundlagen von Pflanzen, Tieren und Menschen systematisch Raubbau betrieben wird. Ohne diesen Raubbau stünden der Weltbevölkerung pro Kopf und Monat im Durchschnitt nur etwa 600 Euro zur Verfügung.

Nun ist es ein Leichtes, dieses Zahlenwerk zu zerpflücken und so oder anders zu interpretieren. Denn globale Erhebungen sind unvermeidlich angreifbar und Durchschnittswerte problematisch. Bei anderen Parametern und Annahmen könnten sich die genannten Werte durchaus verändern. Doch ob die Zahl am Ende der Rechnung bei 500 oder 600 oder bei 800 oder 900 Euro liegt, ist hier von untergeordneter Bedeutung. Worum es nämlich einzig und allein geht, ist die Vermittlung einer Vorstellung von dem, was der Mensch innerhalb und außerhalb des Marktes der Erde abzuringen vermag, ohne sie nachhaltig zu schädigen: grob, aber eher großzügig gerechnet etwa 600 Euro pro Kopf und Monat.

Diese 600 Euro können Orientierung in zweifacher Hinsicht geben. Zum einen: Wird beim derzeitigen Wissens- und Könnensstand global mehr als dieser Betrag erwirtschaftet, befindet sich die Weltwirtschaft mehr oder minder weit außerhalb der Tragfähigkeitsgrenzen der Erde. Zum anderen: Verfügt ein Erdenbürger über mehr als diesen Betrag, muss ein anderer weniger haben, zum Beispiel einer jener 2,5 Milliarden Menschen, denen höchstens 1,50 Euro pro Kopf und Tag zur Verfügung stehen, was unter Einschluss ihrer Wertschöpfung durch Eigenarbeit immer noch nur neunzig und keine 600 Euro im Monat wären.

Ein Drittes kommt hinzu. Eine Vorstellung von dem, was die Weltbevölkerung derzeit erwirtschaftet und womit sie auskommen muss, kann den Menschen, namentlich jenen in den frühindustrialisierten Ländern, helfen, sich in das große Gefüge einzuordnen. Dass bei dieser Einordnung beträchtliche geographische, klimatische und einige weitere Unterschiede zu berücksichtigen sind, versteht sich von selbst. Die einen leben weit verstreut, andere dicht beieinander. Die einen bewohnen eine ganzjährig angenehm temperierte Region, andere brauchen große Energiemengen, um nicht zu erfrieren. Unterschiede wie diesen ist Rechnung zu tragen, und sie können die Maßstäbe für Notwendiges, Angenehmes und Überflüssiges erheblich verschieben. Trotzdem: Von dem wirtschaftlich schwächsten Siebtel der westlichen Bevölkerung, das zwar noch immer erheblich wohlhabender ist als Milliarden von Erdenbürgern, sich aber doch in der Nähe des Durchschnitts befindet, vielleicht abgesehen – die großen Bevölkerungsmehrheiten in den frühindustrialisierten Ländern leben in einem materiellen Wohlstand, der alle globalen Maßstäbe sprengt. Materiell leben sie nicht nur überaus angenehm, sondern im Überfluss. Und alle, die mit offenen Sinnen ein wenig von der Welt erfahren haben, wissen das auch.

Existenzen

In den frühindustrialisierten Ländern gibt es nur wenige, die sich mangels Masse nicht aktiv an der Entrümpelungsaktion beteiligen können. Auch wenn jeder Überfluss anders definiert: Die große Mehrheit wird in ihren Truhen und Schränken, wird in der Gestaltung ihres Tagesablaufs und in ihren Handlungsmustern viel Überflüssiges finden, das ihr Leben nicht bereichert, sondern belastet. Dieser Ballast kann gegen Lohnenderes eingetauscht werden: mehr Zeit zur individuellen Verfügung, weniger Arbeitsstress, mehr Muße, die Weiterentwicklung von Fähig- und Fertigkeiten, körperliche Aktivitäten, die Pflege intensiverer Beziehungen, gute Bücher und Gespräche, bereichernde Erfahrungen und Erkenntnisse. Das alles lässt sich auf einen Begriff bringen: ein farbigeres, facettenreicheres Leben im Tausch gegen materiellen Überfluss, sprich: im Tausch gegen Dinge, die nicht fehlen, wenn sie nicht da sind. Ein solcher Tausch sollte nicht schwerfallen.

Aber, so der besorgte Einwand, wo kämen wir hin, wenn Menschen in großer Zahl nur noch haben wollten, was sie wirklich benötigen, zuzüglich des einen oder anderen, was ihr Leben angenehmer und vergnüglicher macht, sie Überflüssiges aber links liegen ließen, weil sie Lohnenderes entdeckt haben? Ist nicht ein Großteil dessen, was wir erstreben und wofür wir arbeiten, bei Licht besehen überflüssig? Was soll denn aus den Frauen und Männern werden, deren Tage- und mitunter sogar Lebenswerk aus nichts anderem als der Ver- und Entsorgung der Bevölkerung mit Überflüssigem besteht?

Diese Fragen, so plausibel sie scheinen, zeigen, wie sich das Denken in den frühindustrialisierten Ländern in einem letztlich absurden Mechanismus verheddert hat. Denn es stimmt ja, die Produktion von Dingen, deren Nichtproduktion Gewinn für Mensch und Erde wäre, ist sowohl innerhalb als auch außerhalb der frühindustrialisierten Länder Existenzgrundlage ungezählter Menschen. Darf diese Grundlage beeinträchtigt werden, und sei es durch Kaufenthaltung? Die Menschen brauchen doch ein Einkommen!

Gewiss brauchen sie das, aber sie brauchen es auch wieder nicht. Sie brauchen es für den Erwerb von Notwendigem und Angenehmem, aber für den Erwerb von Überflüssigem brauchen sie es nicht. Denn das ließe sich ja durch ein farbigeres, facettenreicheres Leben ersetzen. Für den Erwerb von Dingen, die niemandem fehlen, wenn sie nicht da sind, bräuchte auch kein Einkommen erzielt zu werden. Nicht Benötigtes nicht zu erwerben ist weder Verzicht noch Verlust. Es kann Gewinn sein.

Ganz ohne Frage: Die Drosselung einer auf Übertouren laufenden, massenhaften Überfluss produzierenden Volkswirtschaft auf menschen- und erdverträglichere Geschwindigkeiten ist abrupt nur bei Inkaufnahme großer Risiken möglich.

Darauf sollten sich die ohnehin brüchigen westlichen Gesellschaften nicht einlassen. Aber die Drosselung, die Entschleunigung des Wirtschafts- und Arbeitslebens muss und wird kommen. Dass das auch Veränderungen auf dem Arbeitsmarkt bewirkt, ist unvermeidlich. Mehr noch, es ist wünschenswert. Denn diese Entschleunigung macht die Menschen nicht ärmer. Im Gegenteil. Statt mehr totem »Cargo«[280] hätten sie mehr Leben. Freilich bedarf auch eine solche Umstellung einiger Zeit und Übung.

Psychische Voraussetzungen

Kraft

Mit allen Fasern genießen. Das Vorhandene in seinem ganzen Umfang und Potential nutzen und nicht ständig nach mehr und anderem Ausschau halten. Eigentum so viel wie nötig, seine Nutzung aber mit möglichst vielen teilen. Materiellen Überfluss gegen ein erfüllteres Leben eintauschen – Maximen wie diese sind unschwer einzusehen, besonders in einer Welt, die unter Überforderungen ächzt.

Trotzdem sind sie nicht leicht umzusetzen. Denn der mächtige Strom der Gewohnheit zieht in die entgegengesetzte Richtung. Seit Jahrhunderten sind die Menschen namentlich in den frühindustrialisierten Ländern anders geprägt worden: Quantität vor Qualität, sich nicht beim Bestehenden aufhalten, kein Blick zurück, immer weiter stürmen, immer weiter raffen, was gerafft werden kann. Den Nutzen teilen? Nur wenn unbedingt erforderlich. Und ein erfüllteres Leben statt materiellen Überflusses? Materieller Überfluss ist doch ein erfülltes Leben!

Dieses Denken und Handeln hat so intensiv auf die Psyche der Menschen eingewirkt, dass viele heute glauben, dies sei ihre Natur, die Natur des Menschen. Dass es in einer banalen Ideologie wurzelt, mit der zunächst Minderheiten die stets bohrende Sinnfrage zu beschwichtigen suchten, sehen sie heute nicht mehr. Zu lange haben sie zu hören bekommen: Der Sinn deines Lebens ist materielle Opulenz. Wenn du sie erlangst, ist dein Leben gelungen.

Derart tiefsitzenden Ideologien mit ihren starken Handlungsanweisungen zu widerstehen oder ihnen gar den Rücken zu kehren erfordert Kraft. Manche bringen diese Kraft nie auf und bleiben dem Überkommenen verhaftet, bis es untergeht. Andere hingegen brechen die Bahn. Was sind das für Menschen? Einige markieren die großen geistigen Wendepunkte der Geschichte. Die Mehrzahl bleibt hingegen unerkannt, ist aber deshalb nicht weniger wichtig und wirksam.

Die moderne Psychologie hat sich ihrer angenommen und dabei einige psychische Ressourcen identifiziert, die dabei helfen, gegen den Strom zu schwimmen.[281] Zu ihnen gehören Selbstakzeptanz und Selbstwirksamkeit oder, etwas vereinfacht und umgangssprachlicher ausgedrückt, gesundes Selbstbewusstsein und -vertrauen.[282] Bin ich nur ein Eisenfeilspan im Kraftfeld von Ideologien und Massentrends, oder habe ich den Mut und die Kraft, mich meines eigenen Verstandes zu bedienen?

Diejenigen, die sich ihres eigenen Verstandes bedienen, werden feststellen, dass mit tausend Fäden und Fädchen an ihnen gezerrt wird, um sie in eine gewünschte Richtung zu lenken. Das Ziel: Konsum und Ruhigstellung, gesellschaftliche Befriedung durch Gütermengen und Unterhaltung. Das Konzept ist alt. Schon in der Spätphase des antiken Roms wurde das Volk durch »*panem et circenses*«[283] regiert. Schon damals wurde allerdings auch die Schwäche dieses Konzepts offenbar. Als die Warenströme aus den Provinzen versiegten, das Brot knapp wurde und Mittel für die Spiele fehlten, endete diese Herrschaft.

Selbstbewusstsein und -vertrauen

Selbstbewusstsein und -vertrauen. Die moderne Psychologie beschränkt sich nicht darauf, sie als psychische Ressourcen zu identifizieren, die dabei helfen, gegen den Strom zu schwimmen. Sie macht sich auch Gedanken darüber, wie sie gestärkt werden können.[284] Anlass hierzu hat sie. Denn was heute viele für Selbstbewusstsein und -vertrauen halten, besteht im Wesentlichen darin, Ansprüche zu stellen und Forderungen zu erheben – allerdings nicht gegen sich selbst, sondern gegen Dritte, vorzugsweise gegen einen gesichtslosen Staat.

Auch darin geben sie sich als dessen Geschöpfe zu erkennen. Das hat er ihnen nämlich von Kindesbeinen an beigebracht: Stelle Ansprüche, fordere. Irgendwer wird sich schon finden, der dem nachkommt: allzu nachgiebige Eltern und Erzieher; Kitas, Kindergärten und Schulen, die den hochgesteckten staatlichen Betreuungs- und Fürsorgeboten nachzukommen versuchen; eine staatliche Rundumversorgung. Bei solch einem institutionalisierten Infantilismus, den die Behörden auf steilen Klippen mit dem Hinweis untermauern, dass ein Sturz von selbigen gefährlich sei, ist es schwer, erwachsen und mündig zu werden.

Das aber ist eine wesentliche Voraussetzung dafür, den Zumutungen einer ungezügelten Wachstumsideologie und einer Kultur permanenter Entgrenzung entgegenzutreten oder sich ihnen nach Kräften zu entziehen. Selbstbewusstsein und -vertrauen sind in einer solchen Kultur vor allem vonnöten, um nein zu sagen: nein zu staatlichen und gesellschaftlichen Zumutungen, deren wesentliche Aufgabe darin besteht, einen brüchig gewordenen Status quo aufrechtzuerhalten und sicherzustellen, dass möglichst wenige aus den ideologischen Marschkolonnen ausscheren.

Dabei ist die wohl größte Zumutung eine staatliche und gesellschaftliche Ordnung, die systematisch auf Überforderung angelegt ist. Das gilt sowohl für ihre Beanspruchung von Mensch und Erde als auch für die Anforderungen, die Menschen erfüllen müssen, um sich halbwegs in ihr zurechtzufinden. Letzteres hat der Gängelung der Bürger durch staatliche, aber auch gesellschaftliche Institutionen beträchtlichen Vorschub geleistet. Für diese Institutionen ist es einfach, den Bürgern immer wieder vor Augen zu führen, dass sie sich ohne sachkundige Führung schnell im Labyrinth dieser Ordnung verlaufen. Die Botschaft: Versuche es erst gar nicht. Die Welt und alles, was in ihr ist, ist so vielschichtig und verworren, dass du es nicht durchschauen, geschweige denn begreifen kannst. Vertraue dich uns an. Wir kennen den Weg durch das Dickicht und werden dich führen.

Dass dieses Dickicht Menschenwerk ist, wird nicht gesagt. Aber wie kann es anders sein? Es waren und sind Menschen, die Ordnungen und Normengefüge schaffen, die von der Masse der Bürger nur mit fremder Hilfe durchschifft werden können; die Techniken installieren, die nicht mehr beherrschbar sind; die Finanzpakete schnüren, von denen niemand zu sagen weiß, welchen Wert sie haben; die Währungssysteme etablieren, ohne zu wissen, wie diese zusammengehalten werden können, kurz: Es waren und sind Menschen, die ihre Grenzen nicht kennen und ihre Fähigkeiten überschätzen. Das hindert sie jedoch nicht daran, die öffentlichen Debatten zu beherrschen, die Stichworte zu geben, zu bestimmen, was geht und was nicht geht, und zu entscheiden, was zu tun und was zu lassen ist.

Mit Führung, die auch demokratisch verfasste Gemeinwesen brauchen, hat das alles wenig zu tun. Was legitimiert denn diese neunmalklugen Männer und Frauen, irgendwelcher selbstgesteckten Wachstumsziele wegen tief in das Leben von Millionen einzugreifen, um deren »Arbeitskraftreserven« zu mobilisieren oder ihnen vorzuschreiben, wie und in welchem Umfang sie Vorsorge für die Fährnisse des Lebens (von einer Grundsicherung abgesehen) zu treffen haben? Woher wissen sie denn, wie die von ihnen Gemaßregelten leben wollen?

Was hier geschieht, ist Anmaßung und Zumutung. Die Menschen sollten das Selbstbewusstsein und -vertrauen haben, hierzu nein zu sagen. Staatliche und gesellschaftliche Ordnungen, in denen sich durchschnittlich intelligente, interessierte und motivierte Bürger nicht problemlos zurechtfinden können, taugen nicht für demokratisch verfasste Gemeinwesen und sind darüber hinaus menschenverachtend. Das Leben ist nicht schwer. Es ist sogar um vieles leichter, als es früher war. Schwer ist die menschliche Hybris, die auf ihm lastet.

Achtsamkeit

Gegen diese Hybris, diese Missachtung von Beschränkungen, setzten schon die Philosophen und Dichter des antiken Griechenlands Dike[285], soll heißen: »eine gerechte Ordnung« und »besonnen Maß halten«. Neu ist die Übertretung vorgegebener Grenzen also nicht. Nur haben sich ihre Folgen aufgrund des zwischenzeitlichen Wissens- und Könnenszuwachses der Menschheit in Umfang und Intensität exponentiell entwickelt. Konnten Menschen durch die Missachtung von Beschränkungen und durch Grenzverletzungen ihren Lebensraum und ihr gesellschaftliches Gefüge vor 2500 Jahren allenfalls punktuell und vorübergehend beeinträchtigen, so können sie sie heute global und dauerhaft zerstören. Doch unverändert gültig bleibt: Gegen Hybris helfen eine gerechte Ordnung und besonnenes Maßhalten.

Freilich liegt zwischen dieser abstrakten Einsicht und konkretem Handeln ein weiter und oft mühsamer Weg, an dessen Beginn – und auch das hatten die Griechen schon vor Jahrtausenden erkannt – die Fragen stehen: Was ist eine gerechte Ordnung, und an welches Maß sollen sich Mensch und Gesellschaft halten? Allgemein akzeptierte Antworten hierauf wurden bis heute nicht gefunden. Aber es gibt Annäherungen, wobei unverbildete Menschen ein recht feines Empfinden für Recht und Gerechtigkeit sowie das richtige Maß haben. Dieses Empfinden dürfte nicht zuletzt Ausdruck kultureller

Dispositionen sein. Aber es hat auch menschheitsübergreifende Dimensionen. Das beliebige Verletzen, Töten oder Berauben von Mitmenschen gilt überall als verwerflich beziehungsweise ab-artig. So zu handeln bedarf einer Rechtfertigung. Offenbar kann die Menschheit aus einem gemeinsamen ethischen Fundus schöpfen,[286] der ihr Halt und Orientierung gibt. Anders gewendet: Sie verfügt über Potentiale, deren rechte Entfaltung ein gedeihliches Zusammenleben ermöglicht. Wie aber werden diese Potentiale recht entfaltet?

Seit einiger Zeit fließen hier in eine wiederum sehr alte, kulturübergreifende Debatte verstärkt Erfahrungen ein, die vornehmlich im buddhistisch geprägten Kulturkreis gesammelt, kultiviert und weiterentwickelt worden sind. Im deutschen Sprachraum werden sie unter dem Begriff »Achtsamkeit« gebündelt, die derzeit in der westlichen Welt zunehmend Beachtung erfährt. Das ist kein Zufall. Einer ihrer wesentlichen Aspekte ist nämlich, dass sie »von den stressinduzierten Denkmustern des Alltags (befreit) und … den Blick frei(macht) für die Bedürfnisse und Werte … die der jeweiligen Person wirklich wichtig sind«[287].

Dieser von Denkmustern befreite Blick auf das, was dem Individuum wirklich wichtig ist, ist eine unverzichtbare Voraussetzung, um die Kunst der Beschränkung erlernen zu können. Was ist mir wirklich wichtig? Die Beantwortung dieser Frage ist schwieriger, als es zunächst scheinen mag. Denn wie soll der Einzelne wissen, was ihm wirklich wichtig ist? Von frühester Kindheit an haben andere diese Frage für ihn beantwortet: Dies ist wichtig und jenes nicht! Dies ist gut und jenes schlecht! Tue dies und lasse jenes! So oder ähnlich tönt es unaufhörlich in den Kitas, den Schulen, an den Arbeitsplätzen und im sozialen Umfeld. Das trägt man nicht mehr! Die Haare werden jetzt kurz/lang geschnitten! Wer nicht energisch gegensteuert, kann leicht in solchen Nichtigkeiten ertrinken. Denn es sind vor allem Nichtigkeiten, denen in Überflussgesellschaften größte Bedeutung zuerkannt wird.

Dabei sind solche Nichtigkeiten noch die harmlosere Variante von Fremdsteuerung. Ernster wird es, wenn diese in Form ganzer Lifestylepakete oder gar Lebensentwürfe daherkommt. Auch wenn außer Frage steht, dass Menschen während bestimmter Lebensphasen der Fremdsteuerung bedürfen – irgendwann kann, soll und muss für jeden der Zeitpunkt kommen, in dem er selbst das Steuer übernimmt und verantwortlich entscheidet, in welche Richtung er sich bewegen will.

Doch ebendiese Entscheidung versuchen Gesellschaften, sei es in Gestalt mancher Eltern oder Lehrer, sei es in Form ausgefeilter Werbekampagnen oder Anreizsysteme, zu vereiteln. Sich zurückzunehmen entspricht nicht ihrem Selbstverständnis. Vielmehr neigen sie dazu, alle, die sich nicht wehren, auf Wege zu drängen, die diese von sich aus möglicherweise nicht gegangen wären. Und der breiteste dieser Wege ist in westlichen Gesellschaften eben der des Produzierens und Konsumierens. Du bist, was du herstellst und verbrauchst! Das ist das Credo dieser Gesellschaften, welches den Menschen so vehement eingehämmert wird, dass sie eher früher als später nicht mehr beurteilen können, ob sie es sind, die etwas Bestimmtes wollen, oder ob andere wollen, dass sie es wollen sollen. Im Zweifel ist es Letzteres.

In dieser Lebenswirklichkeit ist es ein Akt der Emanzipation, wenn Menschen kritisch prüfen, ob das, was sie da tun oder nicht tun, den »Bedürfnissen und Werten« entspricht, die ihnen »wirklich wichtig sind«. Den wenigsten wird diese Prüfung auf Anhieb gelingen. Denn zunächst stehen sie ja im Banne »stressinduzierter Denkmuster«, die nicht die ihren sind. Aber Übung macht auch hier den Meister: Immer wieder sorgsam abwägen, ob das, was einem da angetragen wird, eine Stunde, einen Tag oder gar ein Jahr des eigenen Lebens wert ist. Die entscheidende Frage ist nicht, wie viel Kleidung, Wohnung, Auto oder Kreuzfahrt kosten, sondern wie viel Lebenszeit sie kosten dürfen. Was ist der Wert einer Karriere, bemessen in Lebenszeit? Was habe ich eigentlich, wenn ich alles habe, was ich haben möchte? Werde ich dann ein zufriedenerer oder vielleicht sogar glücklicherer Mensch sein?

Ehrliche und nicht zuletzt durch Achtsamkeit geschulte Antworten auf solche Fragen werden in vielen Fällen zu Beschränkungen führen, die Mensch und Erde guttun. Diese Beschränkungen auf das, was wirklich wichtig ist, sind weder Verlust noch Verzicht, sondern Grundlage eines guten Lebens. Menschen, die diesen Schritt gewagt haben, berichten häufig von einem tiefen Gefühl der Befreiung. Für welchen Plunder habe ich so viel Zeit und Kraft geopfert! In mir gibt es Lohnenderes als um mich herum!

Und was geschieht mit der tradierten wirtschaftlichen und gesellschaftlichen, aber auch politischen Ordnung, wenn nicht nur, wie bislang, Minderheiten, sondern große Teile der Bevölkerung sich vom noch immer dominanten Wachstumsparadigma abwenden und neu orientieren?

Ein Kindergeburtstag ist das nicht. Auf dem Prüfstand steht vielmehr die Funktionsfähigkeit einer ganzen Gesellschaft unter grundlegend geänderten Ausgangsbedingungen. So muss das Arbeitsleben der meisten neu geordnet werden. Während der Bereich der Erwerbsarbeit voraussichtlich eine Bedeutungsminderung erfährt, wird die Eigenarbeit aufblühen. Damit verkleinert sich zwangsläufig der Anteil der über den Markt abgewickelten Wirtschaftsaktivitäten, was wiederum nicht ohne dämpfende Wirkungen auf die Geldkreisläufe bleibt. Das Geld verändert seine Rolle, und der Finanzwirtschaft verbleibt bei einer Abkehr vom Wachstumsparadigma nur noch ein bescheidenes Betätigungsfeld.

Neu zu ordnen ist ferner der gesamte Sozialbereich. Soziale Sicherheit kann nicht länger auf das Innigste mit Erwerbsarbeit verflochten bleiben, sondern muss unabhängig von dieser als Bürgerrecht etabliert werden.[288] Das aber heißt, dass alle einkommensabhängigen, beitragsfinanzierten Sozialsysteme hinfällig werden. An ihre Stelle treten steuerfinanzierte Versorgungseinrichtungen, und zwar nicht nur wie bisher für Staatsbedienstete, sondern für alle. Nach Lage der Dinge können diese Einrichtungen allerdings im Alter nur eine Grundsicherung und im Krankheits- sowie Pflegefall nur eine Sicherung bereitstellen, die überdurchschnittliche Kosten deckt. Den Normalfall kann und soll der Einzelne mit seinen Möglichkeiten meistern.

Beträchtliche Veränderungen wird schließlich der staatliche Bereich erfahren. In der zuversichtlichen Erwartung ständigen Wachstums ist er seit Generationen auf Expansion angelegt. Ein Rückgang finanzieller Mittel ist bei ihm nicht vorgesehen. Das erklärt auch, warum sich so viele Staaten im Zuge rückläufiger Wachstumsraten so maßlos verschuldet haben und immer weiter verschulden.[289] Sie meinen, ohne Expansion nicht überdauern zu können. Das aber werden sie lernen müssen, ebenso wie die Bevölkerung lernen muss, auch ohne Wachstum und materielle Wohlstandsmehrung eine freiheitlich-demokratische Ordnung wertzuschätzen und gegebenenfalls zu verteidigen.

Die Frage nach der Zukunft der bislang auf Wachstum fokussierten wirtschaftlichen, gesellschaftlichen und politischen Ordnung geht jedoch über jene nach Notwendigem, Angenehmem und Überflüssigem weit hinaus. Denn bei ihr handelt es sich nicht länger nur um vorwiegend Materielles. Vielmehr geht es auch um Lebenssichten, die geeignet sind, das derzeitige Grund- und Selbstverständnis der Gesellschaft zu erschüttern.

Letztlich geht es bei ihr um nichts Geringeres als das erneute Aufbrechen der Sinnfrage, die die säkularisierte Industriegesellschaft mit der Entgrenzung materiellen Wohlstandsstrebens zu beantworten suchte. Nachdem sich diese Antwort erschöpft und viele enttäuscht zurückgelassen hat, ist es Zeit für eine neue Antwort, einen Paradigmenwechsel. Was wird, was kann dann kommen? Wird es einen nächsten Kulturschritt geben? Nach jenseitiger Glückseligkeit und diesseitiger Entgrenzung vielleicht das gute irdische Leben, das sich nicht zuletzt aus seit langem vernachlässigten menschlichen Potentialen speist, auf die diesmal fernöstliches Denken und Versenken den Blick des Westens gelenkt hat?

Gemeinsinn

Was für ein antiquierter Begriff: Gemeinsinn. Möglicherweise wäre er schon in Vergessenheit geraten, wenn ihm nicht in Deutschland ein rühriger Verein zu einem Restleben verhelfen würde.[290] Dabei steht dieser Begriff für eines der wichtigsten, aber eben seit langem vernachlässigten menschlichen Potentiale überhaupt: sich nicht nur um sich selbst und vielleicht noch die nächsten Angehörigen zu kümmern, sondern auch um das Gemeinwesen, die Allgemeinheit.

Zwar engagieren sich zahllose Menschen in Verbänden und Vereinen, sammeln und spenden für wohltätige Zwecke, übernehmen Ehrenämter und stellen Zeit und Kraft in Freiwilligen Feuerwehren und ähnlichen Einrichtungen zur Verfügung. Das alles hält ein Gemeinwesen zusammen und vital. Doch zum einen schwindet ganz offenbar die Bereitschaft zu derartigen Engagements – wie viele dieser Organisationen plagen Nachwuchssorgen![291] –, und zum anderen ist dies nur eine von mehreren Dimensionen des Gemeinsinns.

Gemeinsinn heißt nämlich auch, das große Ganze im Blick zu halten, konkret: die Entwicklung des Gemeinwesens konstruktiv-kritisch zu begleiten und nicht als urwüchsig hinzunehmen. In der Regel geschieht dies dadurch, dass sich Bürger, namentlich in einer Demokratie, auch politisch einbringen. Wer aber tut das noch? Dass Politik fast schon zu einem Unwort geworden ist und ihre Repräsentanten ungefähr das gleiche Ansehen genießen wie Schinder und Henker im Mittelalter, nämlich ein sehr geringes, ist mehr als nur ein Alarmzeichen.[292]

Das sollte aufschrecken. Denn das verbreitete politische Desinteresse, ja die Ver- und Missachtung des Politischen schlecht-

hin dürfte wesentlich zur Hybris westlicher Gesellschaften beigetragen haben. Vieles hat sich zu sehr nach dem Willen und
den Vorstellungen einiger weniger entwickelt. Hierzulande
gilt dies vielleicht noch nicht einmal so sehr wie in zahlreichen
anderen Staaten. Aber auch Deutschland ist im Ergebnis einen
Weg gegangen, der weitgehend unkontrolliert und unkom-
mentiert von Gruppen und Grüppchen – sie rekrutieren sich
keineswegs nur aus Politikern! – gewiesen worden ist.

Sie als Eliten zu bezeichnen mag formal zutreffend sein. In
der Sache ist es das nicht. Das zeigt das Ergebnis ihrer Weg-
weisungen, das ebenjenes Dilemma ist, in dem sich die westliche und mit ihr die übrige Welt heute befindet: die Überdeh-
nung und Überforderung aller Systeme vom Individuum bis
zum Globus. Oder ist es zum Beispiel Ausdruck kluger Führung, die wirtschaftlichen Aktivitäten eines Gemeinwesens
über die Tragfähigkeitsgrenzen der Erde hinaus zu erweitern
und dann noch immer die Wachstumspeitsche zu schwingen?

Mehr Gemeinsinn, mehr Aufmerksamkeit und Wachsam-
keit wenn schon nicht aller, so doch breiter Bevölkerungsschichten hätte die Hybris, die nach und nach das Denken und
Handeln westlicher Gesellschaften erfasst hat, eindäm-
men
können. So wucherte sie ungehindert fort und schuf Bedingungen, die jetzt nur noch mit großen Mühen und selbst dann nur
unzulänglich beherrschbar sind. Die Menschheit hat keine Lösungen für leckgeschlagene Kernkraftwerke, die Endlagerung
von Atommüll, globale Klimaveränderungen, ungezügeltes
Wachstum der Weltbevölkerung … Das alles begleitet sie seit
langer Zeit, aber die meisten haben zu- oder weg- oder gar
nicht erst hingeschaut. Sollen doch die da oben machen! Doch
zur Kunst der Beschränkung gehört nicht zuletzt, dass man
nicht irgendjemanden »da oben« oder wo auch immer machen
lässt und sich dann räsonierend und schmollend zurückzieht,
wenn das Ergebnis nicht konveniert.

Eine systemisch übersteigerte, vermessene, also hybride Gesellschaft ist nicht zuletzt die Folge unterentwickelten Ge-

meinsinns. Da die meisten Menschen durchaus ein Gespür für Maß und Angemessenheit haben, können und müssen sie unter Bedingungen freiheitlicher Demokratie exzessiven Entwicklungen, gleichgültig wo sie sich zeigen, entgegentreten. Die großen Entwicklungen eines Gemeinwesens irgendwelchen Gruppen und Grüppchen anzuvertrauen ist nicht nur leichtfertig. Es ist ganz buchstäblich lebensbedrohlich.

Mehr Bildung

Manche haben sie in den Genen, die meisten müssen sie erlernen: die Kunst der Beschränkung. Doch früh genug damit begonnen, fällt auch das Erlernen dieser Kunst leicht. Die ersten Lektionen werden in Krabbelstuben und Kinderzimmern erteilt. Was und wie viel braucht ein Kind, um zu einer in sich ruhenden Persönlichkeit heranzureifen? Viel weniger, als eine auf Konsum getrimmte Gesellschaft und die von ihr hervorgebrachten Eltern, Großeltern, Tanten und Onkel meinen. Im Grunde braucht es nur wenige Anknüpfungspunkte für seine erwachende Phantasie: ein paar glatte Kiesel, ein kerniges Stück Holz, ein weiches Tuch, Farben. Auch hier gilt: Nicht ein Zuwenig, sondern ein Zuviel an Reizen tötet in Überflussgesellschaften kindliche Entdeckerlust und Phantasie.

Aus wenigem etwas erblühen zu lassen – das ist die große Kunst, die gar nicht früh genug vermittelt werden kann. Und wohl nichts vermittelt sie unmittelbarer als die Musik. Im abendländischen Kulturkreis steht ihr eine zwölfgliedrige Tonleiter zur Verfügung. Das Übrige sind im Wesentlichen Tempi und Pausen. Aus diesem Material ist das kleinste Kinderlied und die größte Symphonie geschaffen. Beschränkter geht es kaum. Doch welche Wunderwerke können Menschen, die gelernt haben, mit diesem Material umzugehen, aus ihm hervorbringen!

Schulen und Universitäten können sich hieran orientieren.

Schüler und Studenten, Eltern und Lehrer klagen über die Fülle des zu bewältigenden Stoffes, so als ginge es darum, möglichst viel davon in die Hirne junger Menschen zu pressen. Dabei macht es doch bei der mittlerweile schier grenzenlosen Masse an Inhalten ohnehin nur einen geringen Unterschied, ob davon nun etwas mehr oder weniger in die Köpfe gelangt.

Ungleich wichtiger ist, mit dem Gelernten, sei es nun viel oder wenig, wie ein Komponist mit seinem Dutzend Tönen geschickt und phantasievoll umzugehen. Das Ziel lautet nicht, möglichst viel zu lernen, sondern das Gelernte – und es muss gelernt werden! – in immer neuen Verbindungen und Variationen einzusetzen; und später – wenn es die Tätigkeit irgendwie erlaubt – nicht möglichst viel zu arbeiten, sondern sorgfältig und kreativ.

Spruchweisheiten, Selbstverständlichkeiten, Selbstläufer? Wenn dem so wäre, würden die Menschen wohl nicht so viel produzieren und dann das Produzierte so wenig nutzen. Die Grundlage für die Fähigkeit, Dinge und Ideen, aber auch Erfahrungen und Netzwerke gut einzusetzen, werden früh gelegt und in Schule und Hochschule weiterentwickelt – vorausgesetzt, die Beteiligten haben begriffen, worum es geht.

Dinge und Ideen nutzen ist das eine. Das andere ist, diesen Nutzen zu teilen. Auch diese Lektion aus der Kunst der Beschränkung wird bereits im Kinderzimmer gelernt. Was lässt sich gemeinsam mit anderen nutzen, und welche Befriedigung kann das verschaffen? Kinder, die das üben und nicht ständig auf Mein und Dein beharren, werden es als Erwachsene leicht haben, im Austausch mit anderen zu geben und zu nehmen.

Die psychischen Voraussetzungen der Kunst der Beschränkung zu schaffen, sollte ein Grundanliegen aller Bildungseinrichtungen sein. Zu diesen Voraussetzungen gehört die Fähigkeit zu genießen, die Sinne zu nutzen, Vorhandenes zu schätzen und nicht zuletzt Grenzen, namentlich auch Leistungsgrenzen, zu erkennen, anzunehmen und zu respektieren. Durch die Missachtung gerade letzterer hat die Gesellschaft großes Leid über viele Menschen gebracht: der kleine Dicke, der unter dem Gejohle seiner Kameraden die Latte immer wieder bei siebzig Zentimetern reißt; der lange Dünne, der trotz allen Bemühens unglücklich am Barren hängt. Wie können, wie sollen solche Leistungen in einer Leistungsgesellschaft bewertet werden?

Und was für Arme und Beine gilt, gilt auch für menschliche Hirne. Der einen fliegen Vokabeln zu, dem anderen mathematische Formeln und dem Dritten Schüttelreime. Was ist besser, was ist schlechter? Besser ist eine Gesellschaft, die allen diesen Fähigkeiten Raum gibt, schlechter ist eine, die diese Fähigkeiten hierarchisch ordnet, und am schlechtesten ist diejenige, die versucht, möglichst viele junge Menschen in eine ihr genehme Ecke zu drängen und gegebenenfalls in diese hineinzuprügeln. Denn das ist nicht die Bestimmung von Menschen. Auch für die Gesellschaft gilt: Beschränkung!

In guten Bildungseinrichtungen wird das beherzigt. Aber selbst dort fällt es mitunter schwer, die rechte Dosis an Zweifeln zu säen. Wie wenig wissen wir verlässlich, wie viel ist mit Zweifeln behaftet! Dennoch erfordert es von einem Lehrer, sei es in Schule oder Hochschule, ein hohes Maß an Autorität, Mut und Ehrlichkeit, Schülern oder Studenten zu erklären: Glaubt mir nicht alles, was ich sage, prüft selbst nach, zieht aus allem eure eigenen Schlüsse! Ich kann irren!

Solche Lehrer gibt es. Nur sind es zu wenige. Dabei hat eine Gesellschaft, die sich inmitten eines langwierigen Umbruchs von ungezügelter Expansion hin zu Maß und Mitte befindet, Zweifel am Bestehenden bitter nötig. Wie viel Unsinn quillt aus prominentesten Mündern, wie viele haltlose Behauptungen umschwirren uns! Da helfen nur Zweifel. Zweifel sind das Tor, durch das jeder hindurchmuss, der zu ergründen sucht, was er, was sie wirklich will.

Elternhäuser und Bildungseinrichtungen sollten neben einem soliden, aber keineswegs ausufernden Fundus an sprachlichen, naturwissenschaftlichen und – gleichberechtigt! – musischen Fähigkeiten auch die Kraft weitergeben, allen möglichen

223

Einflüsterungen zu widerstehen. Vermitteln sie Selbstbewusstsein und -vertrauen sowie Achtsamkeit und Gemeinsinn, dann
können sie für sich in Anspruch nehmen, zu bilden und nicht
nur zu beschulen. Doch bislang ist eine solche Bildung eher ein
Ideal als die Wirklichkeit.

Physische Voraussetzungen

Städte

Die Kunst der Beschränkung hat neben psychischen auch physische Voraussetzungen, und die wohl wichtigste ist die von
Menschen geschaffene Umwelt, namentlich die von ihnen gebaute. Sie ist Spiegelbild ihres Denkens und Fühlens, in Mate-
rie gegossene Manifestation ihrer Weltsicht. Die Städte der
westlichen und mittlerweile der ganzen Welt sind Beleg dafür.
Mit der Entgrenzung der Weltsicht entgrenzten auch sie sich.
Ein Blick auf alte Karten und Stiche zeigt das eindrucksvoll.

Gewiss wurden die mittelalterlichen Mauerringe auch durchbrochen, weil die Bürgerstädte die wachsenden Bevölkerungszahlen nicht mehr fassen konnten. Aber anfänglich wurde noch
versucht, Formen zu wahren. Die Ansiedlungen außerhalb der
alten Mauern und Gräben waren bewusst gestaltet. Doch nach
und nach schwanden diese Formen. Die Städte begannen zu
wuchern, sich in das Umland hineinzufressen, historisch ge-
wachsene Ortschaften aufzusaugen und sich immer weiter auf-
zublähen. Erst die Stagnation der Bevölkerungszahl in weiten
Teilen Europas verlangsamte diese Entwicklung. Beendet ist
sie noch nicht. Wohin sie führen kann, zeigen die trostlosen
Agglomerationen in den Schwellen- und vielen Entwicklungsländern: zusammengeballte Häuser- und Menschenmassen
ohne Anfang, Ende und Mitte. Doch Menschen brauchen

Grenzen, auch Stadt- und Ortsgrenzen, sie brauchen Formen und Gestaltung.

Im Zuge der Entgrenzung so vieler Lebensbereiche wurde auch das missachtet, weshalb heute große Teile der Bevölkerung – trotz ausreichenden Wohnraums – unbehaust und heimatlos sind. Gebaut wurde funktional, soll heißen, das Erscheinungsbild einzelner Bauwerke, Stadtteile und mitunter ganzer Städte folgte fast ausschließlich ihren ökonomischen, verkehrstechnischen, gesellschaftlichen und gegebenenfalls ökologischen Funktionen.[293] Manche sahen darin eine eigene Art von Schönheit. Viele fanden und finden es bis heute schlicht hässlich.

Doch was ist schön? Und was ist hässlich? Die endlosen Debatten, die hierüber geführt werden, verkennen zumeist, dass sich große Bevölkerungsmehrheiten hierin bemerkenswert einig sind. Spontan erklären sie das eine Bauwerk für geglückt und das andere für misslungen, die eine Stadt für baulich reizvoll und die andere für abstoßend. Offenbar gibt es weit zurückreichende und alle Kulturen durchziehende Gesetzmäßigkeiten, Proportionen und Harmonien, die die große Bevölkerungsmehrheit anziehender findet als andere. Entgrenztes gehört nicht dazu.

Menschen mögen über riesige Flughäfen, Bahnhöfe und Parlamentsbauten, aber auch Kirchen und Museen staunen und von ihnen beeindruckt sein. Berührt werden sie von anderem. Da steht dieser schlichte kleine Pavillon, mit dem Deutschland auf der Weltausstellung 1929 in Barcelona vertreten war, neben dem prächtigen Riesenbau Spaniens wie eine Hundehütte vor einem Schloss. Doch was beflügelt und fesselt die Phantasie? Was inspirierte ganze Architektengenerationen? Die Hundehütte, deretwegen die Menschen bis heute gepilgert kommen.[294]

Die Europäer haben in der Phase ihrer Entgrenzung hart an der Zerstörung ihrer einst oft außergewöhnlich humanen und ästhetischen Städte und Dörfer gearbeitet, und nicht selten war

225

ihre Arbeit erfolgreich. Europas Städte haben nicht nur durch die Kriege, sondern mehr noch durch die nachfolgenden Modernisierer empfindlich gelitten. Wenn dennoch viele von ihnen noch immer Menschen aus der ganzen Welt fast magisch anziehen, dann nicht zuletzt, weil sie trotz allem über eine »so umfangreiche und großartige historische Substanz verfügen«. Was nachkam, waren oft – im besten Falle – »Sammelsurien von Kuriositäten«, die nicht länger städtische Gemeinschaft zum Ausdruck brachten.[295]

Zumindest in Europa könnte hier, auch dank einer zahlenmäßig abnehmenden und zügig alternden Bevölkerung, das Schlimmste überstanden sein. Bei vielen Politikern, Stadtplanern, Architekten und Bauherren hat ein Umdenken eingesetzt. Die Nachfrage nach Wohnsilos hält sich in Grenzen, bloße Monumentalität hat es schwer, und auch der Verkehrswegebau dürfte seinen Zenit überschritten haben. Viele Bürger wehren sich mittlerweile gegen derartige Zumutungen und reagieren immer empfindlicher auf die fortgesetzte Vermüllung ihrer Städte und deren architektonische Austauschbarkeit.

Generationenlange, ungesteuerte Expansion in Verbindung mit einer alles durchdringenden Kommerzialisierung haben viele Siedlungsräume monoton werden lassen. Hinter den immer gleichen Leuchtreklamen, Werbetafeln, Plakatwänden, Schildern, Logos und Ständern ist mitunter das eigentliche Gesicht einer Stadt nur noch zu erahnen. Doch der Wunsch, wieder in Städten zu leben, die das Wesen ihrer Bewohner widerspiegeln und über unverwechselbare öffentliche Räume verfügen, ist allenthalben erwacht. Kunst der Beschränkung, Mut zur Beschränkung: Die Bürger Lyons oder Zürichs haben ihn gehabt und beispielsweise das Übermaß künstlichen Lichts in ihren Städten unter Kontrolle gebracht.[296] Sie wollen nicht mehr, sondern weniger von dem menschengemachten Glitzer und vielleicht auch einmal Mond und Sterne sehen.

Ethos

Während die Bürger Lyons oder Zürichs das Übermaß künstlichen Lichts dimmen, drosseln die Bürger von São Paulo oder Maastricht die Werbung an Gebäuden,[297] und die Mailänder beschließen, wenigstens ihren Domplatz von Leuchtreklamen zu befreien. Weniger Verkehr auch auf den Straßen – das ist zumindest das Ziel zahlloser Verkehrsberuhigungs- und Rückbaumaßnahmen. Rückbau. Der ehemalige Bundesumweltminister Klaus Töpfer berichtete einmal, wie er in seiner Zeit als rheinland-pfälzischer Landespolitiker die Renaturierung eines Wasserlaufs feierlich zu begehen hatte und dabei von einem alten Mann angesprochen wurde, der ihm erzählte, dass vor noch gar nicht langer Zeit an derselben Stelle eine ähnliche Zeremonie stattgefunden habe. Der Anlass: die Kanalisierung ebendieses Wasserlaufs.

Das Bemerkenswerteste hieran ist: Dieses Weniger an künstlichem Licht, Werbung an Gebäuden, Leuchtreklamen; dieser Rückbau von Straßen und Verkehrsschneisen; diese Renaturierung von Gewässern; und weiter: die Restaurierung alter Bausubstanz; der Abriss ganzer erst vor einigen Jahrzehnten errichteter Stadtquartiere bei gleichzeitiger Wiederherstellung früherer Formen und Proportionen und ferner die Wiederanwendung alter Heilmethoden; die Rückzucht verdrängter Tierrassen sowie Obst- und Gemüsesorten; die Rückbesinnung auf schwindende Verlässlichkeiten, Anstand, die Tugenden des ehrlichen Kaufmannes; das Blättern in Großmutters Rezeptbuch – das alles wird von der großen Mehrheit keineswegs als Rückschritt oder gar Verlust empfunden, sondern ganz im Gegenteil als Weg zu einem besseren Leben. Was sagen zwei Drittel der Bevölkerung von São Paulo? Weniger, sehr viel weniger Außenwerbung hat unsere Stadt einfach schöner werden lassen.[298]

Das als immerfort wabernde Nostalgie Ewiggestriger abtun zu wollen wird der Wirklichkeit nicht gerecht, sind es doch häufig gerade junge Menschen, die diese Entwicklung energisch vorantreiben. Zwar wollen noch viele die Trends der Vergangenheit möglichst ungebrochen weiterverfolgen. Sie haben deren Hybris verinnerlicht und sind Teil von ihr geworden. Doch der Anteil derer, die diese Trends brechen wollen, hat mittlerweile eine stattliche Größe erreicht. Die Gesellschaft ist gespalten, oder richtiger: Sie befindet sich im Umbruch.

Was aber heißt das für die Männer und Frauen, die die Leuchtreklamen montiert, die Städte autogerecht umgebaut oder die Wasserläufe kanalisiert haben? Dies ist keine bloß rhetorische Frage, denn nicht wenige von ihnen leben ja noch. Was fühlt der alte Mann bei der Renaturierung des von ihm denaturierten Bachs? Und was fühlen die vielen anderen, die heute mit ansehen müssen, wie das von ihnen Geschaffene als Behinderung, Irrweg und Gerümpel abgetragen und beseitigt wird? Denken sie, dass menschliche Entwicklung nun einmal so verläuft, also in weiten und engen Schleifen mäandert und mitunter recht genau dort wieder ankommt, wo sie ihren Ausgang genommen hat? Wenn sie lebensklug und ein wenig weise sind, werden sie so denken. Aber der eine oder die andere werden sich auch fragen: Wozu hat jeden Morgen um sechs mein Wecker geklingelt? Was sollte eigentlich meine ganze Geschäftigkeit?

Diese Frage wiegt schwer, führt sie doch unmittelbar zu der frustrierenden Erkenntnis, dass ein Großteil menschlicher Arbeit keinen anderen Zweck hat, als die Schäden, die durch vorausgegangene Aktivitäten verursacht wurden, so gut es geht – und oft geht es nicht gut –, zu beseitigen. Spitz formuliert: Hätten unsere Eltern und Großeltern nicht so viele Wasserläufe begradigt, Verkehrsschneisen geschlagen und Leuchtreklamen montiert, hätten wir Heutigen ein geruhsameres Leben, weil wir nicht so viel zu renaturieren, rückzubauen und zu demontieren hätten.

Doch arbeitsfixiert wie wir sind, bringen auch die Heutigen

für Kinder und Kindeskinder Beschäftigungsprogramme auf den Weg, die diese auf das Äußerste beanspruchen werden: strahlende Atommeiler, lecke Endlager für abgebrannte Brennstäbe, frackingverwüstete Landschaften, eine schwer beschädigte Umwelt, lebensfeindliche Städte … Könnten wir alle, die heute und die künftig Aktiven, es nicht viel leichter haben, wenn wir, statt immer mehr zu produzieren und aufzubauen, Taten folgen ließen auf die Einsicht von drei Vierteln der deutschen Bevölkerung, dass wir zu viel verbrauchen?[299]

Der Kommentar von Zynikern: Aber das gibt doch allen Arbeit und Brot! Wer so denkt, kann auch gleich noch die Segnungen des Krieges für Arbeitsmarkt und Beschäftigung, technische Innovationen und gesellschaftlichen Wandel preisen. Ist nicht »der Krieg … der Vater aller Dinge, ist aller Dinge König«[300]? Unbestreitbar ist die Beschäftigungsrate am höchsten, wenn sich Völker an die Gurgel gehen.[301] Und hinterher ist bekanntermaßen dann auch noch eine Menge aufzuräumen. Arbeit und Innovationen gibt es also gerade dann reichlich, wenn sie am zerstörerischsten und menschenunwürdigsten sind.

Befunde wie diese sollten der Gesellschaft und jedem Einzelnen Anlass sein, noch einmal über Sinn, Zweck und Ziel menschlicher Arbeit nachzudenken. Zu Recht fordern die Gewerkschaften nicht nur Arbeit, sondern »gute Arbeit«. Doch gut ist für sie Arbeit zumeist schon dann, wenn sie gut bezahlt ist. Das aber ist entschieden zu wenig und wird der Würde des Menschen nicht gerecht. Eine Arbeit mag noch so gut bezahlt sein – wenn sie weder für den, der sie ausübt, noch für den, der sie in Anspruch nimmt, einen Wert hat und darüber hinaus vielleicht sogar natürliche Lebensgrundlagen und gesellschaftliche Strukturen beschädigt, dann verdient sie nicht das Prädikat »gut«. Dann ist dies schlechte Arbeit, von der es namentlich in den frühindustrialisierten Ländern mehr als genug gibt. Solche Arbeit bliebe besser ungetan.

Deshalb ist es nicht nur töricht, sondern bei Licht besehen ein gesellschaftliches Ärgernis, wenn Parteien, Organisationen sowie Gruppen und Grüppchen immer wieder auszuziehen, um – wie einst in Kriegszeiten – alle Arbeitskräftereserven zu mobilisieren,[302] ohne zuvor geklärt zu haben, was da eigentlich gearbeitet werden soll. Arbeit kann gut sein. Aber sie ist nicht per se gut. Arbeit hat eine ethische Dimension, die mit dem Begriff des Arbeitsethos nur unzulänglich erfasst wird. Diese ethische Dimension gilt es in das Bewusstsein von Individuen und Gesellschaft zu heben. Das wurde bislang weitgehend versäumt. Es genügte zu arbeiten. Der Inhalt dieser Arbeit blieb nachrangig. Dabei ist der Nutzen menschlicher Tätigkeiten höchst unterschiedlich, und keineswegs selten schlägt er in Schaden um.

Diese delikate Balance zwischen Arbeitsnutzen und -schaden soll in Marktwirtschaften der Markt austarieren. Doch der ist damit überfordert. Seine Signale sind unzuverlässig und nicht selten falsch. Die Formel »Arbeit ist gut, wenn sie bezahlt wird« ist allzu schlicht. Keineswegs auszuschließen ist, dass sich die Völker des Westens mittlerweile arm arbeiten. Dann aber sollte nicht um jeden Preis die Arbeitsmenge gemehrt und das Arbeitskräftepotential bis an seine Grenzen ausgeschöpft werden. Dann wäre es besser – es sei wiederholt –, weniger, dafür aber durchdachter, sorgfältiger und ethisch verantwortungsvoller zu arbeiten.

Staat und Demokratie

Verdrießliche Bürger

Alle, die dauerhaft erfolgreich sein wollen, müssen sich in der Kunst der Beschränkung üben: Individuen, Organisationen und nicht zuletzt der Staat. Der Staat muss sie sogar besonders gründlich üben, hat er sich doch sowohl Dritten als auch der eigenen Bevölkerung gegenüber zu beschränken. Dabei steht das Erfordernis, sich den eigenen Bürgern gegenüber zurückzunehmen, gegenwärtig im Vordergrund. Bis weit in das 20. Jahrhundert hinein ging es hingegen vor allem um Beschränkungen gegenüber Dritten.

Während langer Zeit betrachteten es nämlich Völker und Staaten als ihr gewissermaßen natürliches Recht, ihren Herrschafts- oder zumindest Einflussbereich möglichst weit auszudehnen. Auf diese Weise entstanden von der frühen Antike bis in die Neuzeit Weltreiche und Hegemonialmächte, im europäischen Raum die Reiche der Griechen und Römer, das russische Zarenreich und parallel zu letzterem die Kolonialreiche der Briten, Franzosen und anderer. Die Gemeinsamkeit aller: Sie zerbrachen, weil früher oder später die Kraft, die sie zusammenhielt, erlahmte. Dann bedurfte es oft nur eines geringen Anlasses, um sie wieder in die Teile zerfallen zu lassen, aus denen sie gefügt worden waren. Beispiele aus neuester Zeit sind das Ende der Sowjetunion und Jugoslawiens.

Allerdings hat diese Form der Entgrenzung, die beispielsweise noch erklärtes Kriegsziel der Deutschen im Zweiten Weltkrieg war, mittlerweile an Bedeutung verloren. Der wichtigste Grund: Sie ist von der internationalen Völkergemeinschaft geächtet und wird gegebenenfalls durch Sanktionen bis hin zu militärischen Interventionen unterbunden.[303] Der Zeitgeist, und nicht nur er, steht Annexionen, wie sie früher gang und gäbe waren, im Wege.

Das trifft nicht auf Entgrenzungen des Staates gegenüber den Bürgern zu. Seit dem Ende des 19., vor allem aber in der zweiten Hälfte des 20. Jahrhunderts wurden sie fast zur Regel. Der Staat dehnte seine Gestaltungs- und Zuständigkeitsbereiche immer weiter aus. Dass er dabei in vielen frühindustrialisierten Ländern den Bogen überspannte, zeigt die Tatsache, dass ihm seit geraumer Zeit viele Bürger die Mittel verweigern, die er für seine Aktivitäten benötigt. Fast überall ist die Decke, die er über die Bevölkerung zu breiten sucht, zu kurz. Ob im

Bund, den Ländern oder den Gemeinden, ob in Deutschland, Frankreich, den USA oder Japan – nirgendwo reicht es. Und überall erklären diejenigen, die die Lasten tragen sollen: Sie sind zu schwer! Die Folge: Überall in den öffentlichen Haushalten gibt es Defizite, die durch Schulden überbrückt werden. Diese Schulden, die in den frühindustrialisierten Ländern in riesiger Billionenhöhe aufgehäuft wurden, sind ein eindeutiger Beleg, dass die Staaten die Kunst der Beschränkung nicht beherrschen und deshalb auf Dauer nicht erfolgreich sein werden.

Kreditfinanzierte Haushalte, sprich Schulden der öffentlichen Hand, sind in den westlichen Gemeinwesen so zur Normalität geworden, dass sich viele nichts mehr dabei denken. Sie sind damit aufgewachsen und kennen es nicht anders: Dem Staat fehlt Geld! Immerfort muss er Lücken schließen und dafür die Bürger anpumpen. Denn den direkten Weg wagt er schon lange nicht mehr zu gehen. Der wäre: Steuern und Sozialbeiträge rauf und/oder staatliche Leistungen runter. Dieser Weg ist jedoch dermaßen unpopulär, dass Parteien und Politiker, die ihn dennoch zu gehen versuchen, unfehlbar abgestraft werden.[304]

Fehlende Demokraten

Die Lage ist verzwickt, wenn nicht sogar gefährlich. Ein Staat, der Versprechungen macht, die er mangels Mitteln nicht einzuhalten vermag, verliert erst das Vertrauen und dann den Respekt der Bürger. Es geht ihm nicht anders als einem Aufschneider, der bei leeren Taschen vollmundig Ankündigungen macht, auf die nichts folgt. Für eine Weile verfängt diese Masche. Dann wenden sich die Menschen von ihm ab und erklären ihn zum Hochstapler und Betrüger. Sie ächten und isolieren ihn. Wie aber ächten und isolieren Bürger den Staat?

Sie tun es durch ständiges Räsonieren, die Missachtung

staatlicher Vorgaben und Regelungen, gezielte Verkürzung oder Vermeidung von Steuern und/oder Sozialabgaben, Erschleichung von Sozialleistungen, Politikerschelte, Wahlabstinenz … Die fortwährenden Klagen der Bürger über den Staat und des Staates über die Bürger, dieses ständige Ringen miteinander – das sind Symptome einer ernsthaften Krankheit. Denn das alles spielt sich ja nicht unter den Bedingungen eines Feudalstaates oder einer Fremdherrschaft ab, sondern in Demokratien.

Es sind Demokratien, und zwar – trotz aller Unzulänglichkeiten – die freiheitlichsten, die es je in der Geschichte gegeben hat, in denen der Staat durch seine dilettantische Handhabung der Kunst der Beschränkung sowohl sich selbst als auch die demokratische Ordnung als solche in Misskredit gebracht hat. Er hat den Bürgern immer wieder Unerreichbares, Utopisches vorgegaukelt, und was noch schlimmer ist, er hat durch diese Gaukeleien deren Zustimmung zu seiner Politik zu erlangen versucht. Jetzt wird er an seinen Worten gemessen und zwangsläufig für zu leicht befunden. Die Bürger schauen nicht mehr so sehr auf das, was er leistet, führen aber genau Buch über das, was er nicht leistet. Und dieses Buch ist ziemlich dick.

Mittlerweile dämmert einigen Politikern, welche Gefahren sie durch unhaltbare Versprechungen heraufbeschworen haben. Was an sich eine Selbstverständlichkeit sein sollte, nämlich den Bürgern nur in Aussicht zu stellen, was auch erreichbar ist, erklären sie zum Gütezeichen ihrer Politik. Dagegen ist nichts einzuwenden. Nur, sehr verbreitet ist dieses Gütezeichen nicht. Noch immer versuchen nicht wenige, die Bürger glauben zu machen, eine auskömmliche staatliche Altersversorgung sei auch ohne Verlängerung der Lebensarbeitszeit möglich, jeder könne ein bedingungsloses und existenzsicherndes Grundeinkommen erhalten, und nicht zuletzt: Der materielle Lebensstandard werde immer weiter steigen. Dabei sehen sie nicht oder wollen nicht sehen, dass mit jeder dieser Unhaltbarkeiten das Ansehen von Politik, Staat und Demokratie weiter ramponiert wird.

233

Wohin das schlussendlich führt, zeigt sich abermals besonders deutlich in Südeuropa, aber auch in Frankreich. Vieles von dem, was den Franzosen im Wahlgang 2012 vom nachmaligen Wahlsieger versprochen worden war, hatte von Anfang an keine Chance auf Umsetzung. Jetzt ist die Enttäuschung groß und das Ansehen des Staates im Keller. Nicht anders in Südeuropa. Was den Menschen in Griechenland, Italien, Spanien oder Portugal während vieler Jahre und Jahrzehnte zugesagt wurde, war zutiefst unehrlich und musste ins Desaster führen. Überraschend kam dort nichts.

Hybris auch der Politik und ihrer so unzulänglich beherrschten Kunst der Beschränkung! Hieran kranken die westlichen Demokratien: Es mangelt ihnen an Politikern und Bürgern, die das Wesen der Demokratie sowohl verstanden haben als auch leben, kurz: Es mangelt ihnen an Demokraten. Denn Demokratie gründet nicht auf Geschenken, die huldvoll von Politikern verteilt und von einem dankbaren Volk entgegengenommen und anschließend bezahlt werden. Demokratie – nur zur Erinnerung! – ist Herrschaft des Volkes, weshalb Politiker nicht versuchen sollten, dieses Volk durch haltlose Versprechen sich und ihren Vorhaben gewogen zu machen.

Ist solch ein Anliegen naiv? Das ist nicht auszuschließen. Doch dann drohen der Demokratie ernste Schwierigkeiten. Sie ist bereits jetzt verschlissener, als sich die meisten vermutlich vorstellen können. So sind die Unterhaltungsshows, die vielfach an die Stelle von Wahlkampf getreten sind, nur noch peinlich und mitunter geradezu abschreckend. Trotzdem zu wählen erfordert ein hohes Maß an demokratischem und staatsbürgerlichem Ethos.

Abstand wahren

In der Beschränkung zeigt sich erst der Meister, und der Beschränkung bedarf es, wenn technische Entwicklungen – ob sie auch technischer Fortschritt sind, zeigt sich in der Regel erst später – den Menschen zum Segen und nicht zum Fluch gereichen sollen. Technik – ungezähmt und ungebändigt – wird schnell zur Geißel. Das mussten zusammen mit vielen anderen zum Beispiel die Männer und Frauen erfahren, die in den dreißiger und vierziger Jahren die Kernspaltung wissensdurstig vorantrieben und dann mit ansehen mussten, wie ihre Forschung Hunderttausenden von Japanern in Hiroshima und Nagasaki den Tod oder unbeschreibliches Leid brachten. Das haben wir nicht gewollt, so ihre verbreitete Klage. Hätte doch unsere Arbeit nie den Weg in die Öffentlichkeit gefunden.[305]

Eine solche Technik – ungezähmt und ungebändigt –, die den Menschen in nicht sehr ferner Zukunft leidtun könnte, steht auch jetzt wieder an. Während sich das Leben der meisten in weiten Teilen entweder gar nicht oder allenfalls mäßig verändert, befindet es sich punktuell im Zustand unkontrollierter Raserei: im Bereich elektronischer Information und Kommunikation. Hier geschieht alles pfeilschnell. Alles andere schleppt sich schneckenlangsam hinterher. Der technische Fortschritt, so will es scheinen, kommt in vielfacher Hinsicht seit geraumer Zeit nur hinkend voran. Das dürfte Folgen haben. Doch vor ihnen verschließen viele die Augen.

Das ist die wahrscheinlich größte und gefährlichste Hybris des Menschen: Gottgleich glaubt er, Herr über alles von ihm Geschaffene zu sein. Das verführt ihn dazu, stets auch zu schaffen, was er zu schaffen vermag. Was soll denn schon schiefgehen? Sein Geschöpf wird sich doch nicht gegen ihn wenden! Oder vielleicht doch? Vor allem Künstler und Science-Fiction-Autoren beschleicht gelegentlich das Gefühl, dass sich Menschenwerk verselbständigen, der Geist aus der Flasche entweichen und der Besen nicht in seine Ecke zurückkehren könnte.[306] Die Masse staunt, schweigt und fügt sich, bis sie von der einen oder anderen Erscheinungsform des Fortschritts erschlagen wird.

Zwar ist heute die Technik- und mit ihr die Fortschrittsskepsis größer als in der Vergangenheit, und besonders groß ist sie offenbar in Deutschland. Zumindest sind namentlich in der angelsächsischen Welt »German Angst«, »Progress by Panic« und Ähnliches geflügelte Worte. Und das nicht grundlos. Auch wenn es einigermaßen abwegig erscheint, den Weltmarktführer in vielen Technikbereichen der Technikskepsis oder gar -feindlichkeit zu zeihen: Die Deutschen haben nicht selten frühzeitiger die Risiken bestimmter Entwicklungen erkannt und thematisiert als viele andere. Nicht zuletzt deshalb befinden sie sich heute – wie fehlbar sie auch immer sein mögen – in der Spitzengruppe der Umweltbewussten.

Damit sind sie jedoch noch keineswegs auf der sicheren Seite. Denn eine Gesellschaft, die nicht wirklich weiß, was sie zu wissen glaubt, und nicht wirklich kann, was sie zu können glaubt, ähnelt einem Menschen, der sich im dichtesten Nebel vorantastet und ständig Gefahr läuft abzustürzen. So wie die Männer und Frauen, die nach den Crashs der letzten Jahre erklärten, sie hätten das alles nicht kommen sehen, weil es nicht vorhersehbar gewesen sei. Sie hatten auf Konstrukte ihrer Hirne gebaut, die sich im Nachhinein als Hirngespinste herausstellten. »Blindes Vertrauen auf Modelle hat dazu geführt, dass der Common Sense, der gesunde Menschenverstand abgestellt worden ist und dass deswegen so viele Dinge falsch laufen konnten«, so der Kosprecher der Deutschen Bank Jürgen Fitschen im September 2013.[307]

Blindes Vertrauen ist es auch jetzt wieder, was die Menschen dazu verleitet, sich einer technischen Entwicklung auszuliefern, von deren Wesen und Konsequenzen sie nicht die geringste Vorstellung haben: Big Data, dieser alles erfassende, nichts vergessende und alles vernetzende Moloch, der nicht nur speichern, sondern auch blitzschnell ordnen, instrumentalisieren und sich jederzeit gegen alles wenden kann, auch und insbesondere gegen Menschen aus Fleisch und Blut mit ihren Stärken und Schwächen, Hoffnungen, Ängsten und Leidenschaften.

Das Vertrauen der Menschen in diese Entwicklung ist aber nicht nur blind, es ist auch grenzenlos. Vieles von dem, was sie auf ihrem langen Weg zu einer Hochkultur zu schätzen gelernt haben, geben sie bereitwillig preis, selbst Privatestes und Intimstes. Und diese Bereitwilligkeit wird schamlos ausgenutzt. Big Data kennt weder Anstand noch Respekt. Es ist eine neue Größe und Macht, auf die die Evolution den Menschen nicht vorbereitet hat. Er muss den Umgang mit ihr erst noch lernen.

Deshalb gilt bis auf weiteres: Abstand wahren und die Kunst der Beschränkung üben! Diese Technik sollte nur wohldosiert und mit großen Vorbehalten genutzt werden. Das gilt für Individuen ebenso wie für Organisationen und Staaten. Dabei hilft, sich daran zu erinnern, dass es auch schon vor Big Data ein Leben gab – geruhsamer, selbstbestimmter und wahrscheinlich würdiger. Es mag ja sein, dass auch diese Technik eines Tages die ethische Fundierung erfährt, die sie menschen- und gesellschaftsverträglicher macht. Doch bis dahin sollte sie unter Beobachtung stehen. Für die absehbare Zukunft darf es für sie keine Unschuldsvermutung geben.

Europäische Union

Ernüchterung

Die Kunst der Beschränkung. Nirgendwo wird sie in den kommenden Jahren und Jahrzehnten mehr vonnöten sein als beim Weiterbau Europas. Die Fundamente dieses Baus sind gelegt.

Doch so groß diese Leistung auch war: Mit jedem Jahr wird deutlicher, dass sie nicht gut gelegt sind und es großen Geschicks bedürfen wird, um auf ihnen einen stabilen, friedlichen, prosperierenden und nicht zuletzt kulturell facettenreichen Kontinent zu errichten.

Jetzt rächt sich, dass das große Einigungswerk Europas schon bald nach seinem Beginn auf die wirtschaftliche Schiene geschoben wurde und dort bis heute geblieben ist. Seitdem bemessen die Bürger den Wert Europas weitestgehend an dessen wirtschaftlichen Erfolgen. Sind diese groß, tolerieren sie das Projekt. Bleiben sie aus, verwerfen sie es. Europa teilt damit das Schicksal der Demokratie, deren Wertschätzung ebenfalls vom Auf und Ab der Wirtschaft abhängt.

Eine solche Verknüpfung ist brandgefährlich, sowohl für Europa als auch die Demokratie. Denn faktisch werden sie dadurch zu Schönwetterveranstaltungen, als die sie in ihrer Entstehungsphase ganz sicher nicht gedacht waren. Doch eine allzu konfliktscheue, ideenarme und populistische Politik hat sie dazu werden lassen. Aus der Sicht der Bürger haben beide nur noch zu liefern: Waren und Dienste, Einkommen, Arbeitsplätze, Sozialleistungen. Nur damit können sie punkten. Alles andere ist Beiwerk.

Das Verhältnis der Europäer zu Europa wie zur Demokratie könnte nüchterner kaum sein. Gewiss lassen sie ihren Kontinent bei Gelegenheit hochleben. Und einer jüngsten Umfrage zufolge erkennen 71 Prozent der Deutschen auch an, dass dieser lange kriegsgeschüttelte Raum zu einer Zone des Friedens geworden ist. 72 Prozent loben die erreichte Reise- und Niederlassungsfreiheit sowie die Beseitigung zahlreicher Einschränkungen.[308] Das war es dann aber auch. Der Rest ist Gegrummel und offene Kritik. Herzensangelegenheiten behandeln Menschen anders.

Dabei gehören die Deutschen noch zu den europafreundlichsten Nationen. Die Völker, die nach dem Fall des Eisernen Vorhangs zur EU stießen, sind ihr gegenüber zwar ebenfalls

238

recht aufgeschlossen, ob aber aus Begeisterung für die europäische Idee oder vornehmlich aus ganz praktischen, nicht zuletzt pekuniären Erwägungen, kann erst die Zukunft zeigen. Vorerst bedeutet Europa für sie vor allem das Ende einer Jahrzehnte währenden Zwangsherrschaft und für viele einen höheren materiellen Lebensstandard.

Wie aber steht es bei den anderen? Zurückhaltend formuliert fremdeln die meisten, und nicht wenige sind rundum enttäuscht. Das ist sicher auch auf die derzeitige wirtschaftliche Lage in Europa zurückzuführen. Aber überschäumend war die Europabegeisterung auch zuvor nur selten – zumindest wenn es um die Zugehörigkeit zur Europäischen Union ging. Schweizer und Norweger winkten von vorneherein ab, andere zierten sich lange, ehe sie beitraten, und die Briten denken schon wieder darüber nach auszutreten. Zurzeit drängen nur noch einige Balkanstaaten auf Aufnahme – ihre Gründe liegen auf der Hand. Die Ukraine, Moldawien, die Türkei und Israel zeigen sich in unterschiedlichen Graden interessiert.

Doch unter den etwas gestandeneren Mitgliedern knirscht es beträchtlich. Für sie hat die EU viel von ihrer einstigen Attraktivität verloren. Unter den größeren Ländern gab es 2013 nur noch in Polen (68 Prozent), Deutschland (60 Prozent) und Italien (58 Prozent) zwar bröckelnde, aber immerhin noch proeuropäische Mehrheiten. In den anderen Ländern lag die Zustimmung zur EU teilweise weit unter fünfzig Prozent, in Griechenland beispielsweise bei nur noch einem Drittel.[309]

Viele bezweifeln, ob ihnen Europa überhaupt noch etwas zu bieten hat. Frieden und Freizügigkeit sind für die meisten so selbstverständlich, dass sie kaum noch zu motivieren vermögen. Sollen die Bürger zu den Vor- und Nachteilen der EU Stellung nehmen, denken sie eher an Geld, und da bekanntlich die Gemütlichkeit beim Geld aufhört, rechnen sie genau nach. Wer sind die Gewinner, wer die Verlierer? Und bezeichnend für den Geist der Europäer ist, dass die Zahl derer, die sich als Verlierer wähnen, wächst.

Selbst in Deutschland, der mit Abstand tragendsten Säule der EU, glaubte 2013 nur noch ein Viertel der Bevölkerung, dass diese mehr Vor- als Nachteile für sie habe. Ähnlich viele, 27 Prozent, sahen mehr Nachteile. Der Rest hielt Vor- und Nachteile für ausgeglichen beziehungsweise wollte oder konnte sich nicht äußern.[310] Und das, obwohl Deutschlands Wirtschaft von dem Zusammenschluss bis heute überdurchschnittlich profitiert hat. Eine knappe Mehrheit weiß das auch zu schätzen. Das hält große Bevölkerungsteile jedoch nicht davon ab, am europäischen Projekt zunehmend herumzumäkeln – zu viel Bürokratie, zu viele Regulierungen und vor allem zu teuer.

In den meisten anderen Ländern ist die Stimmung noch kritischer. Hier sehen nur noch Minderheiten, die zum Teil recht klein sind, im Bündnis einen wirtschaftlichen Nutzen. In Ländern wie Italien und Griechenland, aber auch Spanien und Großbritannien hat die Ernüchterung historische Höchstmarken erreicht. Was soll uns Europa, wenn es die Wirtschaft nicht brummen und Arbeitsplätze nicht sprießen lässt? Die oft irrealen Hoffnungen, die jahrzehntelang genährt worden sind, treffen die Union wie ein Bumerang. Das auf das Ökonomische reduzierte Fundament erweist sich in der Phase der Bewährung als wenig tragfähig. Wird es nicht durch Außerökonomisches nachhaltig gestärkt, wird die EU keinen Bestand haben.

Hässliche Deutsche

Besonders gefordert ist Deutschland, zumal sein noch immer wichtigster Partner Frankreich europäischer Lasten zunehmend überdrüssig zu sein scheint. 2013 hatten hier 58 Prozent der Bevölkerung keine günstige Meinung mehr von der EU, und 77 Prozent waren sogar der Ansicht, diese habe Frankreichs Wirtschaft geschwächt.[311] Viele Franzosen sind enttäuscht und würden am liebsten hinschmeißen. Kein Wunder. Ihr Traum, mit Hilfe der EU zur europäischen Führungsmacht aufzusteigen, ist ausgeträumt, und ihre Hoffnung, dieses Ziel zumindest im Verbund mit dem östlichen Nachbarn zu erreichen, schwindet. Stattdessen finden sie sich immer häufiger in der Gesellschaft der Südeuropäer wieder, deren Probleme und Sichtweisen sie zunehmend teilen.

Damit steht Deutschland zusammen mit wenigen, ausnahmslos sehr viel kleineren Partnern auf einem Hochseil, zu dem alle anderen aufblicken. Aber jene, die hinaufblicken, haben nicht den unbedingten Wunsch, dass die da oben erstens oben und zweitens unbeschadet bleiben. So weit geht die europäische Gesinnung nicht. Sollten einige meinen, so die Betrachter, vortrefflicher zu sein als sie selbst, könnte ein Sturz in die Tiefe sie ja wieder in die raue Wirklichkeit zurückholen. Warum also nicht?

Erfolg macht selten Freunde. Das haben schon viele erlebt. Derzeit erleben es die Deutschen, die auf dem besten Weg sind, zu den »hässlichen Deutschen« zu werden.[312] Wer sind die Arrogantesten in Europa? Natürlich sie! Wer sind die Mitleidlosesten? Natürlich wiederum sie![313] Wer oben steht, und sei es auch nur für eine bemessene Zeit, wird beneidet, ist aber nicht zu beneiden. Das ist im Leben von Völkern nicht anders als im Privatleben. Wer oben steht, soll vor allem eins: Sein Glück mit den anderen teilen, und zwar so lange, bis er sich nicht mehr von ihnen unterscheidet. Das zeigen auch die derzeit erhobenen Forderungen, die an Deutlichkeit nichts zu wünschen übriglassen. Wir sind doch, so heißt es, eine europäische Familie, und in einer Familie steht einer für den anderen ein, ohne viel zu fragen! Wir sind eben, wie wir sind, ihr seid doch auch, wie ihr seid! Oder in den Worten eines griechischen Unternehmers: »Die Deutschen müssen begreifen, dass die Griechen keine ›schlechten Deutschen‹ sind … Die Griechen gehören einer völlig anderen Kultur an.«[314] Also zahlt! Was binnengesellschaftlich gilt, gilt ohne Abstriche auch unter Völkern. Wie kann, wie soll sich Deutschland da verhalten?

Es kann dem anhaltenden Drängen der vielen nachgeben,

deren Schulden mit übernehmen und durch zeitlich unbegrenzte Transferleistungen das bestehende Gefälle so weit einebnen, dass es eines Tages kaum noch wahrnehmbar ist. Allerdings werden sich die heute Schwächeren dann nicht auf dem jetzigen Niveau der heute Stärkeren befinden. Vielmehr werden die Stärkeren ein gutes Stück zu den Schwächeren herabsteigen. Das mag selbstlos und edel sein, durchsetzbar ist es bei den heute Stärkeren nicht. Die Bevölkerungen dieser Länder werden sich verweigern und Regierungen, die das nicht respektieren, verjagen.

Alternativ können die Deutschen versuchen, ihre exponierte Stellung zu räumen und so weit wie möglich Gleiche unter Gleichen zu sein. Faktisch ist dies die Politik, die sie seit langem mehr schlecht als recht verfolgen, die ihnen aber immer weniger abgenommen wird. Deutschland muss endlich führen, muss seiner historischen Verantwortung gerecht werden, muss den Euro und mit ihm die Europäische Union retten!, so ist diesseits und jenseits des Atlantiks zu vernehmen.[315] Nur, die Deutschen haben zu alledem so gar keine Lust. Sie wollen nichts sehnlicher, als in Ruhe gelassen zu werden und ihren Wohlstand zu genießen.

Das aber lassen die anderen nicht zu. Wessen Bevölkerung so groß ist wie die von 17 der 28 EU-Länder zusammengenommen, wer mindestens zehnmal so volkreich ist wie die Hälfte der EU-Mitglieder und noch immer fünfmal so volkreich wie weitere sechs, wer fast ebenso viel erwirtschaftet wie drei Viertel der EU-Mitglieder[316] und wer in der Champions League der weltgrößten Exporteure mitspielt, der darf nicht so einfach seine Zipfelmütze über Augen und Ohren ziehen und sagen: Lasst mich in Ruhe.

242

Mutterregionen

Das Verhalten der Deutschen ist historisch außergewöhnlich und erscheint deshalb unglaubwürdig. Dass Nationen auch ohne das notwendige Potential in Führungspositionen drängen, ist nicht selten. Dass aber eine Nation, die über dieses Potential verfügt, nicht führen will, macht misstrauisch. Warum verhalten sich die Deutschen so? Was steckt dahinter?

Dahinter stecken eine sehr spezifische Geschichte und reiche Erfahrungen, aber auch politische Klugheit und vielleicht sogar die Morgendämmerung des Paradigmenwechsels: Weniger ist mehr, Schluss mit allen Kraft- und Machtspielen, mit Sprachdominanz und Nationalstaatsgepränge, mit Expansion, und sei es auch nur die Expansion von Einfluss und Führungsanspruch. Denn das sind alles Verhaltensweisen des 18. und 19. Jahrhunderts, die in den Bränden der ersten Hälfte des 20. Jahrhunderts verglüht und vom europäischen Geist abgelöst sein sollten. Wenn doch so gedacht wird, kann sich das immer noch höchst labile Europa nicht stabilisieren. Geboten ist vielmehr: benevolente Kooperation, bei der keiner versucht zu führen oder sich auf Kosten anderer zu entwickeln.

Ist auch das naiv? Gewiss ist es nicht einfach, in einer Gemeinschaft ähnliche Lebensbedingungen zu schaffen, in der das bevölkerungsreichste Mitglied, Deutschland, zweihundertmal so viele Einwohner zählt wie das bevölkerungsärmste, Malta, und das wirtschaftlich erfolgreichste, Luxemburg, pro Kopf siebzehnmal so viel erwirtschaftet wie das am wenigsten erfolgreiche, Bulgarien.[317] Europa wird, auch wenn sich seine Staaten in einem Bündnis zusammenschließen, der Kontinent markanter Unterschiede und farbiger Vielfalt bleiben – oder es wird aufhören Europa zu sein.

Bleibt aber Europa ein Kontinent farbiger Vielfalt, dann ist es nur konsequent, wenn die Zentralregierungen von Staaten, die durch historische Zufälle und nicht selten Gewalt aus unterschiedlichen Ethnien, Sprachgemeinschaften und Kulturen geformt worden sind, ihren Klammergriff weiter lockern und Bevölkerungsgruppen, die dies wünschen und die aus sich heraus lebensfähig sind, ein Höchstmaß an Eigenständigkeit einräumen. Bemerkenswerte Anfänge sind gemacht. Das gilt für Belgien ebenso wie für das Vereinigte Königreich, für Spanien ebenso wie für Italien. Dieser Weg sollte mutig weitergegangen werden.

Die europäische Entwicklung sollte nicht länger fast ausschließlich von den nationalstaatlichen Interessen und Vorgaben des 18. und 19. Jahrhunderts abhängen, sondern sich an den Möglichkeiten und Bedingungen des 21. Jahrhunderts ausrichten. Dies würde wahrscheinlich erleichtert, wenn beispielsweise aus Frankreich oder Spanien jeweils vier oder fünf selbstbewusste, vitale Regionen hervorgingen,[318] die weitgehend eigenständige, loyale Mitglieder der Europäischen Union wären, oder wenn diese nicht aus zwei bis drei Dutzend Nationalstaaten, sondern aus vielleicht fünfzig kulturell und historisch definierten Regionen gebildet würde – statt eines Europas der Vaterländer ein Europa der Mutterregionen.

Und Deutschland? Auch dieses Land wird sich nach dem endgültigen Aus seiner jahrzehntelang praktizierten Scheckbuchpolitik anders als bisher in Europa einbringen müssen, wenn es auf Dauer mehr Binde- als Sprengkräfte entfalten soll. Kaum jemand will ernsthaft die Einheit Deutschlands in Frage stellen. Aber seine nicht zuletzt im Zuge der Wiedervereinigung ostentativ hervorgekehrte staatliche Einheit hat seine Stellung in Europa keineswegs einfacher gemacht. Wahrscheinlich täte es dem Land gut, wenn es sich wieder stärker seiner Bundesstaatlichkeit bewusst würde und diese aktiv lebte. Sechs bis sieben Bundesländer, jedes so groß und gewichtig wie Schweden oder Österreich, die Niederlande oder Tschechien, würden sich besser in Europa einfügen und eher auf Augenhöhe mit ihren Nachbarn befinden als ein für europäische Verhältnisse überdimensionierter Zentralstaat.[319]

Europa braucht Visionen. Die Wiederbelebung und Stärkung seiner in Jahrhunderten gewachsenen kulturell reichen Regionen könnte eine von ihnen sein. Die Menschen dieses Kontinents sollen sich so zusammenfinden, wie es ihre historischen, sprachlichen und kulturellen Bedingungen vorgeben. Sie sollen zu ihren Nachbarn Brücken schlagen, die durch nationalstaatliche Grenzen zum Teil schon vor langer Zeit zerstört worden sind. Sie sollen Kräfte und Phantasien freisetzen können, die sich am besten im regionalen Miteinander entfalten. Richtig genutzt bietet die Europäische Union Chancen für eine Blüte von Europas größter Kostbarkeit, der Kultur, wie es sie seit langem nicht gegeben hat.

Und wie dann weiter mit dem Euro? In einem zusammenwachsenden Europa Währungen aus ihrer streng nationalen Bindung zu lösen ist richtig. Innerhalb von nur zwölf Jahren 18 historisch gewachsenen Nationalstaaten eine Kunstwährung wie den Euro überzustülpen war und ist falsch, ist Ausdruck alten expansionistischen Denkens und das Gegenteil einer angewandten Kunst der Beschränkung. Wenn heute nur etwa ein Viertel der Menschen mit Euros in der Tasche Vertrauen in diese Währung haben, kann das wohl schwerlich als Erfolg gelten.[320]

Die Räume und Regionen, die in Europa eine gemeinsame Währung nicht nur ertragen, sondern tragen und nutzen können, müssen sich erst noch formieren. Dieser Prozess dürfte durch ein weniger nationalstaatlich und mehr regional strukturiertes Europa deutlich erleichtert und beschleunigt werden. Denn in der Tat spricht im 21. Jahrhundert nicht mehr viel für 28 oder mehr nationalstaatliche Währungen. Die neuen Bezugspunkte können und sollen Nationalstaatsgrenzen überschreitende Großregionen sein, europaweit vielleicht drei oder vier, die untereinander durchaus verknüpft sein können.

Heute sitzt der Euro höchst unglücklich auf sehr unterschiedlichen europäischen Kultur- und Wirtschaftsräumen. Vielleicht übersteht er ja dieses Rodeo. Aber der Ritt ist weder für das Ross noch den Reiter ein Vergnügen. Ungleich zu-

245

kunftsweisender ist es, wenn sich Regionen, die in allen wäh-
rungsrelevanten Fragen weitgehend übereinstimmen, die die
gleichen Vorstellungen von der Natur des Geldes, dem Stellenwert von Wirtschaft und Arbeit, der Rolle von Privateigen-
tum und Steuern, den Aufgaben des Staates und Ähnlichem
mehr haben, zügig, aber ohne Hast zusammenschließen, um
ihnen gemäße gemeinsame Währungen zu schaffen. Eines fer-
neren Tages können diese übernationalen Regionalwährungen
dann vielleicht miteinander verschmelzen.

Allerdings muss der bestehende Euro hierfür zunächst ab-
gewickelt werden. Vorschläge, wie dies geschehen könnte, liegen mittlerweile vor[321] und verdienen eine ernsthafte Prüfung.
Bisher unterblieb sie unter dem wenig überzeugenden Hinweis, der Status quo sei alternativlos. Jetzt ist sie überfällig,
auch wenn schon vorab feststeht: Die Abwicklung wird teuer,
wahrscheinlich sogar sehr teuer werden. Aber ebenso sicher ist,
dass das krampfhafte Festhalten an einer Währung, die nicht zu
einem so heterogenen Kontinent wie Europa passt, auf Dauer
noch viel teurer sein wird.

Eine Welt

Weltenherrscher

Schließlich die Hybris der Globalisierung, dieses höchsten der
babylonischen Türme. Alle, die in der Geschichte der Menschheit Weltherrschaftspläne hegten oder die Welt auch nur ihrem Einfluss zu unterwerfen suchten, sind letztlich gescheitert:
die Perser, Griechen und Römer, die Araber, die Kolonialmächte. Sie alle zogen aus, um Weltreiche zu schaffen, und
konnten sich am Ende glücklich preisen, wenn sie wenigstens
ihr Heimatland behalten hatten.

Aber, so der naheliegende Einwand, ist nicht die Globalisierung, die um die Mitte des 20. Jahrhunderts begann und die uns seitdem begleitet hat, etwas qualitativ völlig anderes als die Verwirklichung von Weltherrschaftsplänen? Eine erhellende Antwort auf diese Frage können vermutlich die Männer und Frauen im Weißen Haus, im Pentagon oder in der National Security Agency geben, die mit großer Selbstverständlichkeit davon ausgehen, nicht nur eine Weltmacht zu repräsentieren, sondern auch wie eine solche handeln zu dürfen.

Als Weltenherrscher halten sie es für ihr gutes Recht, ja geradezu ihre Pflicht, eine alle Maßstäbe sprengende Militärmaschinerie zu unterhalten und gegebenenfalls einzusetzen; alle Kommunikationsstränge dieser Welt nach Belieben anzuzapfen und die gewonnenen Informationen zum eigenen Vorteil zu nutzen; Freund und Feind auf jeder Ebene vom Botschaftsattaché bis zum Staatspräsidenten zu belauschen und bei Bedarf unter Druck zu setzen; globale Finanz- und Handelsströme nach Gutdünken zu lenken und alles, was die Wahrung eigener Interessen erschweren könnte wie Übereinkommen zum Schutz der Umwelt, rigoros beiseitezuwischen. Wenn je ein Staat Sonderrechte beansprucht hat, dann sind es die heutigen Vereinigten Staaten von Amerika.

Das ist kein Amerika-Bashing[322], sondern ein Befund, der keine Wertung enthält. Denn in gewisser Weise setzen die USA, wie nicht zuletzt zahlreiche der von ihnen verwendeten Symbole zeigen,[323] nur eine Tradition fort, in der schon das antike Rom stand. *Caput Mundi*. Weltmacht. Weltenherrscher. An jedem Ort der Welt zu jedem Zeitpunkt präsent sein zu können: wirtschaftlich, kulturell, sprachlich und vor allem militärisch, das ist das erklärte Ziel dieses Landes, ohne das die Globalisierung heute einen anderen Gehalt und eine andere Gestalt hätte, als sie tatsächlich hat.

Gewiss hieße es, die Globalisierung unzulässig zu vereinfachen, wenn sie mit dem Weltmachtstreben eines Landes gleichgesetzt würde. Dazu ist sie zu vielschichtig, zu komplex und zu

247

eindeutig von sehr unterschiedlichen Akteuren getragen. Aber sie ist eben doch etwas, was von der westlichen Welt unter Führung der USA mit ihren speziellen Zielen, Interessen und Sichtweisen ausging und von ihr geprägt wurde. Globalisierung, das bedeutete und bedeutet weithin noch heute: Wasser auf die Mühlen der frühindustrialisierten Länder lenken.

Wer nicht zu diesem noch immer hochprivilegierten Kreis gehört, dem bleibt nur die Rolle des Wasserträgers. Mit Glück hat er eine Beschäftigung, deren Entgelt »der Markt« bestimmt. Das kann mehr sein, als er vor der Globalisierung hatte. Aber der von ihm erbrachten Wertschöpfung entspricht es in den wenigsten Fällen. Die wird erst sichtbar, wenn das von ihm oder sehr oft von ihr gefertigte Produkt auf dem Weg von Bangladesch oder Vietnam nach London, Frankfurt oder Paris seinen Geldwert mitunter verhundertfacht.[324] Kein Zweifel: Im großen Globalisierungsspiel gibt es Gewinner und Verlierer, wobei sich die Gewinner allerdings bislang in den frühindustrialisierten Ländern und die Verlierer in der übrigen Welt ballen.

Dazugelernt

Allerdings neigt sich für die Völker der frühindustrialisierten Länder dieses so ungemein lukrative Spiel nunmehr seinem Ende entgegen. Die bisherigen Verlierer haben dazugelernt und begehren immer häufiger auf. So verlangen sie Löhne, die zwar immer noch weit unter denen im Westen üblichen liegen, aber doch deutlich höher sind als bislang. Mit den gewohnten Schnäppchenjagden ist es schwierig geworden. Auch fordern die Aufsteiger ihren Anteil an den globalen Ressourcen und bestehen darauf, die Umwelt genauso belasten zu dürfen, wie dies die frühindustrialisierten Länder seit Generationen getan haben. Vor allem aber sind sie dabei, die Regeln des großen Globalisierungsspiels neu zu formulieren und zu ihren Gunsten zu gestalten.

Der Westen hat dem wenig bis nichts entgegenzusetzen, schon gar nicht moralisch. Was soll er schon gegen die Forderung nach gleichem Recht für alle einwenden? Aber er hat auch nicht mehr die physischen und psychischen Kräfte und noch nicht einmal den Willen, seine Vorstellungen durchzusetzen. Generationenlange Überforderung zeigt jetzt ihre Wirkungen. Die Altmeister der Globalisierung, die ehemaligen Kolonialmächte Großbritannien, Frankreich und einige andere sind machtpolitisch nur noch Schatten ihrer selbst, und ihre gelegentlichen Versuche, noch einmal auf der Weltbühne aufzutreten, wirken seltsam deplatziert.

Aber auch ihr Erbe, die USA, zeigen unübersehbare Ermüdungserscheinungen. Selbst drittrangige menschen- und völkerrechtsverachtende Potentaten können sie, wenn überhaupt, nur noch mit Mühe in die Schranken weisen. Von einer Pax Americana kann schon lange keine Rede mehr sein. Die Amerikaner können noch unangenehm werden, manchmal sogar sehr. Ihren Willen können sie aber oft nicht mehr durchsetzen. Der letzte Krieg, der für sie mit einem Patt endete, der Korea-Krieg Anfang der fünfziger Jahre, liegt lange zurück. Seitdem wurden sie regelmäßig selbst von kleinen, wenig entwickelten Gegnern faktisch geschlagen, von Vietnam über Irak bis Afghanistan. In jüngerer Zeit konnten sie die von ihnen angestrebte Ordnung nirgends herstellen – auch nicht in Tunesien, Libyen, Ägypten oder Syrien.

Doch nicht nur die bisherigen Verlierer, auch der Westen lernt dazu. Wenn es um die Durchsetzung westlicher Lebensmodelle ging, galten die Deutschen schon bisher als unverbesserliche Zauderer, und ihre Afghanistan-Erfahrungen dürften sie darin noch bestärken. Allerdings sind auch so sturmprobte Kämpen wie die Briten inzwischen vorsichtig geworden. Wo immer es brenzlig wird, lassen sie den Amerikanern galant den Vortritt, sind diese doch die Führungsmacht. Nur haben die Cousins in Übersee ebenso wenig Lust, die Welt zu führen, wie Deutschland Lust hat, Europa zu führen. Sicherung von Frie-

249

den, Freiheit und Gerechtigkeit oder auch Wahrung amerikanischer Interessen in irgendeinem Teil der Welt? Bis gestern war das für sie selbstverständlich. Heute erscheint es ihnen als viel zu gefährlich, kräfteraubend und teuer. Lieber reparieren sie ihre maroden Straßen, Brücken und Versorgungssysteme und mühen sich, dass ihre Armen täglich eine warme Mahlzeit erhalten. Sich so zu verhalten ist einsichtig und vernünftig. Imperial ist es nicht. Imperiales Handeln entspricht nicht den Bedingungen des 21. Jahrhunderts.

Das aber bleibt nicht ohne Auswirkungen auf die Globalisierung. Die in Jahrzehnten verschlissenen Nationen ziehen sich von der Weltbühne allmählich zurück. Mögen doch andere auf die Bühne treten. Möglicherweise gehen hier Notwendigkeit und Einsicht eine glückliche Verbindung ein. Die Kunst der Beschränkung. Die Überwindung von Hybris. Zu erkennen, dass weniger mehr sein kann. Der Westen ist dabei zu lernen, dass er seine Finger nicht überall im Spiel haben muss und andere Völker und Regionen auch sehr gut ohne ihn auskommen. Und wenn es ihn doch einmal unwiderstehlich reizen sollte, sich ungebeten einzumischen, sollte er auf seine eigene Geschichte zurückschauen und sich erinnern, welche langen und oft qualvollen Gärungsprozesse er selbst durchlebt und durchlitten hat. Was lässt ihn glauben, dass er anderen Völkern und Kulturen das ersparen kann?

Epilog

> *»Probleme kann man niemals mit*
> *derselben Denkweise lösen, durch die*
> *sie entstanden sind.«*
> *Albert Einstein*[325]

Zäsur

Die derzeitige Krise ist ein Dauerbrenner. Sie wandert um den Globus, und wenn sie ihn umrundet hat, beginnt alles aufs Neue. Das geht nun schon seit mehr als einem halben Jahrzehnt so, und ein Ende ist nicht in Sicht. Gestern Europa, heute Amerika, morgen Asien. Selbst Optimisten halten sich mit ihren aufmunternden Sprüchen auffällig zurück. Die Welt, so geben sie zu bedenken, sei heute noch weniger vorhersehbar als früher, nicht zuletzt weil eine Macht fehle, die ein wenig Ordnung in das Ganze bringen könnte. Die USA seien abgelöst worden »durch eine multipolare, weniger strukturierte und chaotischere internationale Gesellschaft«[326].

Das dürfte kaum zu bestreiten sein. Aber es ist nicht der Grund dafür, dass die Krise nicht weichen will. Der Grund hierfür ist vielmehr, dass es die Krise, die da seit Jahren mit einem ungeheuren Aufwand an Mitteln, Kraft, Zeit und nicht zuletzt menschlichen Schicksalen bekämpft wird, so gar nicht gibt. Dies festzustellen löst verbreitet Unverständnis und nicht selten Empörung aus. Es seien doch Hohn und blanker Zynismus, eine verlorene Generation, viele Millionen Arbeitslose, kaum noch wachsende, stagnierende oder sogar schrumpfende Volkswirtschaften, überschuldete Unternehmen, Banken und

Staaten und vor allem eine auf vielen lastende Perspektivlosigkeit nicht als Ausdruck einer schweren Krise anzusehen.

In der Tat: Der Umgang mit dem, was sich gegenwärtig ereignet, wird einfacher, wenn es mit einem vertrauten, wenn auch weitgehend ausgelaugten Begriff belegt wird. Krisen – die haben alle schon einmal erlebt und durchgestanden. Das gilt auch für Völker und Nationen. Aber so praktikabel und beinahe beruhigend diese Begrifflichkeit ist: Sie ist mit Risiken behaftet. Denn sie trifft nicht den Kern der derzeitigen Herausforderung. Ihr Kern ist nämlich ein Paradigmenwechsel, wie es ihn seit vielen Generationen nicht mehr gegeben hat. Eine menschheitsgeschichtliche Epoche geht zu Ende, und eine neue beginnt. Wer das als Krise bezeichnen mag, dem sei das unbenommen. Aber er sollte nicht versuchen, einen Paradigmenwechsel mit überkommenen Kriseninstrumenten bewältigen zu wollen.

Paradigmenwechsel

Während der jetzt zu Ende gehenden Epoche wurden individuelle und kollektive Probleme in der Regel durch Expansion gelöst. Sie war das Allheilmittel, das oft und zuverlässig half. Das Neue der gegenwärtigen Situation ist, dass dieses Mittel immer weniger und nicht selten auch gar nicht mehr wirkt. Die gegenwärtige Krise oder was als solche bezeichnet wird, zeigt das deutlich. Denn noch einmal: Sie wurzelt nicht in einem Zuwenig, sondern in einem Zuviel: zu viel Güterproduktion, noch immer auch zu viel Erwerbsarbeit, viel zu viel Ressourcenverbrauch und Umweltbelastung und nicht zuletzt zu viel Beanspruchung von Mensch und Gesellschaft.

Nicht zufällig nahm sie ihren Ausgang im globalen Hort materieller Opulenz, der Triade von Nordamerika, Europa und

Japan, und nicht etwa in den Regionen, in denen Hunderte von Millionen um das nackte Überleben kämpfen. Es waren nicht die ärmsten, sondern die reichsten Länder, die durch abenteuerliche Finanzkonstrukte und halsbrecherische Methoden der Naturausbeutung ihren ohnehin großen Reichtum weiter zu mehren suchten und dadurch die Welt an den Rand eines Abgrunds führten. Sie konnten einfach nicht genug kriegen, bis sie in rasender Fahrt aus der Kurve getragen wurden.

Und welche Schlüsse wurden hieraus gezogen? Um nicht aus der Kurve getragen zu werden, muss noch schneller gefahren, die Güterproduktion noch stärker angekurbelt, die Erwerbsarbeit weiter aufgebläht und aus Mensch und Natur herausgepresst werden, was herauszupressen geht. Die Krise soll mit derselben Denkweise überwunden werden, die sie hat entstehen lassen. Das voraussehbare Ergebnis: Mit jeder weiteren Rettungsmaßnahme, mit jeder weiteren Unterstützungsmilliarde, ja selbst mit jedem weiteren Wachstumsprozent wird sich der derzeitige Zustand – so paradox dies manchen erscheinen mag – weiter verschlechtern. Vielleicht nicht sofort. Aber umso unausweichlicher auf etwas längere Sicht.

Dass sich ein Paradigmenwechsel nicht mit Instrumenten der Krisenbewältigung meistern lässt, dürfte in den zurückliegenden Jahren hinreichend deutlich geworden sein. Was aber ist dann jetzt und in absehbarer Zeit zu tun? Was für Rezepturen und Verfahren sollen angewandt werden, um möglichst unbeschadet und erfolgreich einen solchen Gezeitenwechsel zu durchschiffen? Wer zeigt den Weg und warnt vor Klippen?

Es sind vor allem die Aufgeschlossenen und Willigen, die so fragen. Aber ihre Fragen lassen erkennen, dass auch sie noch tradierten und mittlerweile überholten Denkmustern verhaftet sind. Denn gäbe es so etwas wie eine Seekarte, dann beträfe sie mit Sicherheit nicht Paradigmenwechsel, sondern allenfalls Krisen. Nur bei Krisen kann nämlich auf Erfahrungen und erprobte Strategien zurückgegriffen werden, nicht aber bei Paradigmenwechseln.

253

Bei ihnen hilft es wenig, Lehrbücher zu konsultieren, in der Geschichte herumzustöbern und im eigenen Erfahrungsschatz zu kramen. Anders als Krisen, für die es gewisse Verlaufsmuster gibt, sind Paradigmenwechsel stets Unikate – ohne Vorgänger und ohne Nachfolger. Wenn nach vagen Analogien gesucht werden soll, bieten sich in Europa der Fall des Eisernen Vorhangs und in Deutschland die Wiedervereinigung an. Diese Ereignisse waren zumindest für die Menschen in Mittel- und Osteuropa sowie den neuen Bundesländern Paradigmenwechsel und nicht nur, auch wenn sie mitunter wie solche behandelt wurden, Krisen.

Für Paradigmenwechsel gibt es keine Blaupausen und keine Montageanleitungen, weshalb der seinerzeitige sächsische Ministerpräsident Kurt Biedenkopf auf eine Beanstandung seiner Amtsführung treffend entgegnen konnte: »Wird bei der nächsten Wiedervereinigung berücksichtigt!« Deshalb ist es wiederum Hybris – Anmaßung, Vermessenheit –, wenn manche den Eindruck zu erwecken suchen, sie hätten in der gegenwärtigen Lage einen Plan, den es nur umzusetzen gelte.

Was jetzt gefragt ist, ist ein Höchstmaß an Einfühlungsvermögen, Phantasie, Improvisationsfähigkeit und Anpassungsbereitschaft. Denn das Terrain, in dem sich Paradigmenwechsel ereignen, ist unübersichtlich, und jeder Tag bringt Unvorhergesehenes. Deshalb lassen sie sich nicht durch raumgreifende Konzepte, sondern nur durch sensible Aktionen und Reaktionen von Millionen von Akteuren meistern. Diese müssen einander ermuntern und ermutigen und gegebenenfalls auch anleiten und unterstützen. Was sie dabei jedoch am wenigsten brauchen, ist staatliche Gängelung. Vielmehr sollte ihnen der Staat den größtmöglichen Freiraum eröffnen. So frustrierend dies für Langfristplaner und -strategen sein mag: In Paradigmenwechseln ist die erfolgversprechendste Vorgehensweise, auf Sicht zu fahren, oder prosaischer: sich voranzutasten, bis sich die Nebel lichten.

Um dennoch Kurs zu halten, ist es hilfreich, Probleme aus

254

einer anderen als der gewohnten Perspektive zu betrachten. Für die Völker der frühindustrialisierten Länder heißt das: Wenn sie schon jetzt ein Mehrfaches dessen angehäuft haben, was der übrigen Menschheit zur Verfügung steht, wenn ihr Ressourcen- und Umweltverbrauch pro Kopf weit höher ist als derjenige weniger entwickelter Volkswirtschaften und wenn sie selbst sichtlich müde und verschlissen sind, dann dürfte es an der Zeit sein, innezuhalten und ernsthaft zu prüfen, ob nicht weniger mehr sein könnte, ob sie ihr Wohlergehen nicht eher dadurch fördern, dass sie das, was sie haben, besser als bisher nutzen.

Sie sollten erkennen: Weltweit leiden Milliarden von Menschen existentielle Not. In den frühindustrialisierten Ländern hingegen ist die große Mehrheit materiell wohlhabend, viele leben im Überfluss, und Armut ist relativ. Weltweit gibt es für Milliarden von Menschen nicht genügend lohnende Arbeit, um zumindest ein materiell bescheidenes Leben fristen zu können. In den frühindustrialisierten Ländern hingegen gibt es, auch wenn ihre Menge schrumpft, noch immer ausreichend ertragreiche Arbeit, an der mit etwas mehr Geschick alle Arbeitswilligen beteiligt werden könnten. Weltweit haben Milliarden von Menschen kaum Zugang zu den Kulturgütern der Menschheit. In den frühindustrialisierten Ländern hingegen stehen diese Güter, wenn auch oft ungenutzt, jedem in reicher Fülle zur Verfügung.

Die Völker der frühindustrialisierten Länder haben alles, wonach die große Mehrzahl der Menschen strebt. Was ihnen fehlt, sind Klugheit und vor allem Weisheit. Noch sind sie geblendet von einer Ideologie, die anderen ideologischen Verblendungen in Nichts nachsteht: immer weiterhasten ohne Ziel und Grenzen. Aber wie alle anderen Ideologien hat sich auch diese im Laufe der Zeit erschöpft. Sie vermag immer weniger zu motivieren, geschweige denn zu faszinieren. Kaum einer ist noch bereit, für sie sein Lebensglück oder gar sein Leben zu wagen. Noch vor einigen Generationen war das ganz

255

anders. Diese Veränderungen lassen auf die Überwindung der derzeitigen Krise, dieser Krise menschheitsgeschichtlich einzigartiger Hybris, und auf die Bewältigung des anstehenden Paradigmenwechsels hoffen.

Anhang

Danksagung

Kein Autor vermag zu sagen, was letztlich die Quelle seiner Gedanken und Formulierungen ist. Eine Zeitungsüberschrift hier, ein hingeworfener Halbsatz dort, eine fesselnde Unterrichtsstunde in der Schule, ein Plausch über einem Glas Wein. Und weil das so ist, muss der Kreis derer, denen zu danken ist, sehr weit geschlagen werden. Denn es sind nicht selten die zufälligsten und unscheinbarsten Kontakte, die sich im Nachhinein als besonders bedeutsam erweisen.

Dennoch müssen einige in diesem weitgeschlagenen Kreis besonders hervorgehoben werden. Zum einen und ganz besonders Stefanie Wahl, die abermals, diesmal zusammen mit Karsten Gödderz, unschätzbare Recherchearbeiten geleistet und sich um Anmerkungen und Bibliographie gekümmert hat. Zum anderen Hanna und Dieter Paulmann, die mit dem Denkwerk Zukunft eine wertvolle Fundierung für schöpferische Arbeit – auch solche des Bücherschreibens – geschaffen haben.

Dankbar zu nennen sind weiterhin der Programmleiter des Propyläen Verlags, Christian Seeger, ohne dessen verständnisvolles, zugleich aber auch hartnäckiges Drängen dieses Buch möglicherweise nicht entstanden wäre, mein Lektor Jan Martin Ogiermann sowie Ursula Schopp und Gabriele Hentschel, die erneut die technische Umsetzung des Ganzen besorgt haben. Und Dank schulde ich nicht zuletzt denen, die mich in der Zeit des Schreibens geduldig ertragen und begleitet haben.

Bonn, Februar 2014

Anmerkungen

1 Die Urheberschaft Leonardo da Vincis (1452–1519) ist nicht sicher, wird aber allgemein angenommen.

2 Papst Franziskus am 22. Juli 2013 auf dem Flug zum Weltjugendtag in Brasilien. Vgl. Libreria Editrice Vaticana, *Laborem Exercens*.

3 Unter ihnen sind der EZB-Chef Mario Draghi, ZEW-Präsident Clemens Fuest oder der Bundesverband deutscher Banken. Vgl. Strehler, *Ökonom*, Bankenverband, *Entwarnung*, *Die Presse*, »Draghi«.

4 Nach einer Umfrage von TNS-Infratest im November 2012 waren 89 Prozent »sehr« oder »ziemlich« zufrieden. Lediglich elf Prozent waren »nicht sehr« oder »überhaupt nicht« zufrieden. Vgl. Statista, *Leben*.

5 So US-Notenbankchef Ben Bernanke über zwölf der 13 wichtigsten US-Finanzkonzerne im November 2009 in einer nichtöffentlichen Befragung durch den Kongressausschuss zur Untersuchung der Finanzkrise. Vgl. *Reuters.com*, »Bernanke«.

6 Vgl. Anger et al., *Aufseher*, S. 4 sowie *Sueddeutsche.de*, »BER«.

7 Vgl. *General-Anzeiger*, »Rekord«.

8 Vgl. Bürgerschaft der Freien und Hansestadt Hamburg, *Haushaltsplan*, S. 3 sowie Bürgerschaft der Freien und Hansestadt Hamburg, *Elbphilharmonie*, S. 13 ff.

9 Vgl. *Spiegel Online*, »Pannenprojekt«.

10 Vgl. *Die Zeit*, »Kölner Lehrstück«.

11 Vgl. *Handelsblatt*, »Aufseher«, S. 4.

12 Im März 2013 erhöhte der Aufsichtsrat der Deutschen Bahn AG den Finanzierungsrahmen für Stuttgart 21 von 4,5 Milliarden auf über 6,5 Milliarden Euro. Vgl. Deutsche Bahn AG, *Stuttgart 21*.

13 Deshalb richtete das Bundesbauministerium im Frühjahr 2013 eine »Reformkommission Bau von Großprojekten« ein, die bis 2014 Handlungsempfehlungen erarbeiten soll, wie bei großen Bauprojekten Mittel effektiver einzusetzen sind. Vgl. BMVBS, *Reformkommission*.

14 Vgl. Hewitt Associates, *Survey* sowie Böhlke/Walleyo, »Transaktionen«, S. 19.

15 Vgl. *Handelsblatt.com*, »Armbanduhr«.

16 Vgl. *Welt.de*, »Firmenfusionen«.

17 Vgl. *Cbsnews.com*, »Mergers«.

18 Vgl. ebd.

19 Vgl. *Sueddeutsche.de*, »Hochzeit«.

20 Vgl. Diamond, *Guns*, S. 108.

21 In weniger als tausend Jahren von 11 000 bis etwa 10 000 vor Christus stießen die Clovis – benannt nach dem ersten Fundort im US-Staat New Mexico – von Alaska kommend bis nach Patagonien vor und vermehrten sich dabei auf einige Millionen. Vgl. ebd., S. 45.

22 So zog beispielsweise Alexander der Große im 4. Jahrhundert vor Christus mit seinem Heer von Makedonien über Ägypten und Mittelasien bis nach Indien. Marco Polo reiste gegen Ende des 13. Jahrhunderts von Venedig über Jerusalem und Bagdad nach Peking und kehrte nach einiger Zeit in China wieder zurück nach Venedig.

23 Eduard Mörike schildert diese Episode in seiner frei erfundenen Novelle »Mozart auf der Reise nach Prag«. Bei dem Musikstück handelt es sich um die Ouvertüre zur Oper »Don Giovanni«, die im Oktober 1787 in Prag fertiggestellt und dort uraufgeführt wurde. Vgl. Mörike, *Mozart*.

24 So heißt es in einem um 1835 vom Königlich Bayerischen Medizinalkollegium erstellten Gutachten: »Ortsveränderungen mittels irgend einer Art von Dampfmaschine sollten im Interesse der öffentlichen Gesundheit verboten sein. Die raschen Bewegungen können nicht verfehlen, bei den Passagieren die geistige Unruhe, ›delirium furiosum‹ genannt, hervorzurufen. Selbst zugegeben, daß Reisende sich freiwillig der Gefahr aussetzen, muß der Staat wenigstens die Zuschauer beschützen, denn der Anblick einer Lokomotive, die in voller Schnelligkeit dahinrast, genügt, um diese schreckliche Krankheit zu erzeugen.« Zitiert nach Joerges, *Technik*, S. 222.

25 So der österreichische Extremsportler Felix Baumgartner am 10. Oktober 2012. Vgl. Red Bull Stratos, *Stratos*, S. 7 f. sowie *Sueddeutsche.de*, »Sprung«.

26 Vgl. OICA, *Vehicles*, S. 1 und 3.

27 Vgl. KBA, *Fahrzeugbestand*.

28 Vgl. Eurostat, *Personenluftverkehr*.

29 Vgl. ADAC, *Bundesverkehrswegeplanung*, S. 3.

30 Nach Angaben des ADAC, zitiert in *RP-online* vom 14. Juli 2009. Vgl. *RP-online*, »Stau«.

31 Vgl. Initiative zukunftsfähige Infrastruktur, *Verkehrsinfarkt*.

32 Vgl. Eurocontrol, *Flight Movement*, S. 9 f.

33 Ludwig Erhard in seiner Rede vor dem 9. Bundesparteitag der CDU in Karlsruhe am 28. April 1960. Vgl. Hohmann, *Erhard*, S. 620.

34 Aufgrund der zahlreichen Vergnügungsmöglichkeiten sowie des beständigen Verkehrslärms wird New York beispielsweise von Frank Sinatra in seinem Song »New York, New York« als die »Stadt, die niemals schläft« (»The city that doesn't sleep«) besungen.

35 Vgl. BMU, *Umweltbewusstsein*, S. 2.

36 In der amerikanischen Redensart »Das Gras ist grüner auf der anderen Seite des Zaunes« kommt die menschliche Neigung zum Ausdruck, das selbst Erreichte oft geringer zu schätzen als die Besitztümer und Leistungen anderer Menschen.

37 In dem Gedicht »Der Bauer und sein Sohn« von Christian Fürchtegott Gellert (1715–1769) erzählt ein Sohn seinem Vater, dass er auf einer Reise Hunde gesehen habe, die größer gewesen seien als Pferde, Ochsen oder Kälber. Auf einer gemeinsamen Wanderung erwähnt der Vater, dass sich an ihrem Ziel ein Stein befände, der jedem, der nicht die Wahrheit sage, eine Verletzung zufüge. Die Verletzung vor Augen, lässt der Knabe den Hund im weiteren Verlauf der Wanderung immer kleiner werden, bis er – den Stein bereits in Sichtweite – zugibt, dass die Hunde am fernen Ort auch nicht größer seien als zu Hause. Vgl. Gellert, *Fabeln*.

38 Für 74 Prozent der Unternehmen in der IHK Offenbach war 2010 mangelnde Ausbildungsreife das Hauptproblem bei Schulabgängern. Rund fünfzig Prozent bemängelten das Fehlen elementarer Kenntnisse in Deutsch und Rechnen und 44 Prozent Defizite in den Bereichen Leistungsbereitschaft, Interesse, Disziplin und Umgangsformen. Vgl. Rixecker, *Ausbildungsbetrieb*.

39 Nach einer unveröffentlichten Studie der Philosophischen Fakultäten an deutschen Universitäten können viele Studienanfänger nur unzulänglich lesen und schreiben. Vgl. *Deutschlandradio Kultur*, »Sprache«.

40 Vgl. Statistisches Bundesamt, *Allgemeinbildende Schulen*, S. 293.

41 Vgl. ebd., S. 192.

263

42 Einer Studie des Robert-Koch-Instituts zufolge, bei der drei
Jahre lang 18 000 Kinder beobachtet wurden, ist jedes siebte
Kind psychisch auffällig. Bei jedem zehnten Jungen wurde mindestens einmal die Aufmerksamkeitsdefizitstörung ADHS fest-
gestellt. Vgl. *Der Spiegel*, »Kinder in Bedrängnis«.

43 Johann Heinrich Pestalozzi (1746–1827) war ein Schweizer
Pädagoge und Philosoph, der sich für eine ganzheitliche Volks-
bildung einsetzte. Er gilt als Begründer der modernen Sozial-
pädagogik.

44 Nach einer bundesweiten Studie des Instituts für Qualitätsent-
wicklung im Bildungswesen über die Kompetenzen von Schülern der vierten Jahrgangsstufe schnitten Grundschüler in Bayern und Sachsen in Lesen und Mathematik durchweg besser ab
als in Bremen oder Berlin. Vgl. Stanat/Pant/Böhme et al., *IQB-
Ländervergleich*, S. 129.

45 Die Schulpflicht ist in den Bundesländern unterschiedlich gere-
gelt. Sie beträgt jedoch mindestens neun Jahre.

46 Laut Bildungsbericht der Bundesregierung lag 2010 die Studienberechtigtenquote – der Anteil der Hochschulzugangsbe-
rechtigten an einem Jahrgang – bei 49 Prozent. Die Übergangs-
quote – der Anteil studienberechtigter Schulabsolventen, die im
Laufe der Zeit ein Studium aufnehmen – lag 2006 bei siebzig
Prozent. Schüler mit allgemeiner Hochschulreife begannen zu
über achtzig Prozent ein Studium, Schüler mit Fachhochschulreife zu 43 Prozent. Vgl. Autorengruppe Bildungsberichterstattung, *Bildung in Deutschland*, S. 294 f.

47 1960 lag die Studienberechtigtenquote bei sechs Prozent. Die
Zahl Studierender in West- und Ostdeutschland belief sich auf
etwa 300 000, was einem Bevölkerungsanteil von 0,4 Prozent
entsprach. Vgl. Egeln et al., *Ausbildung im Hochschulbereich*,
S. 11; Statistisches Bundesamt, *Jahrbuch* 1962, S. 103, 593; ebd.,
S. 107 sowie Statistisches Bundesamt, *Bevölkerung und Erwerbstätigkeit*, S. 12.

48 1961 hatten 772 000 Erwerbstätige in Westdeutschland eine ab-
geschlossene Ausbildung an einer Hochschule. Dies entspricht
bei 26,4 Millionen Erwerbstätigen einem Anteil von drei Prozent. 1985 hatten bereits 2,5 Millionen Erwerbstätige eine Hochschulausbildung. Bei nahezu 25 Millionen Erwerbstätigen entspricht dies einer Quote von reichlich zehn Prozent. 2011 hatten
im wiedervereinigten Deutschland 6,4 Millionen Erwerbstätige

eine Hochschulausbildung, was bei knapp vierzig Millionen Erwerbstätigen etwa 16 Prozent entspricht. 2011 betrug die Absolventenquote – der Anteil der Hochschulabsolventen an der Bevölkerung eines Jahrgangs – 30,9 Prozent, so dass künftig mit einem Anteil von Hochschulabsolventen an den Erwerbstätigen von einem Drittel gerechnet werden kann. Das ist gegenüber den frühen sechziger Jahren eine Verzehnfachung. Vgl. Statistisches Bundesamt, *Jahrbuch* 1966, S. 155 f.; IAB, *Erwerbstätige*, Statistisches Bundesamt, *Mikrozensus*, S. 10 sowie Statistisches Bundesamt, *Nichtmonetäre hochschulstatistische Kennzahlen*, S. 140.

49 Siehe auch den ehemaligen Kulturstaatsminister Julian Nida-Rümelin im Interview mit Ferdinand Knauß, Vgl. Knauß, *System*.

50 Vgl. KBV, *Grunddaten*, S. 12, BRAK, *Anwälte*, Statistisches Bundesamt, *Jahrbuch* 1961, S. 123, BSTBK, *Berufsstatistik*, S. 4 sowie Statistisches Bundesamt, *Jahrbuch* 1962, S. 106.

51 Vgl. BÄK, *Ärztliche Versorgung*, BRAK, *Anwälte*, Statistisches Bundesamt, *Finanzen und Steuern*, S. 81, BSTBK, *Berufsstatistik*, S. 1 sowie Statistisches Bundesamt, *Studierende*, S. 40.

52 EU-weit arbeiteten 2012 zehn Prozent der Akademiker beispielsweise als Handwerker, Maschinenführer oder in anderen Bereichen, die keine akademische Ausbildung erfordern. Vgl. Eurydice/Eurostat, *Key-Data on Education*, S. 180.

53 2011 wurden die Noten »gut« und »sehr gut« an achtzig Prozent aller Hochschulabsolventen in Deutschland vergeben, unabhängig von der Abschlussart. Im Jahr 2000 waren es erst siebzig Prozent. Masterstudenten erhielten diese Noten sogar zu über neunzig Prozent. Vgl. Wissenschaftsrat, *Prüfungsnoten*, S. 36 ff.

54 Vgl. Heublein et al., *Studienabbruch*, S. 19.

55 Vgl. Statistisches Bundesamt, *Bildungsfinanzbericht*, S. 48.

56 Vgl. Statistisches Bundesamt, *Hochschulen*, S. 36.

57 Vgl. Fox, *Grenzen*.

58 Alle aufgenommenen Informationen gelangen zunächst ins Ultrakurzzeitgedächtnis, wo sie für einige Sekunden verfügbar sind. Richtet sich die Aufmerksamkeit – beispielsweise durch Wiederholungen – nicht weiter auf diese Informationen, werden sie umgehend gelöscht. Falls der Inhalt wichtig ist, wird er ins Kurzzeitgedächtnis übernommen, wo er einige Sekunden bis wenige Minuten verbleiben kann. Die Kapazität des Kurzzeit-

gedächtnisses ist jedoch begrenzt. Für die meisten Menschen liegt die Grenze beispielsweise bei siebenstelligen Zahlen. Vgl. Spornitz, *Anatomie*, S. 178.

[59] Vgl. Grotlüschen/Riekmann, *Level-One Studie*, S. 4.

[60] Vgl. Statistisches Bundesamt, *Schulen*, S. 34.

[61] 2012 betrug der Marktanteil von arte, Phoenix und 3sat zusammengenommen 2,9 Prozent, während RTL, SAT 1 und Pro Sieben auf 27,6 Prozent Marktanteil kamen. Vgl. Arbeitsgemeinschaft Fernsehforschung, *Marktanteile*.

[62] Im syrischen Bürgerkrieg wurden 2012 und 2013 allein in Aleppo die zentrale Omayyadenmoschee, einer der ältesten Suqs der arabischen Welt, sowie die Zitadelle der Stadt, die größte islamische Burg des Mittelalters aus dem 12. Jahrhundert, erheblich beschädigt. Gleiches gilt für die Zitadelle von Apamea – eine der wichtigsten antiken Städte Syriens. Die erst 2004 restaurierte Burg wurde durch Bomben teilweise zerstört. Im Anschluss an das Bombardement schlug das syrische Militär mit Bulldozern eine Bresche in die jahrhundertealten Mauern und räumte dabei Teile der bis in die Jungsteinzeit zurückreichenden archäologischen Schichten ab. Aus Konfliktregionen wie dem Irak oder Mali wird Ähnliches berichtet. Vgl. *Frankfurter Allgemeine Zeitung*, »Zukunft«.

[63] Bisher konnte auf keiner der zurückliegenden Klimakonferenzen in Kopenhagen, Cancún, Durban, Doha oder Warschau ein Nachfolgeabkommen für das Kyoto-Protokoll geschlossen werden.

[64] Zwar verabschiedete die UN-Vollversammlung Anfang April 2013 erstmals ein Abkommen zur Regulierung des Handels mit konventionellem Kriegsgerät (Arms Trade Treaty), jedoch enthielten sich neben Russland und China – die zusammen etwa ein Drittel aller Waffen weltweit exportieren – 21 weitere Staaten der Stimme. Dass diese den Vertrag ratifizieren und damit die Reichweite des Abkommens erhöhen, ist unwahrscheinlich. In Deutschland hat das Abkommen den Deutschen Bundestag im Juni 2013 passiert. Die USA – die ebenfalls etwa ein Drittel des globalen Waffenhandels abwickeln – haben das Abkommen im September 2013 unterzeichnet. Hier ist jedoch noch unklar, ob es vom US-Kongress ratifiziert wird. Vgl. Holtom et al., *International Arms Transfers*, S. 3, *tagesspiegel.de*, »Waffen«, *New York Times Online*, »Arms« sowie UN, *Arms Trade Treaty*.

65 In den USA verdienen Manager im Durchschnitt 273 mal mehr
   als ein durchschnittlicher Arbeiter. Der Topverdiener, der lei-
   tende Manager des Pharmahändlers und IT-Zulieferers für die
   Gesundheitsbranche McKesson verdiente 2012 131 Millionen
   US-Dollar. Vgl. Mishel/Sabadish, *CEO Pay*, S. 2 sowie DeCarlo,
   CEOs.
66 Dies gilt vor allem für wirtschaftlich starke Bevölkerungsgruppen. Ihr Naturverbrauch gemessen am ökologischen Fußabdruck ist beispielsweise im Bereich des Wohnens mehr als doppelt und im Bereich der Mobilität sogar achtmal so hoch wie
   der einkommensschwacher Bevölkerungsgruppen. Vgl. Schulte,
   Naturverbrauch.
67 Im März 2011 streikten beispielsweise die Mitglieder der Ge-
   werkschaft Deutscher Lokführer (GDL) für ein einheitliches
   Tarifsystem für die 26 000 Lokführer und einen Einheitslohn
   auf dem Niveau der Deutschen Bahn zuzüglich eines Aufschlags
   von fünf Prozent, gleichgültig ob sie im Nah-, Fern- oder
   Güterverkehr beschäftigt waren oder ob sie für die Deutsche
   Bahn oder einen Konkurrenten arbeiteten. Die Streiks trafen
   vor allem Norddeutschland, wo viele Pendler wochenlang auf
   sogenannten Schienenersatzverkehr, das heißt Busse oder Taxis
   ausweichen mussten. Im August 2011 gab die GDL ihre Streiks
   aufgrund sinkender Streikbereitschaft auf.
68 Zu nennen ist beispielsweise das 60-Punkte-Programm von
   François Hollande aus dem Präsidentschaftswahlkampf 2012, in
   dem fast jeder Bevölkerungsgruppe bzw. jeder Region Verbesserungen in Aussicht gestellt wurden. Vgl. Hollande, *Changement*.
69 Beispielhaft hierfür ist Silvio Berlusconi, viermaliger Ministerpräsident Italiens, der seine politischen Ämter nicht nur dazu
   nutzte, Politik zu gestalten, sondern auch, um ihn vor der Ver-
   urteilung wegen zahlreicher Straftaten zu schützen. Im September 2013 drohte er, mit seiner Partei aus der Koalitionsregie-
   rung unter Ministerpräsident Enrico Letta auszuscheiden, um
   die Regierungskoalition dazu zu bringen, ihm eine Amnestie zu
   gewähren. In letzter Minute gab er seinen Plan auf, die Regie-
   rungskrise war vorerst abgewendet.
70 Dies gilt beispielsweise für den Präsidenten von Simbabwe, Robert Mugabe, der das Land seit 1980 mit eiserner Hand regiert,
   über mehrere herrschaftliche Wohnsitze verfügt und Beobach-

tern zufolge ausschweifende Feste feiert. Vgl. *Mail & Guardian*, »Mugabe«.

71 Der Begriff stammt aus dem Englischen.

72 Dies gilt beispielsweise für Turnerinnen oder Eiskunstläuferinnen. So wurde die US-amerikanische Eiskunstläuferin Tara Kristen Lipinski 1997 Weltmeisterin und 1998 Olympiasiegerin. Im selben Jahr beendete sie als Fünfzehnjährige ihre Karriere wegen zahlreicher Krankheiten und Verletzungen.

73 Vgl. *Spiegel Online*, »Herztod«.

74 Studien zufolge nehmen sechzig Prozent der Teilnehmer von Marathonläufen Schmerzmittel ein. Beim Handball tun dies fast siebzig Prozent. Bei internationalen Fußballturnieren der Männer nehmen vor Spielen mehr als fünfzig Prozent gelegentlich und elf Prozent immer Schmerzmittel ein. Vgl. Breuer/Hallmann, *Dysfunktionen*, S. 3.

75 Die Deutsche Sporthilfe fördert derzeit 3800 Spitzensportler, die in verschiedene Kader aufgeteilt sind. Der A-Kader umfasst Sportler der internationalen Spitzenklasse, der B-Kader Sportler der nationalen Spitzenklasse und der C- und D-Kader Junioren und Nachwuchssportler. Zum S-Kader gehören Athleten, die die Kriterien der Deutschen Sporthilfe aufgrund von Verletzungen oder einer besonderen beruflichen Situation nicht erfüllen, aber eine positive Leistungsperspektive aufweisen.

76 Vgl. Breuer/Hallmann, *Dysfunktionen*, S. 82.

77 Ein Sportfunktionär zur Dopingpraxis: »Trainer haben mir dann immer gesagt: Wenn man nichts mehr nimmt, kann man nichts werden: Alle, die was geworden sind, haben es genommen.« Vgl. Strang, *Doping*, S. 65.

78 Vgl. Breuer/Hallmann, *Dysfunktionen*, S. 35.

79 Vgl. ebd., S. 61.

80 Nicht zuletzt deshalb traten im August 2013 verschärfte Vorschriften gegen Doping in Kraft. Unter anderem wurde neben dem bestehenden Besitz- auch ein Erwerbsverbot für Dopingmittel erlassen. Vgl. BMG, *Doping*.

81 Wie die Siebenkämpferin Birgit Dressel (1960–1987). Sie war mehrfache deutsche Meisterin und nahm an Europameisterschaften und Olympischen Spielen teil. 1987 starb sie an einer toxischen Reaktion auf verabreichte Dopingmittel. In den letzten Monaten vor ihrem Tod hatte sie 400 Spritzen unter anderem mit Anabolika erhalten. Sie nahm zwanzig verschiedene

Präparate von drei Ärzten ein. Vgl. *Der Spiegel*, »Drogensumpf«.

82 Beispielsweise der chinesische Hürdenläufer Liu Xiang, der 2004 über 110-Meter-Hürden in Athen Olympiasieger wurde, 2008 in Peking und 2012 in London jedoch verletzungsbedingt jeweils bereits im Vorlauf ausschied.

83 Von heiteren und schwarzen Losen ist in Friedrich Schillers (1759–1805) »Lied von der Glocke« die Rede: »Ihm ruhen noch im Zeitenschoße/die schwarzen und die heitern Lose …«. Vgl. Schiller, Werke.

84 Einen Überblick über die verschiedenen Positionen gibt der Schweizer Philosoph Dominik Perler in seinem Buch »*Der Geist der Tiere*«. Vgl. Perler/Wild, *Tiere*.

85 Auch das Tier versucht, seine Existenz durch das zu sichern, was die Natur vorgibt.

86 Dem Biologen Hans Mohr (geb. 1930) zufolge konnte die Erde vor 10 000 Jahren unter den damaligen naturnahen Produktionsbedingungen der Jäger und Sammler fünf Millionen Menschen tragen. Vgl. Mohr, *Qualität*, S. 4.

87 Vgl. Genesis 2,15.

88 Vgl. Genesis 3,18.

89 Genesis 1,28.

90 Schon in der Antike wurden beispielsweise in Griechenland und Italien große Waldflächen für den Schiffbau, die Brennholzgewinnung sowie Bauten abgeholzt. Ferner beeinträchtigten Kriege und Bergbau Natur und Umwelt. Die Folgen waren zum Teil desaströs.

91 In der Schöpfungsgeschichte der Bibel segnete Gott ausdrücklich auch die Tiere. Ebenso wird im Koran für den sorgsamen Umgang mit der Natur plädiert. Vgl. Genesis 1,1 bis 2,4 sowie Polier, »Grüner Islam«.

92 Statt zahlreicher anderer Belege vgl. Lukas 10,38–42.

93 Johann Wolfgang von Goethe (1749–1832) beschreibt in seinem »Faust« paradigmatisch einen solchen Menschen. Vgl. Goethe, *Faust*.

94 Ausführlich dargestellt u. a. in der Enzyklika *Laborem Exercens* von Papst Johannes Paul II. (1920–2005) vom 14. September 1981. Vgl. Libreria Editrice Vaticana, *Laborem*.

95 Nachzulesen beispielsweise in den Schriften von Martin Luther (1483–1546) und Johannes Calvin (1509–1564).

96 Das Wort Arbeit ist germanischen Ursprungs. Die Wortge-
schichte ist unklar. Möglicherweise leitet es sich aus dem Indo-
germanischen ab und bedeutet »verwaist sein, ein zu schwerer
körperlicher Tätigkeit gezwungenes Kind«. Im Alt- und Mittelhochdeutschen dominiert die Bedeutung »Mühe, Plage, Stra-
paze«.

97 Der Golem entstammt der jüdischen Mystik. Er ist ein menschenähnliches, stummes Wesen, das durch Magie zum Leben
erweckt werden kann und dann besondere Kräfte besitzt.

98 Teil eines Titels einer Publikation des deutschen Soziologen
Max Weber (1864–1920), in der er die geistigen Ursachen der
Entstehung der modernen kapitalistischen Wirtschaft analy-
siert. Vgl. Weber, *Ethik*.

99 Kocka, »Arbeit«, S. 10.

100 Bei 56000 Erwerbsarbeitsstunden ist ein vierzigjähriges Erwerbsleben mit durchschnittlich 1400 Jahresarbeitsstunden
unterstellt. Bei 83000 Eigenarbeitsstunden ist – der Zeitver-
wendungsstudie des Statistischen Bundesamtes von 2001 folgend – unterstellt, dass Menschen 65 Jahre lang täglich 3,5 Stunden mit Eigenarbeit verbringen. Vgl. Statistisches Bundesamt,
Datenreport, S. 223, Statistisches Bundesamt, *Inlandsproduktberechnung*, S. 77 sowie Statistisches Bundesamt, *Zeit*, S. 6.

101 Zur Berechnung des Wertes unbezahlter Arbeit gibt es verschiedene Ansätze. Im vorliegenden Fall wird der sogenannte
Generalistenansatz (netto einschl. Ausfallzeit) verwendet, der
die Anstellung einer Haushaltshilfe zur Bewältigung aller Aufgaben der unbezahlten Eigenarbeit unterstellt. Dabei wird 2001
ein Nettostundenlohn inklusive der Bezahlung von Urlaubs-
oder Krankentagen von 8,85 Euro je Stunde zugrunde gelegt.
Dies entspricht in Preisen von 2012 9,60 Euro. Für die 83000
Stunden unbezahlter Arbeit, die ein Mensch in seinem Leben in
etwa leistet, ergibt dies eine Wertschöpfung von rund 796800
Euro. In seinem Erwerbsarbeitsleben erwirtschaftet der durchschnittliche Deutsche eine ähnliche Summe. Wird der durchschnittliche Nettolohn 2012 von 1700 Euro monatlich auf ein
vierzigjähriges Arbeitsleben hochgerechnet, ergibt sich ein Ge-
samtverdienst von 816000 Euro. Vgl. Schäfer, »Unbezahlte Arbeit«, S. 261 sowie IW, *Zahlen*, S. 61.

102 Zu den nichtökonomischen Faktoren zählt insbesondere die
Statusfunktion von Erwerbsarbeit.

103 2012 betrug in Deutschland der Anteil Erwerbstätiger an der 15- bis 65-jährigen Wohnbevölkerung 72,8 Prozent. Ähnliche Werte erreichten Dänemark und Österreich. Im Vereinigten Königreich, in Japan und den USA lag der Anteil mit etwa siebzig Prozent leicht darunter. In Frankreich, der EU27 sowie im Euroraum wurden Erwerbstätigenquoten von etwa 64 Prozent erreicht, in Spanien und Italien sogar nur von 55 Prozent. Lediglich in der Schweiz, den Niederlanden, Norwegen, Schweden und Island waren die Erwerbstätigenquoten noch etwas höher als in Deutschland. Vgl. Statistisches Bundesamt, *Bevölkerung* sowie Eurostat, *Erwerbstätigenquote*.

104 Hierzu gehört vor allem eine in vielen Ländern verfehlte Wirtschafts- und Arbeitsmarktpolitik, die deren Wettbewerbsfähigkeit empfindlich beeinträchtigt hat. Deutschland ist der Nutznießer dieser Entwicklung, zumal hier die Wettbewerbsfähigkeit durch die Agenda 2010 sowie eine generelle Lohnzurückhaltung sogar noch erhöht wurde.

105 Vgl. AMECO, *Total Unemployment*, Eurostat, *Erwerbstätigenquote* sowie eigene Berechnungen.

106 Eine Zunahme der Arbeitsmenge ist in Belgien seit 2000, in Deutschland seit 2005, in Spanien, Schweden, Luxemburg und Norwegen seit 2007 sowie in der Schweiz seit 2008 zu beobachten. Vgl. OECD, *Outlook*, S. 242 sowie Statistisches Bundesamt, *Inlandsproduktberechnung*, S. 74.

107 So hat Norwegen die niedrigste Arbeitslosenquote in Europa vor allem wegen seines Ölreichtums und dem vergleichsweise geringen inländischen Arbeitskräfteangebot.

108 87 Prozent der Deutschen würden gerne aufhören zu arbeiten, bevor sie 65 sind. Reichlich 53 Prozent würden dies sogar vor ihrem sechzigsten Geburtstag tun, vorausgesetzt, dass dies keine finanziellen Einbußen bei der Altersversorgung nach sich zieht. Nur knapp sieben Prozent können sich vorstellen, bis zur vorgesehenen gesetzlichen Altersgrenze von 67 Jahren zu arbeiten. Vgl. *Die Welt*, »Rente«.

109 Vgl. Deutsche Rentenversicherung Bund, *Rentenversicherung*, S. 56.

110 So fordert beispielsweise die Linke, die Rente mit 67 abzuschaffen. Die SPD will die Rente mit 67 nur einführen, wenn mindestens fünfzig Prozent der 60- bis 64-jährigen Arbeitnehmer sozi-

271

alversicherungspflichtig beschäftigt sind. Vgl. Die Linke, *Gute Rente* sowie SPD, *Regierungsprogramm*, S. 80.

[111] DGB-Vorstandsmitglied Annelie Buntenbach am 30. Januar 2013. Vgl. *Der Tagesspiegel*, »Rente«.

[112] Diese Gründe führt der Sozialpsychologe Rolf van Dick für die Zunahme von Burn-out, Überforderung und zunehmendem Druck auf die Menschen an. Vgl. *Focus Online*, »Deutschland«.

[113] Vgl. Lohmann-Haislah, *Stressreport*, S. 85 ff.

[114] Bundesarbeitsministerin Ursula von der Leyen gegenüber der *Bild*-Zeitung am 29. Januar 2013. Vgl. *bild.de*, »Arbeitnehmer«.

[115] Dies gilt der Integrationsbeauftragten Maria Böhmer zufolge insbesondere für Migrantenkinder. So wird beispielsweise in Nordrhein-Westfalen bei 18 Prozent der Grundschüler zu Hause kein Deutsch gesprochen. Vgl. *bild.de*, »Migranten-Kinder«.

[116] Fragen dieser Art werden mitunter von Handwerkskammern an Auszubildende gestellt, um deren Qualifikationsniveau abschätzen zu können.

[117] Vgl. Crabtree, *Intellect*.

[118] So der Titel eines Buchs des Soziologen Ulrich Beck von 1986. Vgl. Beck, *Risikogesellschaft*.

[119] Vgl. Gödderz, *Stundenlohn*.

[120] Vgl. Brenke, *Reallöhne*, S. 552 sowie Brenke/Grabka, *Lohnentwicklung*, S. 5.

[121] Um die Einkommenssituation von Personen unabhängig von Größe und Zusammensetzung ihres Haushalts vergleichen zu können, wird das Haushaltsnettoeinkommen durch die nach ihrem Bedarf gewichteten Haushaltsmitglieder geteilt. Der Haushaltsvorstand erhält ein Gewicht von 1, alle weiteren Haushaltsmitglieder über 14 Jahren werden mit 0,5 und unter 14 Jahren mit 0,3 gewichtet. Damit wird einerseits berücksichtigt, dass Erwachsene einen höheren Bedarf haben als Kinder, und andererseits, dass für weitere Personen im Haushalt ein immer geringeres zusätzliches Einkommen benötigt wird, um den Lebensstandard aufrechtzuerhalten.

[122] Vgl. Wahl, *Einkommensungleichheit*.

[123] Vgl. Statistisches Bundesamt, *Arbeitnehmerverdienste*, S. 56 und 64.

[124] Von 1960 bis 2012 verminderte sich das Arbeitsvolumen in Deutschland pro Kopf der Bevölkerung von reichlich 1000 auf 700 Stunden jährlich, also um etwa ein Drittel. Im produzieren-

den Gewerbe lag der Rückgang hingegen bei sechzig Prozent. Hier wurden 1960 469 Stunden pro Einwohner geleistet, 2012 waren es noch 187. Umgekehrt verlief die Entwicklung im Dienstleistungsbereich, wo die Zahl der jährlich erbrachten Arbeitsstunden von 385 auf 500 Stunden um knapp ein Drittel anstieg. Vgl. Miegel/Wahl, *Phantom*, sowie Statistisches Bundesamt, *Inlandsproduktrechnung*, S. 44 und 74.

[125] Vgl. Statistisches Bundesamt, *Erwerbstätige*.

[126] Vgl. BiB/Robert Bosch Stiftung, *Demographic Future*, S. 10 sowie BMFSFJ, *Gender Datenreport*, S. 242.

[127] Zwischen 1988 und 1992 sank der Kinderwunsch deutscher Frauen unter das Reproduktionsniveau. Seit 1992 liegt er relativ konstant bei etwa 1,75 Kindern. Im internationalen Vergleich ist Deutschland Schlusslicht bei den Kinderwünschen. Deutsche Frauen wünschen sich sogar weniger Kinder als Männer in allen anderen untersuchten Ländern. Unter den Nachbarstaaten Deutschlands nimmt Polen den Spitzenplatz ein: Hier wünschen sich Männer 2,29, Frauen 2,33 Kinder. In Österreich und den Niederlanden wünschen sich Männer 1,78 bzw. 1,98 und Frauen 1,84 bzw. 2,13 Kinder. Vgl. Höhn/Ette/Ruckdeschel, *Kinderwünsche*, S. 15 f. sowie BiB/Robert Bosch Stiftung, *Demographic Future*, S. 10.

[128] In naturnahen Völkern wurde beispielsweise die Unfruchtbarkeit der Frau während der Stillphase zur Vermeidung von Schwangerschaften genutzt – mitunter in Kombination mit sexueller Enthaltsamkeit. Vgl. Miegel/Wahl, *Individualismus*, S. 147.

[129] Vgl. Bundesregierung, *Demographiegipfel*.

[130] Deutschland gab 2010 125,5 Milliarden Euro bzw. fünf Prozent des BIP für familienbezogene Maßnahmen aus. Damit lag es deutlich über dem OECD-Durchschnitt. Gemessen an den Ausgaben pro Kind nahm es unter den OECD-Ländern eine Spitzenposition ein. Zusammen mit den ehebezogenen Leistungen wendete Deutschland sogar 200,3 Milliarden Euro auf. Vgl. BMFSFJ, *familienbezogene Leistungen* sowie ZEW, *Evaluation*, S. 226 f.

[131] Weniger Kinder als in Deutschland werden lediglich in einigen Staaten des ehemaligen Ostblocks wie Rumänien, Ungarn oder Polen geboren, obwohl hier der Kinderwunsch höher als in Deutschland ist. Deutlich geburtenstärkere Länder sind Frankreich, Irland und Island mit jeweils etwa zwei Kindern pro Frau

sowie Schweden, Norwegen und das Vereinigte Königreich, die nur knapp darunter liegen. Vgl. Anmerkung 127 sowie Eurostat, *Gesamtfruchtbarkeitsrate*.

[132] Vgl. u. a. Höpflinger, *Alterung*, S. 17.

[133] Nach Schätzungen der Caritas arbeiten rund 100 000 Frauen aus Mittel- und Osteuropa in privaten Haushalten bei pflegebedürftigen älteren Menschen. Vgl. Caritas, *Pressemitteilung*.

[134] Vgl. *Bild am Sonntag*, »Altenheim« sowie *Focus Online*, »Alten und Kranken«.

[135] Die Begriffe leiten sich aus der betrügerischen Geldentwertung während der sogenannten Kipper- und Wipperzeit von 1618 bis 1623 ab. Damals wurden Silbermünzen auf einer Waage (Wippe) identifiziert und anschließend aussortiert (gekippt). Die hochwertigen Silbermünzen bildeten den Grundstoff für geringerwertige Nachprägungen, denen Kupfer oder Zinn hinzugefügt wurde. Die Münzentwertung führte durch den höheren Geldumlauf nicht nur zu einer Belebung der Wirtschaft, sondern auch zu Inflation. Vgl. Deutsche Bundesbank, *Wipperzeit*.

[136] So wies der damalige Bundeswirtschaftsminister Ludwig Erhard 1959 darauf hin, dass »kein Staat und keine Volkswirtschaft mehr soziale Gaben ausstreuen können, als ein Volk erarbeitet«. Vgl. Hohmann, *Erhard*, S. 599.

[137] Die Schuldenbremse – seit 2009 im Grundgesetz verankert – soll Einnahmen und Ausgaben von Bund und Ländern wieder ins Gleichgewicht bringen. Ab 2016 darf die jährliche Nettokreditaufnahme des Bundes 0,35 Prozent des Bruttoinlandsproduktes nicht übersteigen. Die Bundesländer müssen ab 2020 schuldenfrei wirtschaften. Im Fall von Naturkatastrophen oder schweren Rezessionen sind Ausnahmen vorgesehen.

[138] In Homers *Odyssee* locken auf einer Insel wohnende Sirenen – weibliche Mischwesen aus Mensch und Vogel – Seefahrer durch bezaubernden Gesang sowie das Versprechen an, alles auf Erden Geschehende zu wissen und offenbaren zu können. Folgten Seeleute dem Ruf, mussten sie sterben. Odysseus wollte den Sirenengesang dennoch hören. Er verschloss deshalb seinen Gefährten die Ohren mit Wachs und ließ sich selbst an den Mast des Schiffes binden. So konnte er den Gesang der Sirenen zwar vernehmen, ihm jedoch nicht folgen.

[139] Eine Schuldenobergrenze soll das Schuldenmachen in den USA begrenzen. Diese wird jedoch beständig angehoben und liegt

nach der jüngsten Anpassung im Mai 2013 bei 16,7 Billionen Dollar. Auf eine weitere Anhebung konnten sich Demokraten und Republikaner bislang nicht einigen. Die Schuldengrenze wurde von Oktober 2013 bis Februar 2014 außer Kraft gesetzt, damit die USA ihren finanziellen Verpflichtungen nachkommen und Regierungsmitarbeiter bezahlen können.

[140] Das Konzept stammt von John Maynard Keynes (1883–1946), der die wirtschaftstheoretische und -politische Diskussion bis heute beeinflusst.

[141] Die Bruttoschuldenquote ist das Verhältnis der nominalen Staatsschuld zum nominalen Bruttoinlandsprodukt. Die Staatsschuld enthält gemäß der Maastricht-Kriterien Verbindlichkeiten in Form von Bargeld, Einlagen, Schuldtiteln und Krediten. Der staatliche Sektor umfasst die Sektoren Bund, Länder, Gemeinden sowie die Sozialversicherungen.

[142] Die EU15 umfasst die Mitgliedsstaaten der Europäischen Union vor dem Beitritt der zehn neuen Mitglieder am 1. Mai 2004. Das sind neben Deutschland: Belgien, Dänemark, Finnland, Frankreich, Griechenland, Irland, Italien, Luxemburg, die Niederlande, Österreich, Portugal, Spanien, Schweden und das Vereinigte Königreich.

[143] Ludwig Erhard im Wortlaut: »Wir werden sogar mit Sicherheit dahin gelangen, daß zurecht die Frage gestellt wird, ob es noch immer richtig und nützlich ist, mehr Güter, mehr materiellen Wohlstand zu erzeugen, oder ob es nicht sinnvoller ist, unter Verzichtleistung auf diesen ›Fortschritt‹ mehr Freizeit, mehr Besinnung, mehr Muße und mehr Erholung zu gewinnen.« Erhard, *Wohlstand*, S. 233.

[144] So mahnte Ludwig Erhard 1963: »Wir müssen uns entweder bescheiden oder mehr arbeiten. Die Arbeit ist und bleibt die Grundlage des Wohlstandes.« Vgl. Hohmann, *Erhard*, S. 837.

[145] Dies gilt insbesondere für die 1957 reformierte gesetzliche Rentenversicherung. Ihre Hauptmerkmale sind der sogenannte Generationenvertrag mit dem Umlageverfahren sowie die Kopplung der Rente an die Entwicklung der Arbeitseinkommen. Die Rentenreform beruhte maßgeblich auf den Ideen Wilfried Schreibers (1904–1975). Allerdings wurde dessen Vorschlag, die Altersrente durch eine »Kindheits- und Jugendrente« zu ergänzen, nicht verwirklicht. Das beförderte vermutlich die zwischenzeitlich eingetretene demographische Schieflage.

[146] Seit 2000 verloren die Rentner rund ein Fünftel ihrer Kaufkraft. Vgl. Deutsche Rentenversicherung, *Rentenversicherung*, S. 27.

[147] So beispielsweise der Wirtschaftswissenschaftler Rudolf Hickel. Vgl. Hickel, *Fiskalpakt*.

[148] Das Beispiel Schweden zeigt, dass sich hohe Sozialleistungen und niedrige Staatsschulden sehr wohl vereinbaren lassen. 2012 betrug dort die Sozialleistungsquote 29,4 Prozent und die Schuldenquote 38,2 Prozent des BIP. In Deutschland lagen die Vergleichswerte bei 29,9 bzw. 82 Prozent.

[149] Über alle Einkommensklassen hinweg empfindet reichlich die Hälfte der Menschen in Deutschland Steuern und Abgaben für den Erhalt des Sozialstaats als zu hoch. Vgl. Nüchter et al., *Sozialstaat*, S. 65.

[150] Zu nennen sind die Bauernkriege in Deutschland zwischen dem 14. und 17. Jahrhundert oder die Revolutionen in den Ländern Europas vom 18. bis Anfang des 20. Jahrhunderts.

[151] Der »neue Mensch«, frei von Ausbeutung, Lüge, Betrug und Trunksucht, war unter anderem Ziel der Russischen Revolution von 1917. Der Revolutionär Leo Trotzki (1879–1940) beschreibt ihn wie folgt: »Der Mensch wird unvergleichlich stärker, klüger, feiner werden … der menschliche Durchschnitt wird sich bis zum Niveau eines Aristoteles, Goethe, Marx erheben.« Vgl. Riegel, »Der Marxismus-Leninismus als ›politische Religion‹«, S. 33.

[152] So beschwor 1971 Wirtschafts- und Finanzminister Karl Schiller (1911–1994) die Delegierten auf einem Sonderparteitag der SPD zur Steuerpolitik in Bonn: »Genossen, lasst die Tassen im Schrank!«

[153] Einmal in jeder Legislaturperiode – in der Regel gegen Ende – dokumentiert die Bundesregierung im Sozialbericht die erbrachten Sozialleistungen, deren Finanzierung sowie etwaige Reformen. Darüber hinaus enthält der Sozialbericht das Sozialbudget, in dem über die Einnahmen und Ausgaben der einzelnen sozialen Sicherungssysteme informiert wird.

[154] Vgl. BMAS, *Sozialbericht*, S. 71 f. sowie 83.

[155] Vgl. Miegel et al., *Städte*, S. 22 ff. sowie S. 26 f.

[156] Im Märchen »Der Hase und der Igel« wetten die beiden, wer von ihnen schneller laufen könne. Beim Rennen bleibt der Igel nach ein paar Schritten stehen und versteckt sich. Am anderen Ende der Laufstrecke hat der Igel seine Frau platziert, die der Hase nicht von ihrem Mann unterscheiden kann. Diese zeigt

sich bei Ankunft des Hasen und ruft ihm entgegen: »Ick bün al dor« – Ich bin schon da. Der ungläubige Hase fordert Revanche, das Ergebnis bleibt jedoch dasselbe: Der Igel ist bereits an der Ziellinie. Am Ende bricht der Hase, vom vielen Hin- und Herlaufen erschöpft, tot zusammen.

[157] Beispielsweise warnte Ludwig Erhard bereits 1956 vor dem Versorgungsstaat und davor, das Subsidiaritätsprinzip zu verletzen. Vgl. Hohmann, *Erhard*, S. 462 f.

[158] Beamte der Bundesverwaltung fehlten 2009 durchschnittlich an 18 Tagen. Dagegen wiesen Vollzeitarbeitnehmer 2012 im Durchschnitt lediglich neun Fehltage auf. Vgl. Badura et al., *Fehlzeiten*, S. 180 und 399, IW, *Zahlen*, S. 18, TK, *Gesundheitsreport*, S. 74.

[159] So zwingt er abhängig Beschäftigte, in der gesetzlichen Rentenversicherung einen Lebensstandard zu versichern, der mit einem Monatseinkommen von bis zu 5950 Euro (2014) einhergeht. Damit überschreitet er eine einsichtige Sozialfürsorge bei weitem.

[160] Bundeskanzlerin Angela Merkel auf der gemeinsamen Pressekonferenz mit US-Präsident Barack Obama am 19. Juni 2013 in Berlin. Dabei wies sie darauf hin, dass das Internet auch Feinden und Gegnern der demokratischen Grundordnung ermöglicht, »mit völlig neuen Möglichkeiten und völlig neuen Herangehensweisen unsere Art zu leben in Gefahr zu bringen«. Vgl. Die Bundeskanzlerin, *Pressekonferenz*.

[161] Vor allem auf Twitter machten sich viele unter dem Hashtag #Neuland über diese Aussage Merkels lustig. Dabei blieb der wichtige zweite Satzteil über die neuen, größtenteils noch nicht erfassten Gefahren unberücksichtigt.

[162] Beispielsweise der Zukunftsforscher Robert Jungk (1913–1994) und nach Tschernobyl der Atomphysiker Carl Friedrich von Weizsäcker (1912–2007) sowie die Bürgerbewegung »Bundesverband Bürgerinitiativen Umweltschutz« (BBU).

[163] Vgl. dazu u. a. Schirrmacher, *Ego*.

[164] Es handelt sich um die Virginia Declaration of Rights von 1776 – Vorläuferin der Unabhängigkeitserklärung der Vereinigten Staaten von 1776 und der Bill of Rights von 1789 – sowie die Déclaration des Droits de l'Homme et du Citoyen von 1789.

[165] Dies musste im Herbst 2013 selbst die deutsche Bundeskanzlerin leidvoll erfahren. Vgl. *Der Spiegel*, »Freund«.

[166] Zum Beispiel in China, Iran oder Syrien.

277

167 2005 verschafften sich Hacker Zugang zu vierzig Millionen Kreditkartendaten. Betroffen waren Kunden der Anbieter Master-Card und Visa. Bei Sony wurden im April 2011 über das Online-Angebot der Spielekonsole Playstation Kreditkartendaten erbeutet. Bei Facebook hatten im selben Jahr Werbefirmen über einen längeren Zeitraum Zugriff auf persönliche Informationen der Nutzer. Darüber hinaus waren als privat deklarierte Bilder öffentlich zugänglich. Auch öffentliche Daten sind vor Zugriff nicht sicher. So verloren britische Behörden 2007 auf dem Postweg CDs mit Daten von über 25 Millionen Kindergeldempfängern. Und der deutsche Zoll konnte seinen Server nicht ausreichend gegen Hacker sichern, die im Juli 2011 Zugangsdaten und Bewegungsprofile von Geräten erbeuteten, mit denen Verdächtige abgehört wurden. Laufend werden neue »Datenpannen« publik. Im Juli 2013 wurde bekannt, dass das Betriebssystem für Smartphones »Android« alle W-LAN-Passwörter routinemäßig unverschlüsselt auf einem Server ablegt. Dies ist vor allem vor dem Hintergrund des Datenzugriffes durch Geheimdienste problematisch.

168 Mit Spähprogrammen wie »Prism« und »Tempora« überwacht vor allem der amerikanische Geheimdienst NSA die weltweite Telekommunikation. Die Überwachung betrifft sowohl sogenannte Verkehrs- und Standortdaten – wer mit wem, wann und wo in Kontakt getreten ist – als auch Inhalte. Laut Presseberichten werten die Geheimdienste bei Terrorverdacht zudem Verbindungen bis zum dritten Grad aus. Damit wird nicht nur die Kommunikation des Verdächtigen mit seinen Kontakten ausgewertet, sondern darüber hinaus alle Verbindungen dieser Kommunikationspartner sowie die Kommunikationspartner der Kommunikationspartner. So würde bei einer Person mit etwa 150 Online-Kontakten durch die Potenzierung die Kommunikation von über 3,3 Millionen Menschen kontrolliert. Darüber hinaus überwachte die NSA offenbar Regierungsvertretungen, Institutionen wie IWF, Weltbank, OPEC oder die EU sowie die Telefongespräche von mindestens 35 Staats- und Regierungschefs weltweit – darunter die von Bundeskanzlerin Angela Merkel. Vgl. *Spiegel Online*, »Spähprogramm« sowie *Zeit Online*, »NSA-Skandal«.

169 Die Zahl der in Europa gesprochenen Sprachen variiert mit der Zählweise sowie der Definition von Europa. Eine Studie der

EU-Kommission kommt für die EU27 auf achtzig gesprochene Sprachen in der Europäischen Union. Andere Zählweisen kommen auf etwa 150 einheimische und 250 nichteinheimische Sprachen, die in Europa gesprochen werden, wobei die Sprachenvielfalt von West nach Ost zunimmt. Vgl. Europäische Kommission, *Sprachen*, S. 1 sowie Haarmann, *Sprachenmosaik*.

[170] Das Reich der mongolischen Goldenen Horde, das sich von Osteuropa bis nach Westsibirien erstreckte, gehörte von Beginn des 13. bis Ende des 15. Jahrhunderts zu den Großmächten des östlichen Europas. Die Goldene Horde herrschte insbesondere über Russland, beutete es durch Kriegszüge wiederholt aus und beeinträchtigte dadurch Russlands wirtschaftlichen Aufstieg.

[171] Große Teile Spaniens wurden von 711 bis 1492 von den aus Nordafrika stammenden muslimischen Mauren beherrscht.

[172] Zum Beispiel durch die Paneuropa-Union, gegründet von Richard Nikolaus Graf Coudenhove-Kalergi.

[173] Ausnahmen waren die sogenannten Jugoslawienkriege, die auf dem Gebiet des ehemaligen Jugoslawien stattfanden: der Zehn-Tage-Krieg in Slowenien (1991), der Kroatienkrieg (1991–1995), der Bosnienkrieg (1991–1995), der Kosovokrieg (1999) und der Albanische Aufstand in Mazedonien (2001).

[174] Zu nennen sind vor allem der hohe Stellenwert von Kunst und Kultur, die ausgeprägte Wiederverwertungs- und Reparaturkultur sowie im Vergleich zum individualistisch geprägten Westen solidarischere Lebensformen.

[175] Zum Beispiel Bulgarien und Rumänien.

[176] Dabei erfüllten einige Länder wie Italien, Belgien und Griechenland nicht die Maastricht-Kriterien.

[177] So präsentiert von Helmut Schmidt und Valérie Giscard d'Estaing auf dem 122. Bremer Tabak-Kollegium am 13. November 1986 in Heidelberg.

[178] Für Aristoteles (384–322 v. Chr.) ist Tollkühnheit eine übersteigerte, vernunftlose Tapferkeit. Vgl. Aristoteles, *Ethik*, Achtes Kapitel.

[179] Beispielsweise Heinz Bude in einem Essay für den *Spiegel*. Vgl. *Der Spiegel*, »Großzügigkeit«.

[180] So der damalige SPD-Kanzlerkandidat Gerhard Schröder im Wahlkampf 1998.

[181] Vgl. S. 245 f.

182 Zum Beispiel von Ulrich Beck oder Paul Krugman. Vgl. Beck, *Globalisierung* und Krugman, *Wirtschaftskrieg*.

183 Zum Beispiel die Bernsteinfunde im Mittelmeerraum.

184 Bereits in der Antike gab es ein Netz von Fernhandelsverbindungen, das Europa und Asien miteinander verband, wie die Seidenstraße, die den Handel zwischen China und dem Römischen Reich ermöglichte.

185 Allerdings beruhte diese Aussage von Karl V. auf einer falschen zeitgenössischen Berechnung des Erdumfangs, da angenommen wurde, dass Christoph Kolumbus Indien entdeckt hatte.

186 Vgl. Bach, *Globalisierung*, S. 106 ff.

187 Davon ausgenommen könnten autoritäre Regime wie China sein.

188 1853 landeten beispielsweise die Amerikaner in Japan, um Handelskonzessionen und die Öffnung von Vertragshäfen zu erzwingen. Nach zähem Ringen wurde 1857 der erste Handelsvertrag zwischen Japan und den USA geschlossen.

189 Vgl. Logistikbranche.net, *Luftfrachtverkehr*, Statistisches Bundesamt, *Jahrbuch* 1962, S. 377 sowie Statistisches Bundesamt, *Außenhandel*, S. 93.

190 Vgl. Bundeszentrale für politische Bildung, *Warenhandel*, S. 2.

191 Vgl. Benz et al., *Direktinvestitionen*, S. 21.

192 Vgl. S. 134.

193 Vgl. Gerster, *Globalisierung*, S. 48.

194 So beispielsweise Margaret Thatcher (1925–2013), die ihren berühmten Ausspruch »There is no alternative« auch auf die Globalisierung bezog. Vgl. Mittelman, *Globalization*, S. 237.

195 UNO steht für United Nations Organization – zu Deutsch Vereinte Nationen – mit Hauptquartier in New York. Unter ihrem Dach befinden sich zahlreiche weitere Organisationen mit themenspezifischen Schwerpunkten wie die International Labor Organization (ILO), die Food and Agriculture Organization (FAO), das Umweltprogramm der Vereinten Nationen (United Nations Environment Programme, UNEP) oder der Internationale Währungsfonds (IWF). Außerhalb der Vereinten Nationen existieren zahlreiche weitere internationale Organisationen wie die Welthandelsorganisation (World Trade Organization, WTO) oder die Organisation für wirtschaftliche Zusammenarbeit und Entwicklung (Organisation for Economic Co-operation and Development, OECD), ein Zusammenschluss der

frühindustrialisierten Länder sowie aufstrebender Staaten wie Chile, Mexiko, Südkorea und der Türkei.

[196] Zu den Standfesteren gehört die EU27. Zu denjenigen, die beispielsweise internationale Abkommen zur Reduktion von Treibhausgasen wie das Kyoto-Protokoll und seine Fortsetzung blockieren, zählen die USA, Russland, Kanada, Japan und Neuseeland. Auch China – beim Kyoto-Protokoll als Schwellenland noch ohne Reduktionsziel – sperrt sich gegen bindende Verpflichtungen bei der Verlängerung und blockiert damit den Verhandlungsprozess.

[197] So setzte sich die Bundesregierung 2011 für die Freilassung des chinesischen Künstlers Ai Weiwei ein, der in China inhaftiert worden war. Wenige Tage vor dem Staatsbesuch des chinesischen Premierministers Weng Jiabao in Deutschland Ende Juni wurde Ai Weiwei am 22. Juni 2011 gegen strenge Auflagen freigelassen. Bei dem Staatsbesuch Wengs wurde u. a. vereinbart, dass das Handelsvolumen zwischen China und Deutschland binnen fünf Jahren von 130 auf 200 Milliarden Euro erhöht werden soll.

[198] In Simbabwe, Botswana und Südafrika ist die Lebenserwartung im Vergleich zu den achtziger Jahren sogar rückläufig. Vgl. Population Division, *Population*.

[199] Werte in konstanten Preisen und Kaufkraftparitäten. Vgl. Earth Policy Institute, *Gross World Product*.

[200] Vgl. World Bank, *Poor*, S. 1 sowie The Economist, *Fall*. Die Grenze von 1,25 US-Dollar wird in Kaufkraftstandards berechnet. Dies bedeutet, dass die Wechselkurse zwischen den jeweiligen Währungen so angeglichen werden, dass mit den 1,25 US-Dollar in jedem Land etwa gleich viel erworben werden kann.

[201] Das Weltsozialprodukt umfasst den Wert aller weltweit auf dem Markt erwirtschafteten Güter und Dienste.

[202] Vgl. Wahl, *Globale Einkommensungleichheit*, S. 1.

[203] Vgl. WWF, *Living*, S. 86.

[204] Vgl. Miegel, *Exit*, S. 92 ff.

[205] Vgl. Universität Heidelberg, *Kriegen*.

[206] Als Antwort auf die Terroranschläge vom 11. September 2001 erklärte der amerikanische Präsident George W. Bush in seiner Rede vor dem Kongress am 20. September 2001 den sogenannten War on Terror: »Our war on terror begins with Al Qaida. But it does not end there. It will not end until every terrorist

281

group of global reach has been found, stopped, and defeated.« Der Begriff beschreibt die militärische Kampagne der USA und verbündeter Staaten gegen terroristische Organisationen und Staaten, die diese Organisationen unterstützen.

[207] Popper, *Historizismus*, S. X.

[208] So hielt beispielsweise Sigmund Freud (1856–1939) Rauschmittel in jeder Kultur für unentbehrlich:»Die Leistung der Rauschmittel im Kampf um das Glück und zur Fernhaltung des Elends wird so sehr als Wohltat geschätzt, daß Individuen wie Völker ihnen eine feste Stellung in ihrer Libidoökonomie eingeräumt haben. Man dankt ihnen nicht nur den unmittelbaren Lustgewinn, sondern auch ein heiß ersehntes Stück Unabhängigkeit von der Außenwelt.« Vgl. Freud, *Unbehagen*, S. 28.

[209] So schreibt Nietzsche in »Jenseits von Gut und Böse«: »Es gibt freie, freche Geister, welche verbergen und verleugnen möchten, dass sie zerbrochne, stolze, unheilbare Herzen sind, und bisweilen ist die Narrheit selbst die Maske für ein unseliges allzu gewisses Wissen.« Vgl. Nietzsche, *Jenseits*, S. 743 f.

[210] Genesis 11,4.

[211] Im Lied »Damals« von André Heller.

[212] So wirken neue Medikamente nicht unbedingt besser als alte. Das ergab eine medizinische Analyse von über 39 in den Jahren 2009 und 2010 in Deutschland eingeführten Medikamenten. Einen höheren therapeutischen Nutzen als vorhandene Alternativen hatte ein neuzugelassenes Fertigarzneimittel nur in Ausnahmefällen. Vgl. *Augsburger Allgemeine Zeitung*, »Medikamente«.

[213] Vgl. *Der Spiegel*, »Totenkult«.

[214] So äußerte sich beispielsweise Anselm von Canterbury (gestorben 1109) in seinem Werk »*Proslogion*« oder Thomas von Aquin in »*Summa theologica*« I, q.4, art. 3 und 4: »Mag man auch in gewisser Hinsicht zugeben können, dass das Geschöpf Gott ähnlich ist, so ist doch auf keine Weise zuzugeben, dass Gott dem Geschöpf ähnlich sei. Denn … eine gegenseitige Ähnlichkeit kann nur bei dem angenommen werden, was der gleichen Ordnung zugehört.«

[215] Die *Divina Commedia* ist das Hauptwerk des italienischen Dichters Dante Alighieri (1265–1321).

[216] Nach der katholischen Glaubenslehre gilt eine Sünde dann als Todsünde, wenn sie schwerwiegend ist, zum Beispiel gegen die Zehn Gebote verstößt sowie in vollem Bewusstsein der Schwere der Verfehlung und aus freiem Willen begangen wird.

[217] Für Protestanten kann der Mensch allein durch Gnade und nicht durch gute Werke erlöst werden.

[218] Als junger Mann teilte Luther noch das katholische Arbeitsverständnis, das dem Gebet und der Kontemplation einen höheren Wert beimaß als körperlicher Arbeit. In seinen späteren Jahren sah Luther in der Arbeit dann nicht nur lästige Pflicht, sondern etwas, wodurch der Mensch Gott dienen kann, unabhängig davon, welchen Beruf er ausübt.

[219] Calvin zufolge ist das Schicksal jedes Menschen vorherbestimmt. Sein Handeln hat keinen Einfluss darauf, ob er ewig verdammt oder selig sein wird. Allerdings zeigt sich schon zu Lebzeiten an den weltlichen Erfolgen, wer von Gott erwählt ist.

[220] Beispielsweise im Buddhismus oder Hinduismus.

[221] Der Verbrauch fossiler Energie stieg zwischen 1970 und 2009 weltweit von 1,7 Tonnen pro Kopf und Jahr um elf Prozent auf 1,9 Tonnen. Bei Erzen stieg er von 0,7 Tonnen auf eine Tonne pro Kopf und Jahr. Zusammen mit den Baustoffen, deren Verbrauch sich mehr als verdoppelte, verbrauchte jeder Mensch 2009 35 Prozent mehr Ressourcen als 1970. Vgl. Krausmann et al., *Materials*.

[222] Vgl. Miegel, *Exit*, Bardi, *Planet*, von Löwenstein, *Food Crash*, Loske, *Wachstumszwang*.

[223] In den USA ist dies beispielsweise der Atmosphärenphysiker S. Fred Singer. In Deutschland gehören u. a. Hans von Storch, Professor am Institut für Meteorologie der Universität Hamburg und Leiter des Instituts für Küstenforschung am Helmholtz-Zentrum Geesthacht – Zentrum für Material- und Küstenforschung, Fritz Vahrenholt, Aufsichtsratsvorsitzender von RWE Innogy oder der Journalist Günter Ederer zu den sogenannten Klimaskeptikern.

[224] Ziel der internationalen Klimapolitik soll sein, die globale Erwärmung auf zwei Grad gegenüber dem Niveau vor der Industrialisierung zu begrenzen. Dieses Ziel basiert auf der wissenschaftlichen Erkenntnis, dass bei Überschreitung dieser Grenze sogenannte Kipppunkte im globalen Klimasystem erreicht werden. Diese würden unumkehrbare und kaum abschätzbare Konsequenzen mit sich bringen. Von den Vertragsstaaten der Klimarahmenkonvention wurde das Zwei-Grad-Ziel erstmals auf der Klimakonferenz in Cancún im Dezember 2010 anerkannt.

[225] Bei den Verhandlungen in Bonn im Juni 2013 zur Vorbereitung

des Klimagipfels in Warschau Ende 2013 zeichnete sich ab, dass auch 2015 in Paris kein rechtlich bindendes Klimaabkommen geschlossen werden wird, da die Widerstände einzelner Staaten gegenüber verbindlichen Reduktionszielen noch immer groß sind.

[226] Die Sentenz stammt aus der Ballade »Der Schatzgräber« von Johann Wolfgang von Goethe. Darin wird ein armer Schatzgräber angehalten, schlechte Tage auszuhalten und die guten umso mehr zu genießen und sich auf das Wichtige im Leben zu konzentrieren. Vgl. Goethe, *Schatzgräber*.

[227] Ergebnis einer Umfrage des Instituts für Demoskopie Allensbach im August 2013 im Auftrag der *Frankfurter Allgemeinen Zeitung*. Vgl. Miegel, *Anfang*.

[228] Der Ressourcenverbrauch ging von 1970 bis 2009 von zwei Kilogramm je BIP-Einheit – gemessen in konstanten US-Dollar – um dreißig Prozent auf 1,3 Kilogramm zurück. Vgl. Krausmann et al., *Materials*.

[229] Das globale Sozialprodukt gemessen in Kaufkraftparitäten stieg von 1970 bis 2009 auf das Vierfache, und pro Kopf verdoppelte es sich. Vgl. Earth Policy Institute, *Gross World Product*.

[230] So beispielsweise der Soziologe Wolfgang Streeck. Vgl. Streeck, *Zeit* oder auch Beise, *Kapitalismus*.

[231] Beispielsweise im Rahmen der Kolonialisierung Lateinamerikas, Indiens oder Afrikas.

[232] So beschlossen die europäischen Staats- und Regierungschefs im Jahr 2000 auf einem EU-Sondergipfel in Lissabon, die EU innerhalb von zehn Jahren, also bis 2010, zur wettbewerbsfähigsten und dynamischsten Region der Welt zu machen. Dabei wurde ein reales Wirtschaftswachstum von drei Prozent jährlich vorgegeben. 2005 bekräftigte der Europäische Rat die Lissabonner Wachstumsziele. Da sich aber der Wachstumsabstand zum Beispiel zu den USA vergrößert hatte, wurden konkrete Zielvorgaben vermieden. Vgl. Europäischer Rat, *Schlussfolgerungen*.

[233] Diese Unterstellung ist bis heute eine der Maximen wirtschaftlichen Agierens.

[234] So der Industrielle und spätere deutsche Außenminister Walter Rathenau in seiner Rede vor dem Reichsverband der deutschen Industrie am 28. September 1921. Vgl. Rathenau, *Reden*, S. 264.

[235] Aus dem Leitantrag der CDU zum Bundesparteitag 2004. Vgl. CDU, *Wachstum*.

236 Georg Wilhelm Friedrich Hegel (1770–1831) in seinem Werk »Die objektive Logik«. Vgl. Jaeschke, *Hegel*, S. 57 f.

237 So schreibt Heinrich Heine (1797–1856) in seinem Gedicht »Deutschland. Ein Wintermährchen«: »Wir wollen hier auf Erden schon/Das Himmelreich errichten.//Wir wollen auf Erden glücklich sein/Und wollen nicht mehr darben ... Es wächst hienieden Brod genug/Für alle Menschenkinder,/Auch Rosen und Myrthen, Schönheit und Lust,/Und Zuckererbsen nicht minder.//Ja, Zuckererbsen für Jedermann,/Sobald die Schoten platzen!/Den Himmel überlassen wir/Den Engeln und den Spatzen.« Vgl. Heine, *Deutschland*, S. 5 f.

238 In der amerikanischen Unabhängigkeitserklärung von 1776 wird das Streben nach Glück – neben dem Recht auf Leben und Freiheit – zu einem unveräußerlichen Menschenrecht erklärt. Im englischen Original heißt es in der Präambel: »We hold these truths to be self-evident, that all men are created equal, that they are endowed by their Creator with certain unalienable Rights, that among these are Life, Liberty and the pursuit of Happiness.« Vgl. *United States Declaration of Independence*.

239 Diese Ansicht vertrat unter anderem Sigmund Freud. Glück sei »seiner Natur nach nur als episodisches Phänomen möglich; ... die Absicht, daß der Mensch ›glücklich‹ sei, ist im Plan der ›Schöpfung‹ nicht enthalten.« Freud, *Unbehagen*, S. 24.

240 Dies ist das Ergebnis einer Umfrage, die das Institut für Demoskopie Allensbach im Auftrag der Arbeitsgruppe »Zufriedenheit« des Ameranger Disputs der Ernst Freiberger-Stiftung im Oktober 2009 durchführte. Vgl. Ernst Freiberger-Stiftung, *Zufriedenheit*, S. 10 ff.

241 Vgl. Veenhoven, *Lebenszufriedenheit*, S. 10.

242 So ist die allgemeine Lebenszufriedenheit innerhalb der EU in den skandinavischen Ländern sowie in den Niederlanden und Luxemburg am höchsten. Bei allen diesen Ländern ist insbesondere der Anteil sehr zufriedener Menschen überdurchschnittlich hoch. Vgl. Europäische Kommission, *Eurobarometer 75*, S. 2. Zum Zusammenhang zwischen Zufriedenheit und Einkommensverteilung vgl. auch Wahl et al., *Wohlstandsquintett*, S. 26 f.

243 Vgl. Ernst Freiberger-Stiftung, *Zufriedenheit*, S. 13.

244 Vgl. Deutsche Post, *Glücksatlas*.

245 Das 1974 vom britischen Ökonom Richard Easterlin formu-

lierte und seitdem durch zahlreiche Studien bestätigte »Easter-lin-Paradox« besagt, dass bei Vergleichen über einen Zeitraum von zehn oder mehr Jahren kein Zusammenhang zwischen dem Wachstum des Pro-Kopf-BIP sowie der allgemeinen Lebenszu-friedenheit der Einwohner eines Landes besteht, sobald genü-gend Einkommen vorhanden ist, um die Grundbedürfnisse zu befriedigen. Kurzfristig kann die Entwicklung des Einkommens die Lebenszufriedenheit jedoch durchaus beeinflussen. Diese unterschiedlichen Befunde in Bezug auf die Zeitachse machen das Paradoxon aus.

[246] Vgl. Miegel, *Epochenwende*, S. 28 ff.

[247] Dies stieß auf die Kritik unter anderem von Ludwig Erhard. Bereits 1961 prophezeite er: »Wenn wir den Wohlstand meh-ren und der einzelne fortdauernd besser leben kann, dann wird früher oder später ein Punkt der Sättigung erreicht. Hier wirkt das Gesetz des abnehmenden Nutzens. Die Reize stumpfen sich ab, und mit jedem weiteren Aufwand wird das Glücksgefühl, das damit erreicht wird, die innere Befriedigung, relativ immer klei-ner. Da gibt es dann einen Punkt, wo sich sozusagen die Woge bricht, wo der Aufwand an materiellen Mitteln, an Fleiß, an kör-perlicher und geistiger Kraft sich nicht mehr lohnt. Auf solche Weise kommen wir – statistisch freilich nicht registrierbar – dem Zeitpunkt näher, zu dem der einzelne sich sagt: ›Das kann nicht der Sinn des Lebens sein.‹ Und dann müssen wir bereit und in der Lage sein, ihm darauf eine Antwort zu geben. Darin sehe ich unsere christliche Verpflichtung.« Vgl. Hohmann, *Er-hard*, S. 683.

[248] »Edel sei der Mensch, hilfreich und gut«, schreibt Goethe in sei-nem Gedicht »Das Göttliche« von 1783. Dies seien die Merk-male, die den Menschen von allen anderen Wesen unterschieden.

[249] Dies gilt sowohl für den Hinduismus als auch für den Buddhis-mus.

[250] So der Wirtschaftswissenschaftler und FDP-Politiker Karl-Heinz Paqué. Vgl. *Frankfurter Allgemeine Zeitung*, »Popper«.

[251] Goethe, *Sonett*.

[252] Hierzu gehören Unternehmer, die ihre Unternehmen nicht mehr wachsen lassen, Verbraucher, die auf die Benutzung von Plastik gänzlich verzichten oder nur öffentliche Verkehrsmittel nutzen, Nachbarschaften, die sich die Nutzung von Fahrzeugen oder Gerätschaften teilen, u. v. m.

253 Umfrage des Instituts für Demoskopie Allensbach vom August 2013 für die *Frankfurter Allgemeine Zeitung*. Vgl. Miegel, *Anfang*.

254 Auf einem Wahlplakat der Grünen für die Bundestagswahl 2013. Vgl.Bündnis 90/Die Grünen, *Plakate*.

255 2010 wurden für Tageseinrichtungen für Kinder insgesamt 17,4 Milliarden Euro aufgewendet. Darin enthalten ist der Beitrag des Jahres 2010 für den Ausbau von Betreuungsangeboten, der aufgrund des Rechtsanspruchs auf einen Kindergartenplatz nötig wurde. Hierfür unterstützte der Bund Länder und Gemeinden zwischen 2008 und 2013 mit insgesamt 5,4 Milliarden Euro. Ab 2014 gewährt er zusätzlich eine jährliche Unterstützung zum Betrieb der neuen Kindertagesstätten von 845 Millionen Euro. Vgl. BMFSFJ, *Jugendbericht*, S. 266 sowie BMFSFJ, *Kinderförderungsgesetz*, S. 21.

256 Vgl. Tietze, *NUBEKK*, S. 9.

257 Vgl. *NDR Info*, »Kita-Plätze« und *Spiegel Online*, »Kita-Plätze«.

258 Vgl. Humanethologisches Film-Archiv in der MPG, *Eibl-Eibesfeldt*.

259 Sisyphos ist eine Figur der griechischen Mythologie, der zur Strafe einen Felsblock immerfort einen Berg hinaufwälzen muss, der – fast am Gipfel angelangt – jedes Mal wieder ins Tal zurückrollt.

260 Vgl. Schaubild 10, S. 143.

261 So forderte Ludwig Erhard bereits 1965: »Was wir außerdem brauchen, ist ein neuer Stil unseres Lebens. Die wachsende Produktion allein hat keinen Sinn. Lassen wir uns von ihr völlig in Bann schlagen, geraten wir in solcher Jagd nach materiellen Werten in den bekannten Tanz um das Goldene Kalb. In diesem Wirbel aber müßten die besten menschlichen Eigenschaften verkümmern: Der Gedanke an ›den anderen‹, an den Menschen neben uns, das Gefühl für Dinge, die sich – wie etwa die Vorsorge um die Zukunft unserer Kinder – nicht unmittelbar zu lohnen scheinen. Nur aus unserer Bescheidung nämlich können die Mittel fließen, die unserer Jugend mehr und bessere Ausbildungsmöglichkeiten eröffnen, und unser Beispiel wird ihr den Glauben geben, daß materieller Gewinn nicht der Weisheit letzter Schluß, des Lebens einziger Sinn ist. Schließlich haben wir auch eine geschichtliche Aufgabe, Werke und Werte der Kunst, der Kultur

und der Wissenschaft nachhaltig zu fördern.« Vgl. Hohmann, *Erhard*, S. 921.

262 Aristoteles beispielsweise beschreibt es in seiner Nikomachischen Ethik. Vgl. Aristoteles, *Ethik*.

263 Zum Beispiel durch einen künstlichen Horizont, auch Fluglageanzeiger genannt.

264 Vgl. Miegel, *Revolution*.

265 Hierbei handelt es sich um die *Bild*-Zeitung.

266 2012 investierten die Staaten der EU28 reichlich 275 Milliarden US-Dollar in Rüstung. Werden die Militärausgaben weiterer frühindustrialisierter Länder – der USA, Kanadas, Japans, Australiens, Neuseelands, der Schweiz und Norwegens – hinzuaddiert, so wenden diese Staaten insgesamt über eine Billion Dollar für ihre Rüstung auf. Dies entspricht etwa 1,5 Prozent des Weltsozialproduktes. Vgl. SIPRI, *Military Expenditure*.

267 Vgl. Brockhaus Enzyklopädie, *Wörterbuch*.

268 Zum Beispiel von naturnah lebenden Völkern, aber auch von Europäern im Mittelalter oder in der Periode des Klassizismus von etwa 1770 bis 1840, als sich die Menschen u. a. im Bereich der Architektur stark an der Antike orientierten.

269 Vgl. Denkwerk Zukunft, 90.

270 Mittlerweile gibt es eine Fülle von Internetseiten, die über aktuelle Sharing-Angebote informieren. Angebote zum Car-Sharing bieten beispielsweise die Internetseiten Flinc.org oder Nachbarschaftsauto.de. Anbieter wie Couchsurfing.org oder airbnb.com ermöglichen das kostengünstige oder sogar kostenlose Übernachten in privaten Wohnungen oder Ferienhäusern. Auf Kleiderkreisel.de werden Kleidungsstücke getauscht, Alltagsgegenstände auf frents.com und Kinderspielzeug auf kinderado.de. Auf foodsharing.de können sogar Lebensmittel geteilt werden.

271 Vgl. Miegel, *Individualismus*.

272 Vgl. ebd., S. 41 ff.

273 Stellvertretend für viele andere der ehemalige US-Arbeitsminister Robert B. Reich in einem Interview mit dem Magazin *Der Spiegel*. Vgl. *Der Spiegel*, »Bedürfnisse«.

274 Vgl. Ernst Freiberger-Stiftung, *Zufriedenheit*.

275 Vgl. Schaubild 11, S. 144.

276 1,50 Euro entspricht bei aktuellem Wechselkurs in etwa der Armutsgrenze der Weltbank von zwei US-Dollar. Vgl. S. 141 ff.

277 Das ist eine Wirtschaft, in der Menschen nur für den eigenen Bedarf produzieren.

278 Zahlen vom IWF für das Jahr 2012. Es wird ein Wechselkurs von 0,764 Euro für einen Dollar unterstellt.

279 Grundlage für diese Annahme ist eine Untersuchung für Deutschland aus dem Jahr 2001. Vgl. Anmerkungen 100 und 101.

280 Hiermit sind materielle Güter gemeint. Vgl. Diamond, *Guns*, S. 14.

281 Vgl. Hunecke, *Memorandum* sowie Hunecke, *Ressourcen*.

282 Vgl. Hunecke, *Memorandum*, S. 22–27.

283 Zu Deutsch: Brot und Zirkusspiele. Der Ausdruck stammt vom römischen Dichter Juvenal (1. und 2. Jahrhundert n. Chr.) und war satirisch gemeint: Während das römische Volk zur Zeit der Republik Feldherren und Beamte selbst gewählt habe, wünsche es sich jetzt – zu Kaiserzeiten – nur noch Brot und Spiele.

284 Vgl. Hunecke, *Memorandum*, S. 39 ff.

285 Übersetzt: Gerechtigkeit; in der griechischen Mythologie personifiziert als Tochter des Zeus.

286 So der Theologe Hans Küng im Gespräch mit der Zeitung *Die Welt*. Vgl. *Die Welt*, »Kirche«.

287 Hunecke, *Memorandum*, S. 31.

288 Vorschläge hierzu hat u. a. das Bonner Institut für Wirtschaft und Gesellschaft (IWG BONN) in den neunziger Jahren unterbreitet. Vgl. Miegel/Wahl, *Grundsicherung*.

289 Vgl. Schaubilder 5 und 6, S. 98 und 101.

290 Gemeint ist der 1957 von dem Bonner Politologen und Bundestagsabgeordneten C. C. Schweitzer gegründete Aktion Gemeinsinn e. V. Er ermutigt Bürger, sich an Diskussionen über gesellschaftliche und politische Probleme zu beteiligen und an deren Lösung aktiv mitzuwirken. Vgl. www.gemeinsinn.de.

291 Dies gilt beispielsweise für die Freiwillige Feuerwehr sowie Trachten- oder Karnevalsvereine.

292 Nach einer Umfrage der Gesellschaft für Konsumforschung gaben 2011 lediglich neun Prozent der Deutschen an, Politikern zu vertrauen. Dies war der niedrigste Wert. Ärzten hingegen vertrauten 89, Postangestellten 86, Polizisten 85 und Lehrern 84 Prozent. An vorletzter Stelle rangierten die Manager mit zwanzig Prozent. Vgl. *Die Welt*, »Image«.

293 Vgl. Miegel et al., *Städte*.

294 Der sogenannte Barcelona-Pavillon wurde vom Architekten

Mies van der Rohe (1885–1965) entworfen und gilt heute als eine der Architekturikonen des 20. Jahrhunderts.

295 So der Schweizer Städtebauexperte Vittorio Magnago Lampugnani, Vgl. Lampugnani, *Gesten*, sowie Miegel et al., *Städte*, S. 118.

296 Miegel et al., *Städte*, S. 129.

297 Vgl. Reicher/Schauz, *Stadtästhetik*, S. 186.

298 Vgl. ebd., S. 187.

299 Vgl. Anmerkung 253.

300 So der griechische Philosoph Heraklit (520 – ca. 460 v. Chr.), Fragment 53, zitiert nach Hirschberger, *Philosophie*, S. 28.

301 Sowohl im Ersten als auch im Zweiten Weltkrieg war die Erwerbstätigenquote, das heißt der Anteil der Erwerbstätigen an der Wohnbevölkerung, in Deutschland überdurchschnittlich hoch. Vgl. Miegel/Wahl, *Phantom*, S. 35.

302 Beispielsweise die Bundesarbeitsministerin Ursula von der Leyen oder die SPD in ihrem Programm zur Bundestagswahl 2013. Vgl. BMAS, *Fachkräftesicherung* und SPD, *Regierungsprogramm*, S. 30.

303 Der Casus Belli des Zweiten Golfkrieges war die irakische Invasion in Kuwait am 2. August 1990, auf die eine internationale Koalition unter Führung der USA mit einer militärischen Intervention ab dem 16. Januar 1991 reagierte. Legitimiert wurde das Eingreifen durch die Resolution 678 des UN-Sicherheitsrates, in der die Mitgliedsstaaten »ermächtigt [werden] [...] alle erforderlichen Mittel einzusetzen, um [...] den Weltfrieden und die internationale Sicherheit in dem Gebiet wiederherzustellen«. Vgl. UN, *Resolution 678*, S. 1.

304 Die SPD, die Grünen sowie Die LINKE forderten im Bundestagswahlkampf 2013 Steuererhöhungen vor allem für Besserverdienende. Keine dieser Parteien konnte ihr Wahlziel erreichen, Grüne und Linke verloren sogar gegenüber der Bundestagswahl 2009. Vor allem die Grünen machen dafür hauptsächlich die geplanten Steuererhöhungen verantwortlich.

305 Dies gilt insbesondere für Otto Hahn (1879–1968). 1955 initiierte er die Mainauer Kundgebung, einen Friedensappell von zunächst 18 Nobelpreisträgern, der die Staaten der Welt auf die Gefahren der militärischen Nutzung der Kernenergie aufmerksam machen sollte.

306 Die Metapher des Geists aus der Flasche ist Grimms Märchen »Der Geist in der Flasche« entlehnt. Darin findet ein Holzha-

ckersohn eine Flasche, in der ein tierähnliches Geschöpf einge-
schlossen ist. Als er sie auf dessen Bitten öffnet, entweicht ein
Geist, der größer und größer wird und dem Holzhackersohn
nach dem Leben trachtet. Das Bild des Besens stammt aus
Johann Wolfgang von Goethes Gedicht »Der Zauberlehrling«.
Darin schickt der Zauberlehrling einen Besen, Wasser für ein
Bad zu holen. Da dem Zauberlehrling jedoch der Zauberspruch
zum Anhalten des Besens nicht mehr einfällt, gerät die Situation
außer Kontrolle. Erst in letzter Minute erscheint der Zauber-
meister und befiehlt: »In die Ecke, Besen! Besen!«

307 Jürgen Fitschen, Ko-Vorstandschef der Deutschen Bank am
17. September 2013 in der ZDF-Sendung ZDFzeit »Die Milli-
arden-Zocker«, 14:51 Minuten.

308 Vgl. *Frankfurter Allgemeine Zeitung*, »Vertrauen«.

309 Vgl. Pew Research, *Europe*.

310 Vgl. *Frankfurter Allgemeine Zeitung*, »Vertrauen«.

311 Vgl. Pew Research, *Europe*.

312 In Anlehnung an den 1958 veröffentlichten Politroman »*The
Ugly American*« von Eugene Burdick und William Lederer.

313 Auf die Frage, welches Euroland am wenigsten mitfühlend sei,
nennen Briten, Italiener, Spanier, Griechen, Polen und Tsche-
chen an erster Stelle Deutschland. Bei den Deutschen und Franzosen nimmt dagegen Großbritannien den ersten Rang ein. Vgl.
Pew Research, *Europe*.

314 Angelos Stergiou im Gespräch mit der *Frankfurter Allgemeinen
Zeitung* im September 2013. Vgl. *Frankfurter Allgemeine Zeitung*, »Utopie«, S. 27.

315 Zum Beispiel der polnische Ministerpräsident Donald Tusk oder
der frühere Kanzlerberater Horst Teltschik, aber auch der US-
Präsident Barack Obama und der US-Investor George Soros.

316 Laut Eurostat haben die 17 bevölkerungsärmsten EU-Länder
– von Malta bis zur Tschechischen Republik – gemeinsam 81 Millionen Einwohner und damit etwa so viele wie Deutschland.
14 Länder haben jeweils höchstens ein Zehntel der Bevölkerungszahl Deutschlands, weitere sechs – Schweden, Ungarn,
Tschechien, Portugal, Belgien und Griechenland – haben maxi-
mal elf Millionen Einwohner. Das deutsche Bruttoinlandsprodukt betrug 2012 reichlich 2,6 Billionen Euro. Das ist ebenso
viel, wie 20 der 28 EU-Staaten einschließlich Belgien, Österreich oder Dänemark gemeinsam erwirtschafteten.

317 Allerdings wird das Pro-Kopf-BIP von Luxemburg überzeichnet, da sein Bruttoinlandsprodukt etwa zur Hälfte von Grenzgängern erwirtschaftet wird, die nicht bei der Pro-Kopf-Berechnung berücksichtigt werden.

318 In Katalonien beispielsweise ist das Regionalbewusstsein stark ausgeprägt. Mit einer 400 Kilometer langen Menschenkette forderten Mitte September 2013 Hunderttausende Katalanen die Unabhängigkeit von Spanien.

319 Vgl. Miegel, *Regionen*.

320 Vgl. *Frankfurter Allgemeine Zeitung*, »Vertrauen«.

321 Zum Beispiel von Hans-Werner Sinn, Max Otte oder Wilhelm Hankel. Vgl. *Welt.de*, »Euro«, *Deutschlandradio Kultur*, »Euro« sowie Hankel, *Eurobombe*.

322 Auf Deutsch: Amerikaschelte.

323 Zum Beispiel durch den Bau der Kapitole in Washington und zahlreichen weiteren Bundesstaaten oder von Häusern wie dem Weißen Haus oder dem Wohnhaus des US-Präsidenten Thomas Jefferson, die sich konsequent an antiker Architektur orientierten.

324 Die Arbeitskosten für einen in Asien gefertigten Turnschuh der großen internationalen Marken, deren Ladenpreis im Westen bei etwa 100 Euro liegt, werden auf 40 Cent geschätzt. Vgl. www.checked4you.de/turnschuh.

325 Die genaue Fundstelle ist nicht bekannt. Vgl. www.zitate-online.de/sprueche/wissenschaftler/265/probleme-kann-man-niemals-mit-derselben-denkweise.html.

326 Vgl. Notenstein, *Geschichte*, S. 3.

Bibliographie

Allgemeiner Deutscher Automobilclub e. V. (ADAC), *Bundesverkehrswegeplanung* 2015. *Anforderungen und Handlungsbedarf*, Verkehrspolitische Positionen, München 2012, URL: www.adac.de/_mmm/pdf/sp_bundesverkehrswegeplanung_2015_faltblatt_1012_149803.pdf.

AMECO, *Total Unemployment*, 2013, URL: www.ec.europa.eu/economy_finance/ameco/user/serie/SelectSerie.cfm > Population and Employment > Unemployment.

– Gross domestic product at 2005 market prices per head of population, 2013, URL: www.ec.europa.eu/economy-finance/ameco/user/serie/SelectSerie.cfm > Domestic Product > Gross domestic product per head of population > At constant prices.

Arbeitsgemeinschaft Fernsehforschung, *Marktanteile der AGF- und Lizenzsender* 2012, 2013, URL: www.agf.de/daten/marktdaten/marktanteile/.

Aristoteles, *Nikomachische Ethik*, übersetzt von Rolfes, Eugen, Leipzig 1911 (ca. 322 v. Chr.), URL: www.gutenberg.spiegel.de/buch/2361/1.

Augsburger Allgemeine Zeitung, »Alte Medikamente können besser als neue sein«, 18. Februar 2012, URL: www.augsburger-allgemeine.de/wissenschaft/Alte-Medikamente-koennen-besser-als-neue-sein-id18829811.html.

Autorengruppe Bildungsberichterstattung (Hrsg.), *Bildung in Deutschland* 2012. *Ein indikatorengestützter Bericht mit einer Analyse zur kulturellen Bildung im Lebenslauf*, Bielefeld 2012, URL: www.bildungsbericht.de/daten2012/bb_2012.pdf.

Bach, Olaf, *Die Erfindung der Globalisierung: Entstehung und Wandel eines zeitgeschichtlichen Grundbegriffs*, Frankfurt a. M. 2013.

Badura, Bernhard / Ducki, Antje / Schröder, Helmut et al., *Fehlzeiten-Report* 2011. *Führung und Gesundheit*, Berlin/Heidelberg 2011.

Bankenverband, *Schrittweise Beruhigung an den Finanzmärkten – noch kein Anlass zur Entwarnung*, Presse-Info, 30. Januar 2013, Berlin, URL: www.bankenverband.de/presse/presse-infos/

bankenverband-schrittweise-beruhigung-an-den-finanzmaerkten-
2013-noch-kein-anlass-zur-entwarnung.

Bardi, Ugo, *Der geplünderte Planet. Die Zukunft des Menschen im Zeitalter schwindender Ressourcen*, München 2013.

Beck, Ulrich, *Risikogesellschaft. Auf dem Weg in eine andere Moderne*, Berlin 1986.

– *Was ist Globalisierung?*, Frankfurt a. M. 1997.

Beise, Marc / Schäfer, Ulrich (Hrsg.), *Kapitalismus in der Krise: Wie es zur großen Krise kam, wie ernst die Gefahr wirklich ist und wie sich Probleme lösen lassen*, München 2009.

Benz, Sebastian / Karl, Joachim / Yalcin, Erdal, »UNCTAD World Investment Report 2011: Die Entwicklung ausländischer Direktinvestitionen«, in: *ifo Schnelldienst* 15/2011, S. 21–31, URL: www. cesifo-group.de/DocDL/ifosd_2011_15_4.pdf.

Bild am Sonntag, »Im Altenheim des Lächelns«, 29. Oktober 2012, URL: www.bild.de/reise/traumreisen/thailand/thailaendische-seniorenresidenz-im-altenheim-des-laechens-teil-1-26899836. bild.html.

Bild.de, »Viele Migranten-Kinder nicht fit für die Schule«, 13. Mai 2013, URL: www.bild.de/politik/inland/berlin/migranten-kinder-sprechen-immer-weniger-deutsch-30367778.bild.html.

– »So gestresst sind deutsche Arbeitnehmer«, 29. Januar 2013, URL: www.bild.de/ratgeber/job-karriere/stress/so-gestresst-sind-deutsche-arbeitnehmer-28292204.bild.html.

Böhlke, R. / Walleyo, S., »Handeln wider besseres Wissen. Warum viele Transaktionen scheitern, ohne es zu müssen«, in: *Ernst & Young*, München 2006.

Brenke, Karl, »Reallöhne in Deutschland über mehrere Jahre rückläufig«, in: *DIW Wochenbericht* 33/2009, Berlin, URL: www.diw. de/documents/publikationen/73/diw_02.c.289465.de/ 09-33-1.pdf.

Brenke, Karl / Grabka, Markus M., »Schwache Lohnentwicklung im letzten Jahrzehnt«, in: *DIW Wochenbericht* 45/2011, S. 3–5, URL: www.diw.de/documents/publikationen/73/diw_01.c. 388565. de/11-45.pdf.

Breuer, Christoph / Hallmann, Kirstin, *Dysfunktionen des Spitzensports: Doping, Match-Fixing und Gesundheitsgefährdung aus Sicht von Bevölkerung und Athleten*, Bundesinstitut für Sportwissenschaft, Bonn 2013, URL: www.bisp.de/cln_350/nn_15936/ SharedDocs/Downloads/Publikationen/sonstige_Publikationen_

Ratgeber/Breuer_Dysfunktionen,templateId=raw,property=
publicationFile.pdf/Breuer_Dysfunktionen.pdf.

Brockhaus Enzyklopädie, Deutsches Wörterbuch, 19. Auflage,
Band 26, Mannheim 1995.

Bundesärztekammer (BÄK), *Die ärztliche Versorgung in der Bundes-
republik Deutschland. Ergebnisse der Ärztestatistik zum 31. 12. 2012*,
Berlin, URL: www.bundesaerztekammer.de/downloads/
Stat12Abb01.pdf.

Bundesinstitut für Bevölkerungsforschung (BIB)/Robert Bosch Stif-
tung (Hrsg.), *The Demographic Future of Europe – Facts, Figures,
Policies. Ergebnisse der Population Policy Acceptance Study (DIA-
LOG-PPAS)*, Wiesbaden 2005, URL: www.bib-demografie. de/
SharedDocs/Publikationen/DE/Download/Broschueren/dialog_
ppas_2005.pdf?_blob=publicationFile&v=7.

Bundesministerium für Arbeit und Soziales (BMAS), *Sozialbericht
2009*, Bonn 2009, URL: www.bmas.de/SharedDocs/Downloads/
DE/PDF-Publikationen/a101-09-sozialbericht-2009.pdf.

– *Fachkräftesicherung, Ziele und Maßnahmen der Bundesregierung*, Berlin 2011, URL: www.bmas.de/SharedDocs/Downloads/DE/
fachkraeftesicherung-ziele-massnahmen.pdf?_blob=publication File.

Bundesministerium für Familie, Senioren, Frauen und Jugend
(BMFSFJ), *Gender Datenreport. 1. Datenreport zur Gleichstellung
von Frauen und Männern in der Bundesrepublik Deutschland*,
München 2005, URL: www.bmfsfj.de/doku/Publikationen/
genderreport/01-Redaktion/PDF-Anlagen/gesamtdokument%2
cproperty%3dpdf%2cbereich%3dgenderreport%2csprache%3d
de%2crwb%3dtrue.pdf.

– *14. Kinder- und Jugendbericht. Bericht über die Lebenssituation
junger Menschen und die Leistungen der Kinder- und Jugendhilfe
in Deutschland. Unterrichtung durch die Bundesregierung*,
Drucksache 17/12200, Berlin 2013, URL: www.bmfsfj.de/
RedaktionBMFSFJ/Broschuerenstelle/Pdf-Anlagen/14-Kinder-
und-Jugendbericht,property=pdf,bereich=bmfsfj,sprache=
de,rwb=true.pdf.

– *Vierter Zwischenbericht zur Evaluation des Kinderförderungs-
gesetzes. Bericht der Bundesregierung 2013 nach § 24a Abs. 5 SGB
VIII über den Stand des Ausbaus für ein bedarfsgerechtes Angebot an
Kindertagesbetreuung für Kinder unter drei Jahren für das Berichts-
jahr 2012*, Berlin 2013, URL: www.bmfsfj.de/RedaktionBMFSFJ/
Broschuerenstelle/Pdf-Anlagen/Kif_C3_B6G-Vierter-

Zwischenbericht-zur-Evaluation-des-Kinderf_C3_
B6rderungsgesetzes,property=pdf,bereich=bmfsfj,sprache=
de,rwb=true.pdf.

- *Bestandsaufnahme der familienbezogenen Leistungen und Maßnahmen des Staates im Jahr* 2010, Berlin 2013, URL: www. bmfsfj.de/RedaktionBMFSFJ/Abteilung2/Pdf-Anlagen/ familienbezogene-leistungen-tableau-2010,property=pdf, bereich=bmfsfj,sprache=de,rwb=true.pdf.

Bundesministerium für Gesundheit (BMG), *Verschärfte Maßnahmen gegen Doping ab heute in Kraft*, Pressemitteilung, 13. August 2013, URL: www.bmg.bund.de/ministerium/presse/pressemitteilungen/2013-03/massnahmen-gegen-doping-verschaerft.html.

Bundesministerium für Umwelt, Naturschutz und Reaktorsicherheit (BMU), *Umweltbewusstsein in Deutschland. Ergebnisse einer repräsentativen Bevölkerungsumfrage*, Dessau-Roßlau 2013, URL: www.bmu.de/fileadmin/Daten_BMU/Download_PDF/Umweltinformation_Bildung/4396.pdf.

Bundesministerium für Verkehr, Bau und Stadtentwicklung (BMVBS), *Reformkommission Bau von Großprojekten*, Berlin 2013, URL: www.bmvbs.de/SharedDocs/DE/Artikel/UI/ reformkommission-bau-von-grossprojekten.html.

Bundesrechtsanwaltskammer (BRAK), *Entwicklung der Zahl zugelassener Anwälte seit* 1915, Berlin 2013, URL: www.brak.de/ w/files/04_fuer_journalisten/statistiken/statistiken2012/ entwicklungraebis2012.pdf.

Bundesregierung, *Rede von Bundeskanzlerin Merkel beim zweiten Demographiegipfel in Berlin*, 14. Mai 2013, URL: www. bundesregierung.de/Content/DE/Rede/2013/05/2013-05-14-merkel-demografie.html.

Bundessteuerberaterkammer (BSTBK), *Berufsstatistik*, Berlin 2011, URL: www.bstbk.de/export/sites/standard/de/ressourcen/Dokumente/01_bstbk/berufsstatistik/Berufsstatistik_2011.pdf.

Bundeszentrale für politische Bildung, *Entwicklung des grenzüberschreitenden Warenhandels*, Bonn 2013, URL: www.bpb.de/ system/files/dokument_pdf/01%20Grenzueberschreitender %20Warenhandel.pdf.

Bündnis 90/Die Grünen, *Plakate zur Bundestagswahl* 2013, URL: www. gruene.de/wahl-2013/gruene-wahlplakate-zur-bundestagswahl-2013.html.

Bürgerschaft der Freien und Hansestadt Hamburg, *Mitteilung des*

Senats an die Bürgerschaft. Haushaltsplan 2005/2006, Drucksache 18/2570, URL: https://www.buergerschaft-hh.de/Parldok/tcl/PDDocView.tcl?mode=show&dokid=16261&page=0.

– *Mitteilung des Senats an die Bürgerschaft. Realisierung des Projektes Elbphilharmonie*, Drucksache 20/7738, URL: www.hamburg.de/contentblob/3938580/data/drucksache-20- 7738.pdf.

Busse, Mathias, »Transaktionskosten und Wettbewerbspolitik«, in: *HWWA Discussion Paper* 116/2001, URL: www.econstor.eu/bitstream/10419/19435/1/116.pdf.

Caritas Deutschland, *Situation von Familien mit mittel- und osteuropäischen Haushaltshilfen*, Pressemitteilung, 22. April 2009, URL: www.caritas.de/pressemitteilungen/situationvonfamilien mitmittel-undosteuropaeischenh/114170/.

Cbsnews.com, Most Mergers Fail. So Why Do Them?«, 7. Januar 2009, URL: www.cbsnews.com/8301-505125_162-28241619/most-mergers-fail-so-why-do-them/.

Christlich Demokratische Union Deutschlands (CDU), *Wachstum – Arbeit – Wohlstand. »Wachstumsstrategien für die Wissensgesellschaft«*, Leitantrag des Bundesvorstands der CDU zum 18. Bundesparteitag 2004 in Düsseldorf, Berlin 2004.

Crabtree, Gerald R., »Our Fragile Intellect«, Part 1, in: *Trends in Genetics*, Vol. 29,1 (2013), S. 1–3, URL: www.download.cell.com/trends/genetics/pdf/PIIS0168952512001588.pdf.

DeCarlo, Scott, »America's Highest Paid CEOs«, forbes.com 2012, URL: www.forbes.com/sites/scottdecarlo/2012/04/04/americas-highest-paid-ceos/.

Denkwerk Zukunft, *Denkzahl* 90, Bonn 2012, URL: www.denkwerkzukunft.de/index.php/inspiration/index/DZ2012-02-1.

Der Spiegel, »Totenkult am Feuerberg«, 26. Mai 2003, URL: www.spiegel.de/spiegel/print/d-27232516.html.

– »Rutschbahn in den legalen Drogensumpf«, 7. September 1987, S. 228 ff., URL: www.wissen.spiegel.de/wissen/image/show.html?did=13523874&aref=image036/2006/06/12/cq-sp 19870370228053.pdf&thumb=false.

– »Kinder in Bedrängnis«, 17. Oktober 2011, URL: www.spiegel.de/spiegel/print/d-81015417.html.

– »Entdeckung der Großzügigkeit«, 8. Juli 2013, S. 114 f.

– »Der unheimliche Freund«, 28. Oktober 2013, S. 20–26.

Der Tagesspiegel, »Immer mehr Menschen gehen früher in Rente«, 1. Februar 2012, URL: www.tagesspiegel.de/politik/mit-

abstrichen-immer-mehr-menschen-gehen-frueher-in-rente/
7717554.html.

Deutsche Bahn AG, »DB-Aufsichtsrat genehmigt zusätzliche Mittel für die Erhöhung des Finanzrahmens des Bahnhofsprojektes Stuttgart 21«, *Presseinformation*, 5. März 2013, URL: www.deutschebahn.com/de/presse/presseinformationen/pi_k/3262556/h20130305a.html.

Deutsche Bundesbank, *Die Kipper- und Wipperzeit von 1618 bis 1623*, Frankfurt a. M. 2007, URL: www.bundesbank.de/Redaktion/ DE/Downloads/Bundesbank/Geldmuseum/die_kipper_und_wipperzeit_von_1618_bis_1623.pdf?__blob=publicationFile.

Deutsche Post, *Glücksatlas. Zusammenfassung der Umfrageergebnisse*, Bonn 2013, URL: www.dpdhl.com/de/presse/specials/gluecksatlas_deutschland_2012/gluecksatlas_zusammenfassung.html.

Deutsche Rentenversicherung Bund, *Rentenversicherung in Zahlen 2013*, Berlin 2013, URL: www.deutsche-rentenversicherung.de/cae/servlet/contentblob/238692/publicationFile/61815/01_rv_in_zahlen_2013.pdf.

Deutschlandradio Kultur, »*Der Euro ist und bleibt ökonomischer Quatsch*«, Max Otte im Gespräch mit Christopher Ricke, Berlin, 24. November 2010, URL: www.dradio.de/dkultur/sendungen/interview/1326369/.

– »*Medienkompetenz sehr gut, deutsche Sprache mangelhaft*«, Berlin, 23. Juli 2012, URL: www.dradio.de/dkultur/sendungen/thema/1818985/.

Diamond, Jared, *Guns, Germs and Steel. The Fates of Human Societies*, New York/London 1997.

Die Bundeskanzlerin, *Pressekonferenz von Bundeskanzlerin Merkel und US-Präsident Obama*, 19. Juni 2013, URL: www.bundeskanzlerin.de/Content/DE/Mitschrift/Pressekonferenzen/2013/06/2013-06-19-pk-merkel-obama.html.

Die Linke, *Gute Rente: Lebensstandard sichern, Altersarmut verhindern, Ost-Renten angleichen*, Wahlprogramm zur Bundestagswahl 2013, URL: www.die-linke.de/wahlen/wahlprogramm2013/wahlprogramm2013/isolidaritaetneuerfindengutearbeitund sozialegerechtigkeit/guterentelebensstandardsichernaltersarmut verhindernostrentenangleichen/.

Die Presse, »Draghi pocht auf Unabhängigkeit der EZB«, 7. Februar

2013, URL: www.diepresse.com/home/wirtschaft/eurokrise/
1342345/Draghi-pocht-auf-Unabhaengigkeit-der-EZB.
Die Welt, »Ein großer Ruck muß durch die Kirche gehen«,
22. März 1999, URL: www.welt.de/print-welt/article 568620/
Ein-grosser-Ruck-muss-durch-die-Kirche-gehen.html.
– »Image der Politiker sinkt auf historisches Tief«, 17. Juni 2011,
URL: www.welt.de/wirtschaft/article13433967/Image-der-
Politiker-sinkt-auf-historisches-Tief.html.
– »Jeder zweite Deutsche will vor 60 in Rente gehen«, 4. August
2013, URL: www.welt.de/wirtschaft/article118662393/Jeder-
zweite-Deutsche-will-vor-60-in-Rente-gehen.html.
Die Zeit, »Das Kölner Lehrstück«, 3. März 2011, URL: www.zeit.
de/2011/10/U-Bahn-Koeln/komplettansicht.
Earth Policy Institute, *Gross World Product* 1950–2011, Washington, D.C. 2012, URL: www.earth-policy.org/datacenter/xls/
indicator2_2012_01.xls.
Egeln, Jürgen/Eckert, Thomas/Heine, Christoph et al., *Indikatoren zur Ausbildung im Hochschulbereich* (= Studien zum Innovati-
onssystem in Deutschland 4), Mannheim 2003, URL: www.bmbf.
de/pubRD/sdi_04–04-Hochschule.pdf.
Erhard, Ludwig, *Wohlstand für alle*, bearbeitet von Wolfram Langer, Bonn 1964.
Ernst Freiberger-Stiftung, *Zufrieden trotz sinkenden materiellen
Wohlstands*, Memorandum der Arbeitsgruppe »Zufriedenheit« des
Ameranger Disputs, Amerang 2010, URL: www.denkwerkzukunft.
de/downloads/MemoZufriedenheit.
EUROCONTROL, *Eurocontrol Long-term forecast. Flight
Movement* 2010–2030, Brüssel 2010, URL: www.eurocontrol.
int/sites/default/files/content/documents/official-documents/
forecasts/long-term-forecast-2010-2030.pdf.
Europäische Kommission, *Die Europäer und ihre Sprachen*, *Euro-
barometer-Spezial* 243/2006, URL: www.ec.europa.eu/languages/
documents/2006-special-eurobarometer-survey-64.3-euro-
peans-and-languages-summary_de.pdf.
– *Social Climate, Special Eurobarometer* 370/2011, URL: www.
ec.europa.eu/public_opinion/archives/ebs/ebs_370_en.pdf.
– *Standard Eurobarometer* 73/2010, URL: www.ec.europa.eu/
public_opinion/archives/eb/eb73/eb73_anx_full.pdf.
– *Standard Eurobarometer* 75/2011, URL: www.ec.europa.eu/
public_opinion/archives/eb/eb75/eb75_anx_full_fr.pdf.

- *Standard Eurobarometer* 77/2011, URL: www.ec.europa.eu/public_opinion/archives/eb/eb77/eb77_anx_en.pdf.
- *Statistical Annex of European Economy*, Spring 2013, Brüssel 2013, URL: www.ec.europa.eu/economy_finance/publications/european_economy/2013/pdf/2013_05_03_stat_annex_en.pdf.

Europäischer Rat, *Schlussfolgerungen des Vorsitzes zur Sondertagung des Europäischen Rates am 23. und 24. März 2000 in Lissabon*, URL: www.europarl.europa.eu/summits/lis1_de.htm.

Eurostat, *Personenluftverkehr nach NUTS-2-Regionen*, 2013, URL: www.epp.eurostat.ec.europa.eu/tgm/table.do?tab=table&init=1&language=de&pcode=tgs00077&plugin=1.
- *Erwerbstätigenquote nach Geschlecht, 15 bis 64 Jahre*, 2013, URL: www.epp.eurostat.ec.europa.eu/tgm/table.do?tab=table&init=1&language=de&pcode=tsdec420&plugin=1.
- *Harmonisierte Arbeitslosigkeit nach Geschlecht – Unter 25 Jahre*, 2013, URL: www.epp.eurostat.ec.europa.eu/tgm/table.do?tab=table&init=1&language=de&pcode=teilm011&plugin=1.
- *Gesamtfruchtbarkeitsrate. Anzahl der Kinder pro Frau*, 2013, URL: www.epp.eurostat.ec.europa.eu/tgm/table.do?tab=table&init=1&language=de&pcode=tsdde220&plugin=1.

Eurydice/Eurostat, *Key-Data on Education in Europe* 2012, Brüssel 2012.

Focus Online, »Wie überfordert ist Deutschland?«, 13. Januar 2012, URL: www.focus.de/politik/deutschland/verzweiflungstaten-und-burnout-wie-ueberfordert-ist-deutschland_aid_702388.html.
- »Die Deutschen schicken ihre Alten und Kranken ins Ausland«, 28. Dezember 2012, URL: www.focus.de/politik/deutschland/tid-28774/billig-pflege-in-osteuropa-und-asien-die-deutschen-schicken-ihre-alten-und-kranken-ins-ausland_aid_888896.html.

Fox, Douglas, »Die Grenzen des Gehirns«, in: *Spektrum der Wissenschaft*, Mai 2012.

Frankfurter Allgemeine Zeitung, »Die griechische Utopie«, 17. September 2013, URL: www.faz.net/aktuell/feuilleton/gegen-das-griechenland-bashing-die-griechische-utopie-12578648.html.
- »Lest doch bitte euren Popper richtig«, 12. Juni 2013, URL: www.faz.net/aktuell/feuilleton/wachstums-debatte-lest-doch-bitte-euren-popper-richtig-12219415.html.
- »Das Vertrauen in die EU wächst«, 17. Juli 2013, URL: www.faz.net/aktuell/politik/europaeische-union/neue-allensbach-analyse-das-vertrauen-in-die-eu-waechst-12284506.html.
- »Die Zukunft stirbt mit der Vergangenheit«, 4. Juni 2013, S. 30.

Freud, Sigmund, *Das Unbehagen in der Kultur*, Wien 1930, URL: www.archive.org/details/DasUnbehagenInDerKultur.

Gellert, Christian Fürchtegott, »Fabeln und Erzählungen«, in: Witte, Bernd (Hrsg.), Christian Fürchtegott Gellert: *Gesammelte Schriften*. Kritische, kommentierte Ausgabe, Band I, Berlin/New York 2000.

General-Anzeiger, »Trauriger Rekord«, 13. Februar 2013, URL: www.general-anzeiger-bonn.de/bonn/Trauriger-Rekord-article980483.html.

Gerster, Richard, *Globalisierung und Gerechtigkeit*, 2. Auflage, Bern 2005.

Global Footprint Network, *National Footprint Accounts*, 2011 *Edition*, 2013, URL: www.footprintnetwork.org.

Gödderz, Karsten, *Realer Stundenlohn in den USA niedriger als vor 40 Jahren*, Faktenblatt des Denkwerks Zukunft, Bonn 2013, URL: www.denkwerkzukunft.de/index.php/aktivitaeten/index/US-Stundenlohn8.

Goethe, Johann Wolfgang von, Sonett »Natur und Kunst«, in: *Gedichte*, 2. Teil, Leipzig 1800.

– Faust. Eine Tragödie, 1808, URL: www.gutenberg.spiegel.de/buch/3664/3.

– Der Schatzgräber, in: Literaturwelt.com, URL: www.literaturwelt.com/werke/goethe/schatzgraeber.html

Grotlüschen, Anke / Riekmann, Wibke, »leo. – Level-One Studie«, in: *Universität Hamburg, Presseheft*, Hamburg 2011, URL: www.blogs.epb.uni-hamburg.de/leo/files/2011/12/leo-Presseheft_15_12_2011.pdf.

Haarmann, Harald, »Das Sprachenmosaik Europas,« in: Europäische Geschichte Online (EGO), hrsg. vom Institut für Europäische Geschichte (IEG), Mainz 2011, URL: www.ieg-ego.eu/haarmannh-2011-de.

Handelsblatt »Die ahnungslosen Aufseher. Auch 2013 wird der Hauptstadtflughafen nicht eröffnet«, 8. Januar 2013, S. 5, URL: www.uni-goettingen.de/de/document/download/8b5091ccba8ffc4f0ae138 4df00671bf.pdf/HB_content_2013-01-082.pdf.

Handelsblatt.com »Edel-Tasche küsst Armbanduhr«, 10. März 2012, URL: www.handelsblatt.com/unternehmen/management/strategie/erfolgreiche-fusionen-edel-tasche-kuesst-armbanduhr-seiteall/6238516-all.html.

Hankel, Wilhelm, *Die Euro Bombe wird entschärft*, Wien 2013, URL: www.amalthea.at/index.php?id=10&showBookNr=8449.

Heine, Heinrich, *Deutschland. Ein Wintermährchen*, Hamburg 1844, URL: www.deutschestextarchiv.de/book/view/heine_wintermaehrchen_1844?p=25.

Heublein, Ulrich/Hutzsch, Christopher/Schreiber, Jochen et al., *Ursachen des Studienabbruchs in Bachelor- und herkömmlichen Studiengängen. Ergebnisse einer bundesweiten Befragung von Exmatrikulierten des Studienjahres* 2007/08, Hochschul-Informationssystem, Hannover 2009, URL: www.his.de/pdf/pub_fh/fh-201002.pdf.

Hewitt Associates, *Global M&A Survey* 2010, München 2010.

Hickel, Rudolf, *Fiskalpakt durch Schuldentilgungspakt und Wachstumsinitiative ablösen*, Mitteilung vom 25. Juni 2012, URL: www.iaw.uni-bremen.de/ccm/content/mitteilungen/2012/rudolf-hickel-meinung/.

Hirschberger, Johannes, *Geschichte der Philosophie*, Band 1: Altertum und Mittelalter, Basel/Freiburg/Wien 1965.

Hohmann, Karl (Hrsg.), *Ludwig Erhard. Gedanken aus fünf Jahrzehnten. Reden und Schriften*, Düsseldorf/Wien/New York 1988.

Höhn, Charlotte/Ette, Andreas/Ruckdeschel, Kerstin, *Kinderwünsche in Deutschland. Konsequenzen für eine nachhaltige Familienpolitik*, Stuttgart 2006, URL: www.bosch-stiftung.de/content/language2/downloads/BuG_Familie_Studie_Kinderwunsch.pdf.

Hollande, François, *Le changement c'est maintenant. Mes 60 engagements pour la France*, Élection Présidentielle 22 Avril 2012, Paris, URL: www.de.scribd.com/doc/79441129/79434607-Projet-Presidentiel-Francois-Hollande.

Holtom, Paul/Bromley, Mark/Wezeman, Pieter D. et al., *Trends in International Arms Transfers*, SIPRI Fact Sheet, Stockholm 2013, URL: www.books.sipri.org/files/FS/SIPRIFS1303.pdf.

Höpflinger, François, *Demographische Alterung – Trends und Perspektiven*, Horgen 2011, URL: www.hoepflinger.com/fhtop/Demografische-Alterung.pdf.

Humanethologisches Filmarchiv in der Max-Planck-Gesellschaft, *Prof. Dr. Irenäus Eibl-Eibesfeldt*, URL: www.humanetho.orn.mpg.de/de/hpeibl.html.

Initiative für eine zukunftsfähige Infrastruktur, *Drohender Verkehrsinfarkt*, URL: www.damit-deutschland-vorne-bleibt.de/Aktuelles/Logistik/Strasse/Transitverkehr/04410/Artikel/Drohender-Verkehrsinfarkt/03747.

Institut der deutschen Wirtschaft Köln (IW), *Deutschland in Zahlen 2013*, Köln 2013.

Institut für Arbeitsmarkt- und Berufsforschung (IAB), *Zahlen-Fibel. Erwerbstätige nach Qualifikation, Geschlecht und regionaler Gliederung*, Nürnberg 2002, URL: www.doku.iab.de/zfibel/06_04_02.pdf.

Jaeschke, Walter (Hrsg.), *Georg Wilhelm Friedrich Hegel*. Gesammelte Werke Band 11, Hamburg 1978.

Joerges, Bernward, *Technik – Körper der Gesellschaft. Arbeiten zur Techniksoziologie*, Frankfurt a.M. 1996, URL: www.wzb.eu/alt/met/pdf/verlorene_expertise.pdf.

Kassenärztliche Bundesvereinigung (KBV), *Grunddaten zur vertragsärztlichen Versorgung in Deutschland*, Berlin 2004, URL: www.kbv.de/media/sp/Grunddaten_2004.pdf.

Knauß, Ferdinand, *Wir wracken das duale System ab*. Interview mit Julian Nida-Rümelin, 2013, URL: www.zeit.de/studium/hochschule/2013-10/julian-nida-ruemelin-akademisierung.

Kocka, Jürgen, »Thesen zur Geschichte und Zukunft der Arbeit«, in: *Aus Politik und Zeitgeschichte*, 21/2001, S.8–13, URL: www.bpb.de/system/files/pdf/G7VSG2.pdf.

Kraftfahrtbundesamt (KBA), *Der Fahrzeugbestand im Überblick am 1. Januar 2013 gegenüber 1. Januar 2012*, 2013, URL: www.kba.de/cln_033/nn_125398/DE/Statistik/Fahrzeuge/Bestand/2012_b_ueberblick_pdf,templateId=raw,property=publicationFile.pdf/2012_b_ueberblick_pdf.pdf.

Krausmann, Fridolin/Gingrich, Simone/Eisenmenger, Nina et al., »Growth in global materials use, GDP and population during the 20th century«, in: *Ecological Economics* 2011, S.2696–2705, URL: www.uni-klu.ac.at/socec/downloads/Online_data_global_flows_update_2011.xls.

Krugman, Paul R., *Der Mythos vom globalen Wirtschaftskrieg*, Frankfurt a.M./New York 1996.

Lampugnani, Vittorio Magnago, *Gesten ohne Sinngehalt – über die Zerstörung der Stadt durch zeitgenössische Architektur-Skulpturen*, Neue Zürcher Zeitung, 5. November 2011.

Libreria Editrice Vaticana, *Johannes Paulus PP. II, Laborem Exercens, Über die menschliche Arbeit zum neunzigsten Jahrestag der Enzyklika »Rerum Novarum«*, 14. September 1981, URL: www.vatican.va/holy_father/john_paul_ii/encyclicals/documents/hf_jp-ii_enc_14091981_laborem-exercens_ge.html.

– *Pressekonferenz mit dem Heiligen Vater auf dem Flug nach Brasilien, Apostolische Reise nach Rio de Janeiro aus Anlass des XXVIII. Weltjugendtages*, 22. Juli 2013, URL: www.vatican.va/holy_father/francesco/speeches/2013/july/documents/papa-francesco_20130722_gmg-intervista-volo-rio_ge.html.

Logistikbranche.net, *Entwicklung des Luftfrachtverkehrs*, URL: www.logistikbranche.net/dossier/wettbewerb-luftfracht/entwicklung-des-luftfrachtverkehrs.html.

Lohmann-Haislah, Andrea, *Stressreport Deutschland 2012. Psychische Anforderungen, Ressourcen und Befinden*, Bundesanstalt für Arbeitsschutz und Arbeitsmedizin, Dortmund/Berlin/Dresden 2012, URL: www.baua.de/de/Publikationen/Fachbeitraege/Gd68.pdf?__blob=publicationFile&v=16.

Loske, Reinhard, *Abschied vom Wachstumszwang. Konturen einer Politik der Mäßigung*, Rangsdorf 2010.

Löwenstein, Felix zu, *Food Crash. Wir werden uns ökologisch ernähren oder gar nicht*, München 2011.

Mail & Guardian, »Mugabe celebrates birthday amid distress«, 27. Februar 2010, URL: www.mg.co.za/article/2010-02-27-mugabe-celebrates-birthday-amid-distress.

Miegel, Meinhard, *Die verkannte Revolution. Einkommen und Vermögen der privaten Haushalte*, Stuttgart 1983.

– »Starke Regionen. Die Kleinstaaten haben sich überlebt. Größere Länder bieten die Chance zu größerem wirtschaftlichem Wachstum«, in: *Wirtschaftswoche/Ausgabe DDR* 25, 15. Juni 1990.

– *Epochenwende. Gewinnt der Westen die Zukunft?*, Berlin 2005.

– *Exit. Wohlstand ohne Wachstum*, Berlin 2010.

– »Der Anfang ist gemacht«, in: *Frankfurter Allgemeine Zeitung*, 23. Oktober 2013, URL: www.faz.net/aktuell/feuilleton/nachhaltigkeit-der-anfang-ist-gemacht-12628925.html.

Miegel, Meinhard / Wahl, Stefanie, *Das Ende des Individualismus. Die Kultur des Westens zerstört sich selbst*, München 1993.

– *Solidarische Grundsicherung, Private Vorsorge. Der Weg aus der Rentenkrise*, München 1999.

– *Arbeitslosigkeit in Deutschland. Phantom und Wirklichkeit*, München 2001.

Miegel, Meinhard / Wahl, Stefanie / Schulte, Martin / Butzmann, Elias, *Lebenswerte Städte unter Bedingungen sinkenden materiellen Wohlstands – Herausforderungen und Maßnahmen*, Memorandum des Denkwerks Zukunft, Bonn 2012, URL: www.

denkwerkzukunft.de/downloads/Memo-Stadt-Finalversion 27-08-2012.pdf.

Mishel, Lawrence / Sabadish, Natalie, »CEO pay in 2012 was extraordinarily high relative to typical workers and other high earners«, in: *Economic Policy Institute, Issue Brief* 367, Washington, D. C. 2013, URL: www.epi.org/files/2013/ceo-pay-2012-extraordinarily-high.pdf.

Mittelbayerische Zeitung, »Ökonom fordert Schuldenerlass«, 8. März 2013, URL: www.mittelbayerische.de/nachrichten/ wirtschaft/artikel/oekonom-fordert-schuldenerlass/889518/ oekonom-fordert-schuldenerlass.html.

Mittelman, James H., »Alternative Globalization«, in: Sandbrook, Richard (Hrsg.), *Civilizing Globalization. A Survival Guide*, New York 2003, S. 237–251.

Mohr, Hans, *Leitidee für die künftige Entwicklung: Qualität statt Quantität*, 19. Oktober 1999, Vortragsmanuskript, URL: www. schule-bw.de/unterricht/faecheruebergreifende_themen/ umwelterziehung/klimaschutz/agenda21/nachhaltigkeit/ mohr.pdf.

Mörike, Eduard, *Mozart auf der Reise nach Prag*, München 1997.

NDR Info, »Gemeldete Kita-Plätze könnten ausreichen«, 11. Juli 2013, URL: www.ndr.de/info/kitaplaetze107.html.

New York Times Online, »Arms Treaty Now Signed by Majority of U. N. Members«, 26. Oktober 2013, URL: www.nytimes.com/ 2013/09/26/world/arms-treaty-now-signed-by-majority-of-un-members.html?_r=0.

Nietzsche, Friedrich, »Jenseits von Gut und Böse«, in: *Werke in drei Bänden*, Band 2, München 1954, S. 733–745.

Notenstein Privatbank AG, »Wiederholt sich die Geschichte«, in: *Notenstein Gespräch mit Professor Harold James*, August 2013, URL: https://www.notenstein.ch/sites/default/files/publications/ notenstein_gespraech_august_2013.pdf.

Nüchter, Oliver / Bieräugel, Roland / Glatzer, Wolfgang / Schmid, Alfons, *Der Sozialstaat im Urteil der Bevölkerung* (= Frankfurter Reihe Sozialpolitik und Sozialstruktur, Bd. 5), Opladen 2010.

OECD, *OECD Employment Outlook* 2012, Paris 2012, URL: www.ke-epeek.com/Digital-Asset-Management/oecd/employment/oecd-employment-outlook-2012_empl_outlook-2012-en.

– *Consumer Prices. All items*, Paris 2013, URL: www.oecd.org/ statistics.

Organisation Internationale des Constructeurs d'Automobiles (OICA), *World Vehicles in Use – All Vehicles*, Paris 2012, URL: www.oica.net/wp-content/uploads/2013/09/total-wviu.pdf.

Ortiz, Isabel / Cummins, Matthew, *Global Inequality: Beyond the Bottom Billion. A Rapid Review of Income Distribution in 141 Countries*, Unicef Working Paper, April 2011, New York, URL: www.unicef.org/socialpolicy/files/Global_Inequality.pdf.

Perler, Dominik / Wild, Markus, *Der Geist der Tiere*, Frankfurt a. M. 2005.

Pew Research, *The New Sick Man of Europe: the European Union*, Mai 2013, URL: www.pewglobal.org/2013/05/13/the-new-sick-man-of-europe-the-european-union/.

Polier, Simone, »Grüner Islam. Religion und der Umgang mit dem Umweltschutz«, in: 3*sat*, 29. Juni 2010, URL: www.3sat.de/page/?source=/kulturzeit/themen/145753/index.html.

Popper, Karl, *Das Elend des Historizismus*, Vorwort zur deutschen Ausgabe, 7. Auflage, Tübingen 2003.

Population Division of the Department of Economic and Social Affairs of the United Nations Secretariat, *World Population Prospects: The 2012 Revision*, URL: www.esa.un.org/unpd/wpp/index.htm.

Pötsch, Olga (2010), »Kohortenfertilität: Ein Vergleich der Ergebnisse der amtlichen Geburtenstatistik und der Mikrozensuserhebung 2008«, in: *Comparative Population Studies – Zeitschrift für Bevölkerungswissenschaften*, Vol. 36 (1), S. 165–184, URL: www.comparativepopulationstudies.de/index.php/CPoS/article/download/23/10.

Rathenau, Walther, *Gesammelte Reden*, Berlin 1924, URL: www.gallica.bnf.fr/ark:/12148/bpt6k65677n/f271.image.

Red Bull Stratos, *Final findings of the Red Bull Stratos Scientific Summit*, Los Angeles 2013, URL: www.issuu.com/redbullstratos/docs/red_bull_stratos_summit_report_final_050213.

Reicher, Christa / Schauz, Thorsten, »Stadtästhetik: Aufwertung städtischer Räume«, in: *Jahrbuch Ökologie* 2009, S. 181–191.

Reuters.com, »Bernanke sah 2008 fast alle US-Finanzriesen am Rand des Abgrunds«, 28. Januar 2008, URL: www.de.reuters.com/article/idDEBEE70R0842011012 8.

Riegel, Klaus-Georg, »Der Marxismus-Leninismus als ›politische Religion‹«, in: Besier, Gerhard / Lübbe, Hermann (Hrsg.), *Politische Religion und Religionspolitik. Zwischen Totalitarismus und Bürgerfreiheit*, Göttingen 2005, S. 15–48.

Rixecker, Friedrich, *Ausbildungsbetrieb = Reparaturbetrieb. Muss das sein?*, Offenbach 2010, URL: www.kreis-offenbach.de/media/custom/1856_554_1.PDF?1291732804.

RP-online, Autofahrer 60 Stunden pro Jahr im Stau, 14. Juli 2009, URL: www.rp-online.de/reise/tipps-fuer-den-sommerurlaub/ autofahrer-60-stunden-pro-jahr-im-stau-1.477856.

Schäfer, Dieter, »Unbezahlte Arbeit und Haushaltsproduktion im Zeitvergleich«, in: Statistisches Bundesamt, *Forum der Bundesstatistik. Alltag in Deutschland. Analysen zur Zeitverwendung*, Bd. 43, Wiesbaden 2004, URL: https://www.destatis.de/DE/Publikatio nen/Thematisch/EinkommenKonsumLebensbedingungen/Zeit budgeterhebung/Alltag1030443049004.pdf?_blob=publicationFile.

Schiller, Friedrich, »Das Lied von der Glocke«, in: Sämtliche Werke in fünf Bänden, Band 1: Lyrische Gedichte, München/Wien 2004, S. 431 f.

Schirrmacher, Frank, *Ego. Das Spiel des Lebens*, München 2013.

Schulte, Martin, *Hohes Einkommen = hoher Naturverbrauch: Der wirtschaftliche Status bestimmt das Umweltverhalten*, Faktenblatt des Denkwerks Zukunft, Bonn 2012, URL: www.denkwerkzu kunft.de/downloads/DZ-Faktenblatt%20-%20Oekologischer %20Fu%C3%9Fabdruck%20und%20Einkommen.pdf.

Sozialdemokratische Partei Deutschlands (SPD), *Das Wir entscheidet. Das Regierungsprogramm* 2013–2017, URL: www.spd.de/ linkableblob/96686/data/20130415_regierungsprogramm_2013 _2017.pdf.

Spiegel Online, »Die Bedürfnisse sind grenzenlos«, 27. Juli 1998, URL: www.spiegel.de/spiegel/print/d-7940728.html.

- »NSA Spähprogramm: Ein Verdächtiger, Millionen Menschen im Visier«, 18. Juli 2013, URL: www.spiegel.de/netzwelt/web/ ueberwachung-nsa-hat-noch-mehr-buergerdaten-ausgespaeht-a-911755.html.

- »Pannenprojekt: Elbphilharmonie-Architekten kassieren mehr als 90 Millionen Euro«, 7. Februar 2013, URL: www.spiegel.de/ wirtschaft/soziales/elbphilharmonie-architekten-kassieren-mehr-als-90-millionen-euro-a-881056.html.

- »Plötzlicher Herztod im Sport: Leistungssport ist gefährlich fürs Herz«, 8. Mai 2012, URL: www.spiegel.de/sport/sonst/ ploetzlicher-herztod-bei-sportlern-a-831319.html.

- »Rechtsanspruch ab 1. August: Bundesländer schaffen mehr Kita-Plätze als erwartet«, 11. Juli 2013, URL: www.spiegel.de/politik/

deutschland/ndr-bundeslaender-schaffen-mehr-kita-plaetze-als-erwartet-a-910524.html.

Spornitz, Udo M., *Anatomie und Physiognomie. Lehrbuch und Atlas für Pflege- und Gesundheitsfachberufe*, Heidelberg 2004.

Stanat, Petra / Pant, Hans Anand / Böhme, Katrin et al., *Kompetenzen von Schülerinnen und Schülern am Ende der vierten Jahrgangsstufe in den Fächern Deutsch und Mathematik. Ergebnisse des IQB-Ländervergleichs* 2011, Münster 2012, URL: www.iqb.hu-berlin.de/laendervergleich/laendervergleich/LV2011/Bericht/LV_2011_Bericht.pdf.

Statista, *Wie zufrieden sind Sie ganz allgemein mit dem Leben, das Sie führen? Umfrage in Deutschland unter 1562 Personen ab 15 Jahren*, Veröffentlicht durch die Europäische Kommission, Dezember 2012, URL: www.de.statista.com/statistik/daten/studie/153748/umfrage/allgemeine-zufriedenheit-mit-dem-eigenen-leben/.

Statistisches Bundesamt, *Allgemeinbildende Schulen. Bildung und Kultur*, Fachserie 11, Reihe 1, Wiesbaden 2012, URL: www.destatis.de/DE/Publikationen/Thematisch/BildungForschung Kultur/Schulen/AllgemeinbildendeSchulen2110100127004. pdf?_blob=publicationFile.

– *Außenhandel. Zusammenfassende Übersichten für den Außenhandel, Jahr* 2012, Wiesbaden 2013, URL: www.destatis.de/DE/Publikationen/Thematisch/Aussenhandel/Gesamtentwicklung/ZusammenfassendeUebersichtenJvorlaeufig2070100128004. pdf?_blob=publicationFile.

– *Bevölkerung, Erwerbstätige, Erwerbslose, Erwerbspersonen, Nichterwerbspersonen* [jeweils im Alter von 15 bis unter 65 Jahren]: Deutschland, Jahre, Geschlecht, Wiesbaden 2013, URL: www.genesis.destatis.de/genesis/online/link/tabelleErgebnis/12211-0001.

– *Bevölkerung und Erwerbstätigkeit. Vorläufige Ergebnisse der Bevölkerungsfortschreibung auf Grundlage des Zensus* 2011, Wiesbaden 2013, URL: www.destatis.de/DE/Publikationen/Thematisch/Bevoelkerung/Bevoelkerungsstand/VorlBevoelkerungsfortschrei bung5124103119004.pdf?_blob=publicationFile.

– *Bildung und Kultur, Nichtmonetäre hochschulstatistische Kennzahlen* 1980–2011, Wiesbaden 2012, URL: www.destatis.de/DE/Publikationen/Thematisch/BildungForschungKultur/Hochschulen/KennzahlenNichtmonetaer2110431117004.pdf?_blob=publicationFile.

- *Bildung und Kultur. Prüfungen an Hochschulen* 2011, Fachserie 11, Reihe 4.2, Wiesbaden 2012, URL: www.destatis.de/DE/Publikationen/Thematisch/BildungForschungKultur/Hochschulen/PruefungenHochschulen2110420117004.pdf?_blob=publicationFile.
- *Bildungsfinanzbericht* 2012, Wiesbaden 2012, URL: www. destatis.de/DE/Publikationen/Thematisch/BildungForschungKultur/BildungKulturFinanzen/Bildungsfinanzbericht1023206127004.pdf?_blob=publicationFile.
- *Datenreport* 2011. *Ein Sozialbericht für die Bundesrepublik Deutschland*, Band 1, Bonn 2011, URL: www.destatis.de/DE/Publikationen/Datenreport/Downloads/Datenreport2011.pdf?_blob=publicationFile.
- *Finanzen und Steuern. Personal des öffentlichen Dienstes* 2011, Fachserie 14, Reihe 6, Wiesbaden 2012, URL: www.destatis.de/DE/Publikationen/Thematisch/FinanzenSteuern/OeffentlicherDienst/PersonaloeffentlicherDienst2140600117004.pdf?_blob=publicationFile.
- *Hochschulen auf einen Blick*, Wiesbaden 2012, URL: www.destatis.de/DE/Publikationen/Thematisch/Bildung ForschungKultur/Hochschulen/BroschuereHochschulenBlick0110010127004.pdf?_blob=publicationFile.
- *Schulen auf einen Blick*, Wiesbaden 2012, URL: https://www.destatis.de/DE/Publikationen/Thematisch/BildungForschungKultur/Schulen/BroschuereSchulenBlick0110018129004.pdf?_blob=publicationFile.
- *Statistisches Jahrbuch für die Bundesrepublik Deutschland*, verschiedene Jahrgänge, Wiesbaden.
- *Tabelle Bevölkerung, Erwerbstätige, Erwerbslose, Erwerbspersonen, Nichterwerbspersonen [jeweils im Alter von 15 bis unter 65 Jahren]: Deutschland, Jahre, Geschlecht*, Wiesbaden 2013, URL: www.genesis.destatis.de/genesis/online;jsessionid=D6CF 1203B2D-2F5295167DF98F59579F6.tomcat_GO_2_2?operation=previous&levelindex=2&levelid=1372930710474&step=2.
- *Verdienste und Arbeitskosten. Arbeitnehmerverdienste, Jahr* 2012, Fachserie 16, Reihe 2.3, Wiesbaden 2012, URL: www.destatis.de/DE/Publikationen/Thematisch/VerdiensteArbeits kosten/Arbeitnehmerverdienste/ArbeitnehmerverdiensteJ2160230127004.pdf?_blob=publicationFile.
- *Volkswirtschaftliche Gesamtrechnung. Inlandsproduktberechnung.*

309

Lange Reihen ab 1970, Fachserie 18, Reihe 1.5, Wiesbaden 2013, URL: www.destatis.de/DE/Publikationen/Thematisch/Volks-wirtschaftlicheGesamtrechnungen/Inlandsprodukt/Inlands prod uktsberechnungLangeReihenPDF_2180150.pdf?_blob= publicationFile.

– *Wo bleibt die Zeit? Die Zeitverwendung der Bevölkerung in Deutschland* 2001/02, Wiesbaden 2003, URL: https://www.destatis.de/ DE/Publikationen/Thematisch/EinkommenKonsumLebensbe dingungen/Zeitbudgeterhebung/WobleibtdieZeit563910102900 4.pdf?__blob=publicationFile.

Stockholm International Peace Research Institute (SIPRI), *SIPRI Military Expenditure Database*, 2013, URL: www.milexdata.sipri. org/files/?file=SIPRI+milex+data+1988-2012+v2.xlsx.

Strang, Hanno, *Inhaltlicher Schlussbericht gemäß Schnittstellenkonzept zum Vorhaben »Doping in Deutschland von 1950 bis heute aus historisch-soziologischer Sicht im Kontext ethischer Legitimation«*, Berlin 2013.

Streeck, Wolfgang, *Gekaufte Zeit. Die vertagte Krise des demokratischen Kapitalismus*, Frankfurt a.M. 2013.

Sueddeutsche.de, »BER könnte mehr als fünf Milliarden Euro kosten«, 21. Oktober 2013, URL: www.sueddeutsche.de/wirtschaft/ hauptstadtflughafen-ber-koennte-mehr-als-fuenf-milliarden-euro-kosten-1.1799341.

– »Hochzeit des Grauens«, 17. Mai 2013, URL: www.sz.de/ 1.464777.

– »Sprung mit Werbewirkung«, 15. Oktober 2012, URL: www. sueddeutsche.de/panorama/extremsportler-felix-baumgartner-gelingt-rekordversuch-sprung-mit-werbewirkung-1.1496010.

Tagesspiegel.de, »UN-Vollversammlung beschließt erstes globales Abkommen über den Handel von Waffen«, 2. April 2013, URL: www.tagesspiegel.de/politik/waffenhandel-un-vollversammlung-beschliesst-erstes-globales-abkommen-ueber-den-handel-von-waffen/8011544.html.

Techniker Krankenkasse (TK), *Gesundheitsreport. Berufstätigkeit, Ausbildung und Gesundheit*, Hamburg 2013, URL: www.tk.de/ centaurus/servlet/contentblob/516416/Datei/83065/Gesund-heitsreport-2013.pdf.

The Economist, »A Fall to Cheer«, 3. März 2012, URL: www. economist.com/node/21548963.

Tietze, Wolfgang et al. (Hrsg.), *NUBBEK. Nationale Untersu-*

chung zur Bildung, Betreuung und Erziehung in der frühen Kindheit, Weimar/Berlin 2012, URL: www.nubbek.de/media/pdf/ NUBBEK%20Broschuere.pdf.

United Nations (UN), *Overwhelming majority of states in General Assembly say »yes« to Arms Trade Treaty*, GA/11354, 2013, URL: www.un.org/News/Press/docs/2013/ga11354.doc.htm.

– *Resolution 678*, 29. November 1990, URL: www.un.org/Depts/german/sr/sr_90/sr678-90.pdf.

United Nations Development Program (UNDP) (2013), *Bericht über die menschliche Entwicklung 2013. Der Aufstieg des Südens: Menschlicher Fortschritt in einer ungleichen Welt*, New York, URL: www.hdr.undp.org/en/media/HDR2013%20Report%20 German.pdf.

– *Human Development Report 1992*, New York/Oxford 1992, URL: www.hdr.undp.org/en/media/hdr_1992_en_chap3.pdf.

United States of America Declaration of Independence (1776), URL: www.archives.gov/exhibits/charters/declaration_transcript. html.

Universität Heidelberg/Institut für Internationale Konfliktforschung, *Weltweit höchste Anzahl von Kriegen seit 1945*, Pressemeldung, 23. Feburar 2012, URL: www.uni-heidelberg.de/presse/meldungen/m20120223_konfliktbarometer.html.

Veenhoven, Ruut, »Lebenszufriedenheit im internationalen Vergleich«, in: *Sociale Sicherheit* 6/2011, S. 298–302, URL: www2. eur.nl/fsw/research/veenhoven/Pub2010s/2011s-fulld.pdf.

Wahl, Stefanie, *Brisantes Thema: Die globale Einkommensungleichheit*, Faktenblatt des Denkwerks Zukunft, Bonn 2013, URL: www.denkwerkzukunft.de/index.php/aktivitaeten/index/Globale%20Einkommensungleichheit.

– *Einkommensungleichheit nimmt wieder zu*, Faktenblatt des Denkwerks Zukunft, Bonn 2013, URL: www.denkwerkzukunft.de/index.php/aktivitaeten/index/Einkommensungleichheit.

Wahl, Stefanie / Schulte, Martin / Butzmann, Elias, *Das Wohlstandsquintett. Zur Messung des Wohlstands in Deutschland und anderen früh industrialisierten Ländern*, Memorandum des Denkwerks Zukunft, Bonn 2011, URL: www.denkwerkzukunft.de/downloads/WQ-Memo-2010.pdf.

Weber, Max, »Die Protestantische Ethik und der ›Geist‹ des Kapitalismus«, in: *Gesammelte Aufsätze zur Religionssoziologie*, 8. photomechanisch gedruckte Auflage, Band 1, Tübingen 1986 (1920),

URL: www.zeno.org/Soziologie/M/Weber,+Max/Schriften+zur +Religionssoziologie/Die+protestantische+Ethik+und+ der+Geist+des+Kapitalismus.

Welt.de, »Warum große Firmenfusionen immer wieder scheitern«, 24. April 2011, URL: www.welt.de/wirtschaft/karriere/leader ship/article12878747/Warum-grosse-Firmenfusionen-immer-wieder-scheitern.html.

– »Deutschland kann auch ohne den Euro existieren«, Interview mit Hans-Werner Sinn, 6. Mai 2013, URL: www.welt.de/wirt-schaft/article115898862/Deutschland-kann-auch-ohne-den-Euro-existieren.html.

Wissenschaftsrat, *Prüfungsnoten an Hochschulen im Prüfungsjahr 2010*, Hamburg 2012, URL: www.wissenschaftsrat.de/download/ archiv/2627-12.pdf.

World Bank, *The State of the Poor: Where are the Poor and where are they Poorest?*, 17. April 2013, URL: www.worldbank.org/content/ dam/Worldbank/document/State_of_the_poor_paper_ April17.pdf.

World Trade Organization (WTO), *International Trade Statistics 2012*, Genf 2012, URL: www.wto.org/english/res_e/statis_e/ its2012_e/its12_appendix_e.htm.

World Wildlife Fund (WWF), *Living Planet Report 2010. Bio-diversity, biocapacity and development*, Gland 2010, URL: www. awsassets.panda.org/downloads/wwf_lpr2010_lr_en.pdf.

Zeit.de, »Alles Wichtige zum NSA-Skandal, 5. Dezember 2013, URL: www.zeit.de/digital/datenschutz/2013-10/hintergrund-nsa-skandal.

Zentrum für Europäische Wirtschaftsforschung (ZEW), *Evaluation zentraler ehe- und familienbezogener Leistungen in Deutschland*, Gutachten für die Prognos AG, Mannheim 2013, URL: www.ftp. zew.de/pub/zew-docs/gutachten/ZEW_Endbericht_Zentrale_ Leistungen2013.pdf.

Schaubildverzeichnis

Schaubild 1: Arbeitsvolumen pro Einwohner und
Erwerbstätigem in Deutschland 1900–2012 72

Schaubild 2: Entwicklung von realem Bruttoinlandsprodukt
und Arbeitsvolumen pro Einwohner in Deutschland
1900–2012 73

Schaubild 3: Entwicklung des bedarfsgewichteten
Haushaltsnettoeinkommens in Deutschland 2000–2011 82

Schaubild 4: Geburtenraten der Geburtsjahrgänge
1860–1980 in Deutschland 87

Schaubild 5: Entwicklung der Bruttoschuldenquote
ausgewählter Länder 1978–2008 98

Schaubild 6: Entwicklung der Bruttoschuldenquote
ausgewählter Länder 2008–2012 101

Schaubild 7: Entwicklung des Geldwerts in
ausgewählten Ländern 1960–2012 125

Schaubild 8: Entwicklung der realen Transport- und
Kommunikationskosten 1930–2000 137

Schaubild 9: Entwicklung von grenzüberschreitendem
Warenhandel und Warenproduktion 1960–2011 137

Schaubild 10: Globale Einkommensverteilung nach
Bevölkerungsperzentilen 2007 in Kaufkraftparitäten
und internationalen Dollar von 2005 143

Schaubild 11: Ökologischer Fußabdruck der Menschheit in
Prozent der global verfügbaren Biokapazität 1961–2050.... 144

Schaubild 12: Ökologischer Fußabdruck ausgewählter
Länder im Verhältnis zur global verfügbaren Biokapazität
pro Kopf 2008 166

Schaubild 13: Human Development Index 2012 und
ökologischer Fußabdruck 2008 171

Schaubild 14: Entwicklung von subjektiv empfundener
Zufriedenheit und materiellem Wohlstand in Deutschland
1980–2012 180

313

Meinhard Miegel
Exit

Wohlstand ohne Wachstum
ISBN 978-3-548-61031-3

Wachstum = Wohlstand. So lautet seit Jahrzehnten der oberste Glaubenssatz unserer Gesellschaft. Wer ihn in Frage stellt, gilt als weltfremd. Aber stimmt er wirklich noch? In seinem wegweisenden Buch zeigt Meinhard Miegel, dass heutiges Wachstum unseren Wohlstand nicht mehrt, sondern auf dramatische Weise verzehrt. Wollen wir ihn bewahren, müssen wir uns vom Wachstumswahn befreien – eher heute als morgen.

»Ein kraftvolles Buch, das von der sorgfältigen Argumentation und dem souveränen Erzählstil des Autors lebt.«
Frankfurter Allgemeine Sonntagszeitung

www.list-taschenbuch.de

Egon Bahr
»Das musst du erzählen«
Erinnerungen an Willy Brandt

240 Seiten mit 16 Seiten s/w-Abbildungen
Gebunden mit Schutzumschlag
ISBN 978-3-549-07422-0

Auf dem Sterbebett von seinem Sohn Lars gefragt, wer seine Freunde gewesen seien, antwortete Willy Brandt: »Egon.« Tatsächlich war Egon Bahr jahrzehntelang Brandts engster politischer und persönlicher Weggefährte. Zum 100. Geburtstag des großen Sozialdemokraten schildert er seine ganz persönlichen Erinnerungen an Willy Brandt und die gemeinsamen Jahre. Er zeigt uns Brandt in seiner Größe und Verletzlichkeit, vor allem in seinem lebenslänglichen Engagement für eine friedliche, menschliche Gesellschaft. Ein ungewöhnlich intimes Porträt und ein Zeitzeugnis ersten Ranges.

»Willy Brandt und Egon Bahr, das war ein ziemlich einmaliges Zusammenwirken. Jeder kam erst mit Hilfe des anderen zur wirksamen Entfaltung seiner Gaben.«   Richard von Weizsäcker

PROPYLÄEN VERLAG
www.propylaeen-verlag.de